# 高铭暄精选集

高铭暄 ◎ 著

人民日报出版社

北京

**图书在版编目（CIP）数据**

高铭暄精选集 / 高铭暄著. — 北京：人民日报
出版社, 2023.6
　　ISBN 978-7-5115-7821-1

　　Ⅰ.①高… Ⅱ.①高… Ⅲ.①刑法—中国—文集
Ⅳ.①D924.04-53

中国国家版本馆CIP数据核字(2023)第085893号


书　　　名：高铭暄精选集
　　　　　　GAO MINGXUAN JINGXUAN JI
作　　　者：高铭暄

出 版 人：刘华新
策 划 人：欧阳辉
责任编辑：周海燕　　马苏娜
装帧设计：元泰书装

出版发行：**人民日报**出版社
社　　　址：北京金台西路2号
邮政编码：100733
发行热线：（010）65369509　65369512　65363531　65363528
邮购热线：（010）65369530　65363527
编辑热线：（010）65369518
网　　　址：www.peopledailypress.com
经　　　销：新华书店
印　　　刷：北京盛通印刷股份有限公司
法律顾问：北京科宇律师事务所 （010）83622312

开　　　本：710mm×1000mm　1/16
字　　　数：198千字
印　　　张：19.25
版次印次：2023年10月第1版　2023年10月第1次印刷

书　　　号：ISBN 978-7-5115-7821-1
定　　　价：78.00元

# 目录

# 与刑法学的不解之缘<sup>*</sup>

我从事刑法学教学和研究工作已逾半个世纪，但对我怎样喜欢上刑法学这门学科，我却从来没有形诸文字。

说来话长，童年在故乡（浙江省玉环县鲜迭村）上学时，我就听人说我的父亲在上海做"官"，至于当的什么官，并不知道。后来稍稍长大一些，才知道父亲是在上海特区地方法院当书记官。这件事给自己思想上多多少少打下了一点烙印，觉得自己是"法"门子弟，与"法"字天然有点联系。当然，那时对什么是"法"，我一无所知，不过感性上感觉得到：法院就像古代的衙门，是打官司的地方，打官司就得去法院。后来去温州读中学，从初中到高中，看到过法院门口挂的牌子，也看到过不少律师事务所的牌子，再加上在报纸上读到过一些有关的报道，我的升学志愿就此形成：立志将来考大学要报考法律系。

---

* 本文原载于《法制资讯》2011 年第 7 期。

1947 年高中毕业时，我按自己的志愿去办，先后报考了南方的三所著名大学，即浙江大学、复旦大学、武汉大学，都是法律系，有幸都被录取了。因为那时我的父亲在杭州工作，任杭州市地方法院推事（即法官），我想借父亲的一点"光"，将来求职容易一些，同时也想图个生活方便，就选择了浙江大学法学院法律系就读。

当时浙江大学法学院院长是李浩培。李教授是被浙大校长竺可桢从武汉大学法律系主任岗位上聘请过来的。李教授早年留学英国，是国内著名的国际法专家。说来也巧，我入学后第一学年的刑法总则课就是李教授讲授的。据李教授后来讲，当时没有聘请到刑法教授，他就自己上阵，他一辈子也就讲过这一次刑法课。李教授讲课分析细致、条理清晰、娓娓动听，使我受到强烈的震撼，引起我极大的兴趣。我本来就对他仰慕已久，此时就更肃然起敬了。所有的课程中，我最喜欢听的就是李教授讲的刑法课。刑法学的对象明确、体系完整、内容生动、逻辑严密，并且所见所闻与实际生活距离非常之近，听起来毫无枯燥之感。所以听了李教授讲的这门课之后，我就暗地下了决心：好好学习刑法这门课。当时我隐隐约约地感觉到，将来选择职业也许就在这一方面呢！

我上了大学之后，父亲有一次对我作了明确的表态："我不管有什么困难，一定供你到大学毕业。至于毕业以后，你是出洋留学，还是将来当大学教授，那就看你自己的了。"这段话给我留下难忘的印象。首先是激励我必须很好地完成大学学业。这个强烈愿望在下述一件事上表现得尤为明显。

1949 年 5 月杭州解放,其后不久,浙江大学法学院被当时的省军管会文教部撤销(可能与废除"六法全书"有关),对此,李教授和我们广大同学都表示不能理解,但又无可奈何。同学们纷纷参加当时省里举办的人民干部学校,以便接受短期培训后去从事革命工作,但我坚持要完成大学学业。既然浙大法学院宣布撤销,我就在李教授的帮助下,想方设法转到北京大学法律系继续就读。在北大,我接受了革命传统教育、马克思主义理论教育和法律专业教育,其间听到了著名刑法学家蔡枢衡教授的刑法课和黄觉非教授的刑事政策课,进一步提高了对刑法学的兴趣。

1950 年,中国人民大学宣告成立,并聘请大批苏联专家任教。这对我有很大的吸引力,令我心驰神往。1951 年 7 月北大毕业,法律系领导征求分配去向志愿时,我毫不犹豫地提出愿意去中国人民大学法律系当刑法研究生。法律系领导经过研究满足了我的志愿。在两年研究生学习期间,我先后接受贝斯特洛娃、达马亨、尼可拉耶夫、柯尔金四位苏联专家的专业教育,对刑法学有了更全面、更系统、更深入的了解,研究的兴趣也越来越浓。这为我的专业思想奠定了坚实的基础。我一再沉思,我已与刑法学结下了不解之缘,今后恐怕只有吃刑法学这碗"饭"了。果不其然,研究生毕业之后,我被留校任教,而且一干就是五十多年。我已由青年变成老者,如今还在"老骥伏枥"。

回顾我走过的路程,可以用三句话来概括:一是父亲的叮咛激励我完成了大学学业,我没有辜负他的期望;二是李浩培教授的课程使我对刑法学产生了浓厚的兴趣，决定了自己未来的人生走向；三是三所大学（浙大、北大、人大）的教育奠定了我的专业基础，使我对母校哺育之恩永志不忘。就个人来说，我只是有股傻劲而已，认准了刑法学，就执着地追求，自始至终都没有动摇，既不想当官，又不想经商，就想做一名合格的教授。

# 浅忆新中国刑法的制定与发展 *

刑法是规定犯罪、刑事责任和刑罚的法律，在中国特色社会主义法律体系中起着支架作用。早在 1950 年，我国刑法的起草准备工作就由中央人民政府法制委员会开始进行了。到 1954 年 9 月止，已写出两个稿子：《中华人民共和国刑法大纲草案》和《中华人民共和国刑法指导原则草案（初稿）》。但由于处在新中国成立初期，此时颁布系统完备的刑法的条件还不成熟。

第一届全国人民代表大会第一次会议通过了宪法和几个组织法，标志着我国法制建设进入了新阶段，对刑法的起草工作产生了巨大的推动作用。1954 年 10 月，全国人大常委会办公厅组建班子，正式开始《中华人民共和国刑法》的起草工作。到 1956 年 11 月，写出十三稿；到 1957 年 6 月 28 日，写出二十二稿；到 1963 年 10 月 9 日，写出三十三稿。但因"四清"运动和"文化

---

* 本文原载于《光明日报》2011 年 3 月 5 日第 7 版。

大革命"的冲击，稿子被束之高阁，在文件箱里整整沉睡了十五个年头。

五届全国人大一次会议的召开，特别是 1978 年邓小平同志就民主和法制问题的谈话，党的十一届三中全会的召开，为重启刑法的制定颁布工作奠定了基础。当时，在三十三稿的基础上，根据新的情况和问题，在征求中央有关部门的意见后，进行了较大的修改，先后写了五个稿子。其中第四个稿子获得中央政治局原则通过，又在法制委员会全体会议和五届全国人大常委会第八次会议上进行审议，修改以后提交五届全国人大二次会议进行审议，并做了一些修改和补充，最终于 1979 年 7 月 1 日获得一致通过，7 月 6 日正式公布。这就是新中国第一部刑法典。

受当时历史条件和立法经验的局限，1979 年刑法制定得较为粗放，不论在体系结构、内容规范还是在立法技术上都存在缺陷，逐渐不能满足实践的需要。于是，立法机关陆陆续续地以通过单行刑法以及附属刑法的方式对其进行修改和补充。1988 年，七届全国人大常委会把刑法典的修订列入立法规划，经过数年的努力，几易其稿，于 1996 年 12 月将刑法修订草案提交审议，1997 年 3 月在八届全国人大五次会议上审议通过。1997 年刑法施行后，确立了修正案作为刑法修改补充的主要方式，其优点是不打乱法典的体系和法条次序，利于保持统一和完整，利于司法操作和运作，便于公民学习和遵守，同时也解决了法典稳定性和适应性的关系问题。到 2011 年 2 月 25 日为止，我国已经通过了八个刑法修正案。

　　从刑法制定的历程可以看出，我国刑法的制定走过了一段不平坦的道路。我们一定要珍惜刑法这个法律武器，爱护它，善于掌握和运用它。这样，我们才能维护秩序、保障人权，在同犯罪行为作斗争的过程中处于主动地位。

# 社会管理创新对刑事法治的要求 <sup>*</sup>

在社会主义法治国家，社会管理创新必须以法治观念为指导，各项创新措施都应当接受法治原则的检验。在社会管理创新中，刑事法治也将面临一系列的改革，这些改革既不能脱离刑法的基本理论和原则，同时也要适应社会管理创新的要求。笔者认为，我国刑事法治发展需要在以下几个方面作出回应。

## 一、关注社会情势，贯彻宽严相济刑事政策

构建社会主义和谐社会，是我国全面贯彻落实科学发展观，从中国特色社会主义事业总体布局和全面建设小康社会的全局出发提出的重大战略任务。而犯罪则是构建和谐社会过程中最不和谐的因素。宽严相济刑事政策作为当前我国应对犯罪的基本方略，

---

\* 本文节选自《论社会管理创新中的刑事法治问题》，载《中国法学》2012 年第 2 期，有改动。

正是在构建社会主义和谐社会这一宏伟目标的前提下逐步确立的。社会管理创新作为实现和谐社会的重要手段，要求我们切实贯彻宽严相济的刑事政策，合理地组织对犯罪的理性反应。在当前我国社会、经济高速发展的时期，社会问题比较复杂，社会矛盾在一定程度上也比较突出。这就需要我们在运用宽严相济刑事政策时，根据社会形势和犯罪分子的不同情况区别对待，当宽则宽，当严则严，从源头上最大限度地减少不和谐因素，不断促进社会和谐。

从宽严相济刑事政策与社会管理创新的关系来看，加强社会管理创新，除了继续坚持对严重刑事犯罪和人身危险性大、主观恶性深的犯罪分子依法从严处理外，最主要的还是要注意宽严相济刑事政策宽松方面的运用。侧重运用宽严相济刑事政策的宽松方面，可以充分发挥刑事法治的人权保障机能，从而营造宽松、理性、祥和的社会氛围。作为宽松的刑事政策的体现，在刑事立法方面，《刑法修正案（七）》首次打破了以往历次刑法修正都是强调扩大犯罪圈以及提高法定刑的立法惯例，注意入罪与出罪相结合、从严与从宽相协调。例如《刑法修正案（七）》第3条在刑法典第201条中增设了第4款，规定"有第一款行为，经税务机关依法下达追缴通知后，补缴应纳税款，缴纳滞纳金，已受行政处罚的，不予追究刑事责任；但是，五年内因逃避缴纳税款受过刑事处罚或者被税务机关给予二次以上行政处罚的除外"。这样就通过非犯罪化的处理方式适当缩小了逃税罪的犯罪圈，在维护国家税收利益的同时，又对逃税行为的犯罪化进行了合理的限制。

依笔者所见，对于经济领域的犯罪以及其他一些法定犯，在运用刑罚手段时应当更加谨慎。实践中不乏一些重大经济犯罪案件，在起诉或者定罪适用刑罚后，引发大型公司强制关闭、大规模失业等附带性结果，造成一系列社会问题。所以，在对经济犯罪进行惩罚时，应当综合考虑社会效果和法律效果。这涉及经济犯罪行为责任问题与刑事司法行为社会成本控制问题。目前我国刑罚体系中，对单位犯罪中单位的惩罚仅有罚金刑，而且对犯罪单位所规定适用的罚金刑大多是无限额罚金刑。无限额罚金刑赋予法官过大的裁量空间，这样的规定严格来说不仅违背了罪刑法定原则，而且容易造成法律适用不统一，可能导致罪刑擅断和罪刑不均衡，滋生司法腐败。无限额罚金刑缺乏对上限的限制，司法实践中不乏出现动辄上亿元的罚金判决。过高的罚金数额有时不仅不能起到预防作用，还可能使企业为了生存将损失再次转嫁给消费者，引发再次犯罪。因此，立法中无限额罚金刑的规定容易成为司法中随意裁判的根据，必须加以改革。在司法裁判中应当审慎掌握，尤其对于一些影响重大的经济犯罪案件，除了必须考虑受刑人财产的多寡、支付能力，在确定罚金数额时，还应当考虑其继续生存的问题（除非那些犯罪情节特别严重的），在考虑其继续经营与发展、法人内部职工的生活与情绪以及法人在社会经济生活中的作用和地位的前提下，审慎地决定罚金的适当数额。

2010 年最高人民法院等部门出台了《人民法院量刑指导意见

（试行）》《关于规范量刑程序的若干意见（试行）》等司法解释，从实体上、程序上对刑事审判中的量刑作出了明确的规定。基于目前财产刑执行中所存在的众多问题，尤其是罚金刑执行中存在的不规范、不统一现象，笔者建议依托量刑规范化改革，进一步规范罚金刑的量刑，确定无限额罚金刑的刑格，将罚金适用的幅度明确化，根据其所适用的犯罪类型如一般财产类犯罪、经济犯罪等不同犯罪的社会危害性，建立一定的梯度，并结合未成年人、老年人等支付能力，确立相应的量刑额度表，一方面保证法律适用的统一，另一方面充分体现罪责刑相适应原则。

在 1997 年刑法修订中，为了有效地遏制大量出现的经济犯罪，对经济犯罪法定刑设置死刑的条文也相应较多。而事实上，经济犯罪作为法定犯，成因复杂，受到经济、政治、法律等各种因素的影响，靠死刑是无法有效遏制的。而且单纯的经济犯罪的社会危害性一般都要低于侵犯他人生命权利、国家安全和公共安全的犯罪，对之适用死刑有过重之嫌。因此，《刑法修正案（八）》首次从立法上废除了 13 个罪名的死刑，从此次所废除的死刑罪名的分布来看，第三章破坏社会主义市场经济秩序罪占了 9 个罪名，第五章侵犯财产罪占了 1 个罪名，第六章妨害社会管理秩序罪占了 3 个罪名。也就是说，分则死刑罪名的调整主要集中在经济犯罪领域。

在社会转型期间，刑法仍然是调控社会的重要手段，死刑作为刑罚中最严厉的惩罚措施，在威慑犯罪、稳定社会秩序方面仍有积极作用。在限制和废除死刑的国际潮流下，我们虽然不可能一夜之间废除死刑，但限制和减少死刑的适用却是完全可能的，因此，对于非暴力经济性犯罪的死刑限制和减少仍然需要在司法中进一步落实，统一司法中死刑的适用标准，切实贯彻"少杀、慎杀"的死刑政策。

## 二、保障公民权利，重视民生犯罪

在我国，刑法长期以来被认为是人民民主专政的"刀把子"。从我国刑法分则体系来看，危害国家安全犯罪处于分则第一章，足见其重要性；而相较其他国家刑法体系来看，大多将危害公民生命、财产安全的犯罪规定在第一章。从现实的法治状况来看，由于长期以来"国家利益、集体利益高于一切"的认识，无形中也使得我们在刑事立法和司法中相对忽视了对公民权利的应有保障。

近几年来，随着改革的进一步深化，一方面，市场经济的逐利性深刻影响着人们的价值观念，追求财富成为当下国人重要的价值取向；另一方面，经济政策方面的不足使得社会利益分配不均，贫富差距不断被拉大。对于因社会分化产生的潜在犯罪群体，如果不能在刑法上对其利益予以特殊的保护，必将诱发犯罪的大规模增长，刑法平等保护原则只能成为一句空谈。因此，有学者提出了"民生法治"的概念，认为法治不仅仅是一种形而上的价值诉求，还必须回应特定时空背景下特定民族的社会、政治诉求，要求法治对于转型期中国的民生难题作出自己的贡献。刑法学界也有学者提出了"民生刑法观"①"民权刑法"②的概念。

笔者认为，无论是民生刑法还是民权刑法，都要将公民权利的保障放在重要位置。从社会发展的历史来看，社会形态的不同，归根到底是由一定的社会性质和社会结构所决定的。在阶级斗争时期，阶级矛盾无疑是社会中的主要矛盾，所以为了维护政权稳定、保障社会秩序，选择以国家为出发点的国权主义刑法也是被客观情况所决定的。然而，随着社会的发展，阶级矛盾的消失，人民内部矛盾逐步凸显，保护国民利益遂成为刑法的重要任务。当前社会分层现象严重，强权与弱势的对立逐步加剧，司法信任危机已经渗透到社会管理的各个层面，一旦作为社会保护最后防线的刑事法治名存实亡，社会管理必将走入绝境。

当下我国出现的很多影响社会稳定的群体性事件、严重社会冲突等，常常是因为社会治理过程中公民的基本人身权、财产权、政治参与权利及自由没有得到有效的保障。因此在未来的刑事立法和刑事司法中，应当侧重对权利缺失群体的利益保障，适当向弱势群体如农民工群体、环境污染的受害者、食品安全的受众等倾斜，从而将保障民生落到实处。这包含了立法中如何考虑民生的范畴、如何确定哪些危害民生的行为需要刑法介入以及如何设置刑罚、司法中如何对民生犯罪进行定罪以及如何量刑等一系列的问题。

---

① 卢建平：《加强对民生的刑法保护——民生刑法之提倡》，《法学杂志》2010 年第 12 期。
② 我国留德学者李海东把历史上的刑法根据国家与公民在刑法中的地位划分为两种类型：国权主义刑法与民权主义刑法。

　　对于民生的刑法保护，从根本上来说就是保护民众的基本生活需要。这种基本需要随着社会发展水平和条件的提高也会发生变化，正如有学者形象地将工业社会物质短缺期的需求比喻为"我饿"，将风险社会科技引发危险威胁期的需求比喻为"我害怕"。① 立法者和司法者只有把握了这种主流需求，才能使刑法的发展满足社会发展的需要，使刑法成为一部真正保护民生的刑法。2010 年 2 月 8 日，最高人民法院发布了《关于贯彻宽严相济刑事政策的若干意见》，其第 4 条指出，要根据经济社会的发展和治安形势的变化，尤其要根据犯罪情况的变化，在法律规定的范围内，适时调整从宽和从严的对象、范围和力度。要全面、客观地把握不同时期、不同地区的社会经济状况和社会治安形势，充分考虑人民群众的安全感以及惩治犯罪的实际需要，注重从严打击严重危害国家安全、社会治安和人民群众利益的犯罪。

　　随着我国国际社会经济地位的提升，人们所面临的"风险"也不断升级，食品领域、交通领域、医疗领域不断发生的恶性事件，使得刑法的介入日益提前，前不久通过的《刑法修正案（八）》可以说是目前为止最能体现刑事立法保护民众社会安全感的立法。其不仅将一些社会危害严重、人民群众反响强烈、原来由行政管理手段或者民事手段调整的违法行为规定为犯罪，例如醉酒驾车、飙车等危险驾驶的犯罪，恶意不支付劳动报酬的犯罪，组织出卖人体器官的犯罪等，而且将一些有关重大民生的犯罪从实

① 夏勇：《民生风险的刑法应对》，《法商研究》2011 年第 4 期。

害犯提升为危险犯，例如调整了生产、销售假药罪，重大环境污染事故罪的构成要件，降低了入罪门槛。随着风险社会的到来，这种立法趋势还有可能在更多民生犯罪领域展开，这就涉及立法如何回应民生需求的问题。

对于传统犯罪如杀人、伤害、盗窃犯罪，刑法强调的是实害结果，即犯罪分子给他人的利益造成了某种程度的实际损害。然而在风险社会中，科技的发展使得食品、药品以及交通都充满了更多不安全因素，等待实害结果发生再去惩罚，往往为时已晚，代价惨重，因此，刑法必须对超越可允许的危险行为提前进行规制。但是即便如此，我们仍然需要坚持犯罪是一种严重危害社会的行为，在理性的立法中，仍然必须审慎考察某一行为是否具有严重的社会危害性，是否达到了犯罪化的程度。一般来说，某一行为的社会危害性越大，刑法介入的可能性也就越大。在刑法的介入中，必须贯彻目的正当、手段必要、符合比例的原则，处理好个人自由与社会利益的关系。这二者并不冲突，为了保障安全，对个人自由的适当限制是必要的，但同时为了保证自由，限制也是有限度的，如"被允许的危险"理论，仍然赋予了个人在风险社会下的自由，对自由的限制不仅是为了社会利益的实现，也是对个人自由的一种保护。

在对这些有关民生的犯罪予以犯罪化时，必须考虑立法上是否具有紧迫性。以醉驾行为的入罪来说，在道路上醉酒驾驶是一种极端漠视公共安全、超过了可允许风险的行为，因此将其犯罪化处理是合适的。但是实践中仍然存在与醉驾相当的吸毒驾驶，立法将醉酒驾驶作入罪化处理，却未将吸毒驾驶作入罪化处理，其根本原因正在于吸毒驾驶这种行为不具有普遍性，而立法者只能决定将多发的严重危害社会的行为作犯罪化处理。

## 三、"刚柔并济"，坚持以人为本

社会管理的实质在于对人的管理和服务，依托法律的社会管理必须坚持以人为本。加强社会管理创新，其宗旨在于更好地保障公民的权利。而刑法的根本在于惩治和预防犯罪，"犯罪是人实施的，刑罚是科于人的。因此，作为刑法的对象，常常必须考虑到人性问题"[1]。在现代法治语境中，刑法是具有强制力和暴力性的公法，但是单纯的强制力只会造成刑罚的残酷和无效，因此，"刑事政策中的人道主义原则，作为刑事司法中的适当程序原则的保障、科学主义刑法的合理化及刑事政策中的法治主义的指针，已经成为现代刑事政策的指导理念"[2]。赋予刚性的刑事法治以强烈的人文关怀，可以强化公众对刑法规范的亲近感和认同感，奠定公众对刑法规范的内心忠诚而非心理恐惧，从而保证现代刑事法治在社会管理中发挥应有功效。我国刑法历来重视对犯罪人的人文关怀，在刑法中设立了一系列针对特殊群体的从宽制度。

---

[1] ［日］大塚仁：《犯罪论的基本问题》，冯军译，中国政法大学出版社 1993 年版，第 2 页。

[2] ［日］大谷实：《刑事政策学》，黎宏译，法律出版社 2000 年版，第 17 页。

### （一）对未成年人犯罪的从宽

　　未成年人身心发育未成熟，社会经验不足，是各国法律保护的对象，因此，对他们不能采取和成年人同样的犯罪对策。刑法对未成年犯罪人往往给予从宽处理。我国历来对未成年犯罪人体现以教育为主，以惩罚为辅的刑事政策。根据我国刑法的规定，未满14周岁的人所受的教育有限，人格、伦理上不够成熟，对行为后果的严重性不能领会，并非法律上的自由人，在刑法上属于无责任能力的人，对于这种年幼的人，只能基于防卫社会的考虑，以感化教育应对。对于已满14周岁而不满18周岁的未成年人，在构成犯罪的情况下，虽然应当作为犯罪处理，但是基于其尚处于性格形成期，心智还未完全成熟，在刑罚执行完毕后还要面对未来的生活，刑法也予以了特殊的从宽。

　　我国对未成年人犯罪的从宽处理从1979年刑法开始就有规定，至《刑法修正案（八）》出台后，对未成年人的保护更加全面，不仅排除了未成年人成为"累犯"的可能，还规定对未成年人在具备缓刑适用条件下应当适用缓刑，免除了未成年人前科报告的义务，使得对未成年人尽量采用非监禁刑的原则落到实处，最大可能地降低刑罚对其带来的不利后果。在刑事司法中，鉴于未成年犯罪人可矫正性、可塑性、可教育性的特点，目前对未成年人所实施的犯罪行为一般较多地采用刑事和解的方式结案，如轻罪不起诉、暂缓起诉等路径，贯彻教育、感化为主，惩罚为辅的刑事政策原则，通过未成年犯罪人、家庭、社区等形成立体式的帮教体系，以期未成年犯罪人早日回归社会。笔者认为，对未成年人从宽还可以在限制财产刑或资格刑的适用上有所发展，在减刑和假释制度方面的条件设计上可以更加宽松。

### （二）对老年人犯罪的从宽

尊老爱幼是中华民族的传统美德，在我国历史传统上即存在对老年人犯罪从宽处罚的规定。按照中国自古以来的宗族文化，老年人作为家庭的长者，一人犯罪往往影响到几代人的生活，对老年人犯罪给予过于严厉的惩罚，会使得老年犯罪人的家人产生对社会的离心倾向，诱发新的社会对抗情绪，所以从社会管理的角度来说，对老年人犯罪不宜过于严厉惩罚。从刑法理论来看，老年人犯罪虽然不像未成年人犯罪那样存在意识能力的欠缺，但随着老年人身心机能的逐步衰退，其辨认能力和控制能力的减弱却是客观事实，对老年人犯罪从宽符合刑事责任减轻的理论。老年人身体机能衰退，人身危险性比较低，在行刑中也不必投入大量人力、物力进行监禁处理，这样不仅可以维护社会秩序，还可以促进社会和谐稳定。

目前我国刑法关于老年人从宽的立法规定有三处：刑法典第17条之一、第49条第2款、第72条。在刑事司法中也存在对老年人犯罪逐步从宽掌握的趋势，如2006年12月28日发布的《最高人民检察院关于在检察工作中贯彻宽严相济刑事司法政策的若干意见》中规定，对犯罪的老年人要慎用逮捕措施，符合法定条件的，可以依法不起诉。面对我国步入老龄化社会的现实，对老年人犯罪从宽处理既符合刑法基本理论，也有利于缓和矛盾，预防犯罪。但是在老年人年龄的界限上，笔者认为，根据2007年

特殊保护的罪名主要包括：强奸罪（第 236 条），强制猥亵、侮辱妇女罪（第 237 条），拐卖妇女罪（第 240 条），收买被拐卖的妇女罪（第 241 条）等。上述罪名涉及妇女的性自由权利、人格尊严等多方面的合法权益，架构起了我国刑法对妇女的特殊保护机制。

## 四、革新纠纷解决机制，灵活多样化解矛盾

刑事纠纷的解决经历了从私力救济到公力救济的历史过程。在公力救济的情况下，国家取得了绝对的话语权。一般来说，犯罪分子由国家侦查机关进行侦查，检察机关提起公诉，法院对有证据证明有罪的犯罪分子判决有罪，对犯罪分子处以刑罚并交付国家执行机关执行；对没有证据证明有罪的犯罪人予以无罪释放，这样刑事纠纷也就解决了。但这种解决方式只是完成了法律程序，真正的纠纷双方之间的矛盾被替代了。

积极化解社会矛盾，主动依法维护群众利益，是社会管理创新的重要举措。在刑事司法的过程中，事实层面上，纠纷的主体是被害人和犯罪人，而由于刑法的公法性，被害人的追诉权被让渡给国家，这时国家成为被害人的代表，直接与犯罪人对话打交道。这种纠纷解决方式忽视了被害人作为真正的纠纷主体的地位，事实上被害人和犯罪人的关系并不能因此得到改善，因此，当被害人发现公力救济无法充分满足其个人对争端解决的理想预期时，便再次将注意力转向私力救济，而有些犯罪人在刑罚执行完毕后仍然向被害人寻仇，造成暴力事件恶性循环。因此，为了有

效化解矛盾，必须突出对被害人权利的保障，必须从抽象的法益保护转向具体的被害人保护，推动被害人的报应感情转向实际的利益恢复，一方面要处罚加害人，另一方面要使加害人赔偿被害人的损害，以调和犯罪人与被害人的利益冲突，从根本上解决其纷争。这种调解的纠纷解决方式在我国传统社会中大量存在，由于其迎合了我国传统社会的需要，因而在诉讼中也得到了广泛的适用。时至今日，调解原则仍然是民事诉讼的主要原则，在解决民事纠纷中起着重要的作用，是解决民事纠纷不可或缺的一种方式。

在刑事诉讼中，以前人们认为不存在调解的空间，随着价值的多元化、司法资源的稀缺和对被害人权利的关注，人们的观念开始发生变化。事实上，公共利益在本质上可以说是个人利益的集合，犯罪作为反社会的行为也是对个人权益的侵犯，这就使得公共利益神秘化、抽象化的面纱被刺破，在解决方式多元化的社会环境条件下，恢复性司法走入人们的视野，人们日益认识到在刑事诉讼中对某些案件实行调解或和解也同样具有重要意义。刑事司法中被害人参与和解的方式突破了国家追诉垄断的重围而兴起成为必然。最高人民法院《关于执行〈中华人民共和国刑事诉讼法〉若干问题的解释》第 197 条明确规定："人民法院对告诉才处理和被害人有证据证明的轻微刑事案件，可以在查明事实、分清是非的基础上进行调解……"2010 年 12 月，最高人民检察院出台了《关于办理当事人达成和解的轻微刑事案件的若干意见》，也对刑事和解的适用范围和条件进行了详细的规定。

提出刑事和解，并不是简单地从公力救济回归到私力救济，并不是简单地回到原点，而是一种纠纷解决方式螺旋上升的理性反思。我国的调解与和解制度在司法实践中发挥着重要功效：其一，强调以自愿平等协商的方式解决纠纷，重视利益的协调，尊重了当事人的诉讼权利；其二，能够快速、低成本地解决纠纷。目前实践中，针对轻微刑事案件，司法机关对经过双方当事人的充分交流和协商、自愿达成和解协议并履行完毕的案件，一般不再移送起诉，或者对犯罪人免予刑事处罚，采用非刑罚手段处理。

刑事和解是为了更加有效地化解矛盾，但并不能完全抛开事实来谈和解，所以在侦查阶段犯罪事实尚不能做到完全查清楚的情况下，刑事和解不宜过早介入，否则容易导致行政处罚权和司法权力的混淆。而且刑事和解在实际的适用中，司法人员在接受和促进刑事和解中拥有相当大的自由裁量权，严防"腐败"影响刑事和解中的司法公正也甚为关键，对刑事和解所适用的案件类型以及人员都必须有严格的规定，否则容易给民众造成"富人可以顺利逃避刑事处罚""花钱买刑"的印象，影响刑法的威慑力。鉴于以上考虑，相较于国外，我国刑事和解在适用范围和方式上还比较局限。在未来的发展中，面对刑事和解适用的扩张，如何把握案件性质、犯罪种类、犯罪主体以确保法律效果不受影响，仍然是需要进一步研究的问题。

从司法技术层面出发，刑事和解作为一种协商程序，当然存在协商成功与不成功两种可能。这样，同样的犯罪行为可能得到完全不同的处理方法，这是否有违"法律面前人人平等"的法律原则，是否会影响罪刑法定所赋予人们的对"罪"与"刑"的预期心理呢？的确，根据罪刑法定原则，什么是犯罪，对犯罪如何处罚，必须以成文法明文规定。犯罪行为一旦发生，行为人依法受追诉科刑，这是法律的明文规定，也是行为人自由意志选择的结果。而刑事和解是在刑事诉讼中由加害人以认罪、赔偿、道歉等形式与被害人达成谅解，国家专门机关不再追究加害人的刑事责任，或者对其从轻处罚。在刑事和解的模式下，加害人对行为是否将受到惩罚以及如何惩罚不再具有明确的可参考的成文法依据，"罪刑"的预测可能性明显削弱。

然而，笔者认为，犯罪是触犯刑律、应受刑罚处罚的行为。"应受刑罚处罚"暗含了行为人应当承担刑事责任，刑事责任的基础不仅包括犯罪行为，而且也包括行为本身反映出来的行为人的人身危险性和反社会性。在刑事和解中，赔偿问题仅仅是民事部分的问题，之所以不追诉或免除处罚，是因为行为人真诚认罪、积极赔偿的行为也反映了其"人身危险性"较低。在轻微刑事案件中，从犯罪行为来看，犯罪性质本身就已轻微，而行为人的人身危险性又较低，对其完全可以按照我国刑事诉讼法中"不起诉"的规定或者刑法第13条"但书"中"但是情节显著轻微危害不大的，不认为是犯罪"的规定和第37条"对于犯罪情节轻微不需要判处刑罚的，可以免予刑事处罚"的规定，对行为人予以从宽处理。这不能与用钱买刑画等号，也并不会真正削弱罪刑法定的可预测性。因为经过刑事和解所处理的这些轻微刑事案件，本身就应当是社会可以内部化解的一些矛盾，这与司法上的"非犯罪化"是一致的。从罪刑法定原则产生的背景可知，它产生于对中世纪刑罚擅断的斗争之中，所以，罪刑法定最基本的价值在于对"入罪"的限制，即追诉与定罪的限制，而不是对"出罪"的限制，这与刑事和解有利于行为人"出罪"的价值取向是一致的。

但必须承认的是，恢复性司法存在的空间是有限的，即便是在恢复性司法兴起较早的西方发达国家，恢复性司法也没有完全取代现行刑事司法而成为一种全新的模式，成为刑事司法的主流，对于一些严重犯罪如危害国家安全、公共安全的犯罪，贪污、受贿犯罪，毒品犯罪以及累犯等应排除适用。在刑事司法领域，刑事司法仍然需要体现其威慑力和权威性，在不能找到全新的替代模式之前，我们一方面要坚持和完善现行传统的刑事司法模式，另一方面也应适当地在刑事司法中注入恢复性元素，形成恢复性司法模式，建立二者良性互动、功能互补的发展格局。

## 五、落实行刑社会化，契合多元治理理念

现代刑事法治，不仅仅以惩罚犯罪人作为目标，更重要的是提倡通过刑罚来教育改造罪犯，促使他们回归社会，重新成为社会的善良公民。实际上，行刑中对犯罪分子的管理，正是社会管理创新与刑法紧密联系的一个重要方面。面对监禁刑在执行中所形成的"交叉感染""监狱人格"等弊端，行刑社会化已经成为刑法发展的潮流。在传统的社会管理中，国家主导是基本模式，所有社会问题无不求助于权力的运作。而随着社会管理理念的革新，如何借助于社会的力量开展社会管理成为当下讨论的热点。

结合我国的现实情况来看，"社区"管理已经初具规模，长期以来，如何优化社会参与、拓宽社会参与的渠道、发挥社会组织和社会成员在社会管理中的作用成为亟待解决的问题。而结合行刑制度来看，行刑的过程是实现犯罪人再社会化的一个过程，发动社会力量对犯罪分子进行矫正，不仅可以节约司法成本，也可以通过犯罪分子与社会互动实现更好的矫正效果。

我国刑法虽然在刑罚制度上设立了缓刑、假释、管制等开放性刑罚措施，但由于立法设计不完善、执行机制不健全等原因，管制、缓刑、假释等非监禁性刑罚及执行措施，在一个相当长的时期内存在"无人监督""无人考察"等现象，甚至许多人误认为被告人被判处管制、缓刑就"没事了"。在这种情况下，社会化的行刑方式一直处于一种"司法机关不敢用""用了白用"的状况，使得行刑社会化成为一句无法落实的口号。在此背景下，借鉴国外先进经验，2003 年社区矫正在我国部分地区开始试点，2009 年 10 月在全国开始试行。

社区矫正通过综合运用社会力量对社区矫正人员进行监督管理、教育矫正和社会适应性帮扶，丰富了刑罚执行的手段和方式，提高了刑罚执行的效果。在我国自开展以来，以"严"济"宽"，有效发动了社会力量，使得非监禁刑罚执行的"惩罚性"具备了实质内容，有效改善了以往社会化行刑无人管的状况，在完善我国非监禁刑罚执行制度方面作出了有益探索，积累了丰富经验，在提高对非监禁刑罪犯的教育改造质量、促进社会治安秩序的良性循环上发挥了巨大作用。尤其是社区矫正在实践中所呈现出的刑罚执行与社会服务的有机结合，特殊人群管理模式和服务方式的有机结合，是践行社会管理创新的一个重要体现。因此，2011年《刑法修正案（八）》正式将其写入刑法，这标志着社区矫正制度的正式确立。根据现行刑法规定，对判处管制、宣告缓刑、裁定假释的犯罪分子依法实行社区矫正，其中被判处管制、宣告缓刑的，还可以根据犯罪情况，同时禁止犯罪分子在刑罚执行期间或者缓刑考验期间从事特定活动，进入特定区域、场所，接触特定的人。被判处管制的犯罪分子违反禁止令的，由公安机关依照《中华人民共和国治安管理处罚法》的规定进行处罚；被宣告缓刑的犯罪分子违反禁止令，情节严重的，撤销缓刑，执行原判刑罚。立法的确认使得社区矫正的宽和严均有了保障，尤其是禁止令的规定，有效发挥了社会监督的作用，大大改善了管制和缓刑在执行中流于形式的弊端。

自禁止令制度在司法实践中运用以来，也出现了一些问题，如"进入"的具体含义，禁止令的内容如何告知公众，对于犯罪分子的日常行为如何监督，娱乐场所工作人员对被禁止人进入娱乐场所是否具有报告义务，等等。而且禁止令是对犯罪分子权利的限制，但是立法却并未设立相应的权利救济程序，这些都需要在今后的立法中予以明确。具体开展社区矫正，仍然亟须一系列相应制度的保障。

2012年1月10日，最高人民法院、最高人民检察院、公安部、司法部联合出台了《社区矫正实施办法》，自2012年3月1日起在全国实施。自此，社区矫正的实施有了全国性的法律规范依据。该办法明确了社区矫正的对象以及相关部门的权责，还专门对"帮困扶助"作出规定，要求司法行政机关应当根据社区矫正人员的需要，协调有关部门和单位开展职业培训和就业指导，帮助落实社会保障措施。这从法律规范上解决了社会管理创新理念如何在社区矫正中予以践行的问题，解决了社区矫正工作具体实施上的一些问题，有利于进一步规范社区矫正工作，加强和创新特殊人群管理。但该办法在上述禁止令的问题以及社区矫正项目设置等问题上仍然没有明确的规定。根据该办法，社区矫正是作为与监禁矫正相对应存在的刑罚执行方式，与监禁矫正相辅相成，其适用对象除了刑法中被判处管制、宣告缓刑、裁定假释的犯罪分子外，还包括了监外执行的人员以及被剥夺政治权利的人员。对于以上五种人员，不同的矫正人员需要不同的矫正方法，这将涉及具体矫正项目的设置以及矫正工作人员的配备等问题，这些问题还有待实践中积极的探索。但从目前的进展情况来看，面对社会各界对社区矫正制度运行的积极支持和热情期待，我们相信，一部更具可操作性的较为完善的《中华人民共和国社区矫正法》一定会在不远的将来得以出台。

随着改革的推进，通过完善相关经济制度、社会制度、政治制度，避免因制度漏洞诱发犯罪，实现刑法介入的最后性，这就在一定程度上减轻了刑法的负担，这样，减少死刑的适用和逐步废除也就有了一定的社会基础。但从长远来看，死刑的废除是一项牵一发而动全局的工程，死刑所体现出的朴素的公平正义理念使得公众对其仍有较强的依赖心理，为了尊重和引导民意，这就需要在立法上及时通过刑罚量上的补偿来保证刑罚的威慑力保持在相对稳定的水准，积极对死刑替代措施以及刑罚体系的重构进行论证。目前从刑罚结构的整体调整来看，死刑设置有所减少，刑罚梯度更为明显，《刑法修正案（八）》对死缓限制减刑的规定以及有期徒刑数罪并罚刑期的提高，在一定程度上分解了死刑废除的压力。

对于立法领域的这一改革，司法领域也需要进一步贯彻落实。相较于立法领域的改革，死刑的司法改革是在司法领域中由司法机关进行的，并不涉及复杂的立法程序，很多问题在司法实践领域做出积极的探索，有可能取得较好的效果。从目前立法所废除的 13 个罪名的经济性以及非暴力性来看，对于没有规定绝对法定刑的非暴力犯罪的死刑，从限制、减少死刑的立场出发，司法机关就可以基于情节尚未达到适用死刑程度的理由，尽可能地对非暴力犯罪不适用死刑，通过司法手段达到严格控制死刑数量之功效。经过立法修正，目前相对确定的死刑，即"……情节特别严重的，处死刑"，这种死刑的适用涉及 5 个罪名，即暴动越狱罪、聚众持械劫狱罪、贪污罪、受贿罪和战时造谣惑众罪。选择适用的死刑，立法一般表述为"……的，处十年以上有期徒刑、无期徒刑或者死刑"或者"……的，处无期徒刑或者死刑"，这种死刑的适用涉及剩余的 48 个罪名。刑法上别无选择必须判处死刑（包括死缓）的实际上只有 2 个罪名，其余的 53 个罪名，都存在法官运用自由裁量权不予判处死刑的巨大空间。这就为死刑的适用与否留下了巨大的选择空间。

笔者认为，在司法实践中进一步统一死刑适用标准，对于通过司法严格控制死刑至关重要。为此，2010 年 10 月 26 日最高人民法院印发了《关于案例指导工作的规定》，2011 年 12 月 20 日发布了第一批指导案例，其中包括"王志才故意杀人案"中死刑适用的有关意见，明确了适用死缓并限制减刑的具体条件。立足我国当前司法体制现状，通过最高人民法院作出司法解释或运用典型案例的方式加以指导，统一死刑适用标准，这对于司法中限制和减少死刑无疑具有重大现实意义。由此，通过司法机关对死刑适用的严格控制，达到司法中对某些犯罪的少用、不用死刑，以此推动立法的最终确认，是我国一条较为可行的死刑废除路径。需要说明的是，虽然当前我国以 13 个在司法中不常用的死刑罪名为突破口，完成了死刑废除从理论到实际的华丽转身，但死刑废除之路任重道远，仍需"仰望星空，脚踏实地"。

社会管理创新是一个宏大的社会命题，社会管理创新与法治建设有着内在的密不可分的联系。本文仅从刑事法治对社会管理创新如何回应进行了一些初步探索，内容还很不成熟。本文着眼于从宏观上的刑法发展方向提出建议，对于刑法理论和实务中的某些具体问题，如对于网络犯罪特殊犯罪手段的规制、有组织犯罪的分化打击、罚金刑的扩大适用以及监狱管理的科技化等属于社会管理创新需要进一步思考的问题，因篇幅所限，尚未能涉及。希望学界同人共同努力，为推动社会和谐发展贡献自己的聪明才智和绵薄之力。

# 如何提高中国法治话语权 *

中国在国际法治话语体系中，不能仅当"跟声者"，更不能单纯扮演否定者，而须提出有建设性的方案。党的十八届四中全会提出的依法治国理论，与西方法治观相比，更加符合中国当下国情，不仅在内容上有重大拓宽，更在体系上有坚实突破，这无疑给我国构建中国法治话语体系、提升中国法治话语权带来了重大机遇。如何提高中国法治话语权？我认为，至少要做到以下几点。

第一，国民经济不断取得新成就，人民生活水平不断提高。经济是基础，法治是上层建筑，经济基础决定上层建筑；而社会主义市场经济是法治经济，法治为经济服务，法治引导、规范和调节着经济。因此，两者的互动既能促进经济秩序健康发展，使人民生活不断得到改善，又能不断提升法治的水平。人民从切身

---

* 本文原载于《人民法治》2015 年第 1 期。

利益感受到经济的活力，又能看到法治的威力，自然衷心拥护法治。法治得到广大人民的拥护，基础牢固了，底气十足了，就会树立起权威，主导着话语权。

第二，中国特色社会主义法律体系不断完善。中国特色社会主义法律体系已经建立，但还需不断完善。比如，规范市场经济最基本的法律——《中华人民共和国民法》还在编纂起草之中，应当加大力量，加速进行；"反恐怖主义法"事关国家安全，也亟须制定，尽早出台；刑法虽基本完备，但根据新形势下的新情况、新问题，需要不断修正完善。有了善法，才能良治。社会主义法律体系是中国法治话语权的根基和源泉，法律制定得好，话语才能有力。这是正本清源之道，应当引起高度重视。

第三，不断推进司法制度改革。人民司法为人民。真正做到以民为本，使人民相信我们一切司法制度都是为了人民的利益而设置的，使人民从每一个案件中都感受到公平正义，这是一篇做不完的大文章，不下大功夫、不花大力气、不坚持不懈地去做，是绝对完不成的。可是这方面的工作，对于提高中国法治话语权至关重要。司法工作是实施法律的工作，法律好不好，人民首先是透过司法工作这个窗口来观察、检验和评价的。所谓"察其言，观其行"，说得好不如做得好。司法工作真正做到人民的心坎中，使人民心服口服，崇敬之情油然而生，那么法律的权威就自然树立起来了，何愁没有法治话语权？

第四，要做好法治的宣传教育工作，尤其是对外的宣传工作。新中国的法治道路是有过曲折的。新中国成立之初，一边忙于社会改革，一边抓法制建设，法制逐步从无到有，积累了一些成功经验。从 20 世纪 50 年代后期开始，由于政治运动的原因，法制建设开始萧条、停滞。1978 年党的十一届三中全会之后，改革开放的春风吹遍全国，法制建设逐步走向繁荣。党的十八大和十八届三中全会、四中全会做出的战略决策，使法学界、法律界备受鼓舞。

总之，最近 30 多年来，中国法治建设的成就是伟大的，立法、司法、行政执法、法律监督、人才培养和队伍建设都取得光辉的业绩。对这些成就和业绩，我们要多做宣传工作，让广大干部和群众了解，让全世界人民了解。要充分利用报刊、广播、电视、网络以及出版社、研究会、论坛等各种平台，大力宣传中国法治的成就和进展、理论和实践、历史和现实。要讲出气势，讲出特点，讲出优越性，当然也要实事求是、留有余地，要有干货，不搞假大空。我想通过这种方式，假以时日，中国法治的话语权必将越来越大。

# 深化当代中国刑法理念研究 *

刑法理念在当代刑事法治建设中有着举足轻重的意义，并因此激起了研究者全方位、多面向研究刑法理念的热情，这使得当代中国刑法理念的研究呈现出一派前所未有的繁荣景象，并不断深化。

## 一、当代中国刑法理念研究的主要路径

当代中国刑法理念研究的繁荣，主要体现在研究路径十分广泛、视野十分开阔、成果十分丰富。

### （一）创新社会治理与刑法理念的更新

自改革开放以来，我国社会建设的理念实现了从传统社会管理到现代社会治理的演变和升华，折射出我国社会治理模式的

---

* 本文节选自《当代中国刑法理念研究的变迁与深化》，载《法学评论》2015年第3期，有改动。

重大变革，促进了当代中国刑法理念的不断更新。在 2004 年党的十六届四中全会提出"加强社会建设和管理，推进社会管理体制创新"后，尤其是在 2011 年以来中央一再强调之下，"加强和创新社会管理"成为新的政治话语和执政理念，也引发了刑法学界就社会治理模式变迁推动刑法任务、功能和性质等基础理论发展的深思。当时，我立足于社会管理创新中的刑事法治问题，指出刑法与社会管理创新的任务具有一致性，即都需要通过惩罚犯罪维持社会的稳定，保障民众的安全。面对随着社会发展变化所出现的新型犯罪，亟须刑法的及时介入，合理利用刑罚手段予以打击。

与此同时，必须清晰认识到刑法在社会管理创新中的作用是有限的，时刻牢记刑法乃社会管理创新的最终保障。在刑事法治的发展中，既要保障社会安全的机能，又要坚持人权保障的宗旨，在刑法与社会管理创新的契合点上积极寻求刑事法治的发展。王文华教授在探讨社会管理创新与刑法理念发展的具体关系时，也认为刑法作为其他法律的"保障法"，同样承担着创新社会管理的重任。在当前特定的社会发展时期和历史背景下，我国刑法理念的发展应当包括但不限于刑法的处罚范围适当；"维稳"与"维权"并重；宽严相济，充分体现罪责刑相适应的原则以及刑事立法、司法理念的国际化。只是在刑法领域，加强和创新社会管理必须建立在法治的基础上，要严格遵循罪刑法定等"刑事法治"的原则不动摇并时刻受到宪法的制约。

随着在社会管理理论和实践方面的新探索、新发展、新要求，党的十八届三中全会通过的《中共中央关于全面深化改革若干重大问题的决定》提出"创新社会治理机制、提高社会治理水平"，并将"加快形成科学有效的社会治理体制"作为我国全面深化改革的核心内容之一。据此，有学者适时探究了在创新社会治理语境下刑法理念发展的问题，认为社会治理模式的转变将推动我国刑事法治理念的发展，在创新社会治理语境下，刑事法治要注意把握有限刑法理念、人权保障理念以及形式与实质相统一的理念。事实上，犯罪现象乃是众多社会现象之一种，治理犯罪现象本身属于社会治理的重要方面，而在社会工作的普遍参与之下，综合利用宗教、道德、习惯以及非刑法法律规定等各种社会规范实现社会治理的良好愿景是最为理想的状态。因此，不论社会管理创新还是社会治理模式创新，都必然要求治理犯罪现象冲破单纯拘泥于刑罚的藩篱，力求实现治理理念的更新和治理手段、方式的多元化，以最大限度遏制泛刑主义与重刑主义。

**（二）宪法发展与刑法理念的更新**

宪法是国家的根本大法，在一国法律体系中居于最高的法律地位，拥有最高的法律权威，具有最高的法律效力，是制定其他一切法律的当然根据。包括刑法在内的各个部门法都奉宪法为"母法"，均属于在不同的领域对宪法所蕴含之精神的贯彻，以及对宪法确立的基本制度和原则的引申和具化，故宪法的发展必然带动刑法的进步以及刑法理念的更新。有学者深入探讨了我国宪法指导下刑法理念的更新并指出：由于宪法所蕴含的控权思想和人权保障价值被贯穿于整个中国刑事立法之中，对我国的刑罚制度产生了深远的影响，使我国刑法理念发生了深刻的变化。目前我国刑法理念的更新主要体现在基本树立了罪刑法定的理念，适度犯罪化的理念，保障人权的理念和注重刑罚效果的理念。有学者在研究当代中国宪法的发展与刑法理念的更新中也认为，在宪法发展背景下，我国刑法理念不断更新，实现了在人权保障前提下的秩序维持，在公正理念下平等保护各类主体的法益，在谦抑观念下的适度犯罪化。还有论者明确主张，我国应在宪法发展的指引下，提升刑法理念，促进刑法宪法化、宪法刑法化、刑法法典化。

在党的十八届四中全会作出"全面推进依法治国"重大战略决策的时代背景下，结合宪法的发展探讨当代刑法理念尤其具有重要意义。《中共中央关于全面推进依法治国若干重大问题的决定》指出"坚持依法治国首先要坚持依宪治国"，强调依宪治国既必须维护宪法的尊严和权威，又应当通过各种方法加强宪法实施、弘扬宪法精神。除了健全宪法解释程序机制外，加强宪法实施的重要内容就是保证内含于各部门法中的宪法规范能够充分实现，恰是在这一点上，刑法具有独特的价值。这是考虑到，如果单纯以法律调整的社会关系的范围为视角，法律体系可以划分为三个层次：最上层的是作为"根本法"的宪法，这是法律体系的"统帅"；中层则为除刑法以外的诸如民法商法、行政法、经济法以及社会法等调整某部分社会关系的法律，此乃法律体系的"主干"；而处在最底层的是在对普通部门法所调整的社会关系都要进行调整与保护的刑法，其在"整个法律体系中具有了一种不同于其他部门法的独特地位"①。此种独特地位决定在法律体系中，刑法是能够直接与宪法全方位对接的法律部门。刑法所调整的对象、所保护的社会关系虽然表面上看似乎都是已经被其他部门法所调整的社会关系，但归根到底都可以且必须在宪法中找到具体依据，均应是对宪法所调整社会关系的直接保护或者保障，因此，与其说刑法是其他部门法的保障法，毋宁说刑法是宪法的保障法，且是最全面、最彻底保障宪法有效实施的法律部门。虑及于斯，全面推进依法治国（特别是依宪治国）必然要求刑法学的研究以宪法为指导并且以宪法为最终归依，这无疑是当下我国刑法学研究的重中之重，也必将成为当代中国刑法理念研究的重大课题。

### （三）"市民社会"研究与刑法理念的更新

市民社会是与政治国家相对的一个范畴。按照邓正来的界定，市民社会是指"那些源出于个人自由的思考以及反对政治专制的近代自由主义政治思想，源出于对市场经济的弘扬以及对国家干预活动的应对的近代自由主义经济思想的基础上，逐渐产生的相对于国家以外的实体社会"②。市民社会理论肇端于社会学以及政治学领域，但因其涵盖了国家权力产生根源与行使界限、国家与社会关系等与法治关联的基础理论，逐渐获得法学界的青睐与重视，成为研究法的起源及其本质、权力与权利、人治与法治等法

---

① 赵秉志、袁彬：《刑法与相关部门法关系的调适》，《法学》2013 年第 9 期。
② 邓正来：《国家与社会——中国市民社会研究的研究》，载王铭铭、王斯福主编《乡土社会的秩序、公正与权威》，中国政法大学出版社 1997 年版。

学议题的理论背景与独特视角，也为刑法学者探讨当代刑法理念提供了路径。有论者主张，市民社会语境中的刑法应当体现契约刑法、社会刑法和人文刑法三大理念。契约刑法，为现代刑法找寻到了正当性根据；社会刑法为实现国家对秩序的维护和再生提供了现实性的保障；人文刑法为形塑刑法的品格导出了价值准则。还有学者认为，我国的社会结构正处在转型之中，基于法治国家的需要，刑法应倚重以人为本的精神理念，对人文关怀做出回应，借助其形式理性，将蕴含在其中的平等、自由、人道、正义、谦抑等观念，注入刑法的血脉之中，将惩罚犯罪与保障人权在制度上整合为一个有机整体，以推进我国刑事法治的科学化和现代化的进程，最终实现法治国家的宏伟战略。

应当说，市民社会是介乎于国家权威与个人自由的缓冲地带，其存在与发育必然激发作为推动法治进步之内在精神力量的市民主体意识、权利意识和自治意识，在相当程度上防范包括刑罚权在内的国家权力的恣意扩张，抵御国家权力的不当渗透，进而最大限度维护社会自身的独立和利益，并保障公民享有充分的自由与权利。只是在我们看来，且不论时下中国市民社会尚未发育成熟这一客观现实，市民社会自身也有可能滋生极端个人主义、可能导致社会两极分化，以及其具有并非民主政治的充要条件等内在局限性。因此，市民社会并不必然拒斥国家权力的行使，也不必然意味着刑法的柔化与弱化；相反，在常态的、成熟的市民社会中，国家权力理应作为市民社会存在和发展的外部保障和坚强后盾，而那些属于威胁政治国家主权、安全和发展利益的行为，如间谍情报机关对涉及国家安全和利益的情报窃密、对重要涉密人员的渗透策反活动，抑或破坏市民社会存续基底的行为，如社会上存在的各类暴力恐怖行为，也必然呼吁刑法的及时介入，以及刑罚权的正当且充分行使。

### （四）刑法修正与刑法理念的更新

法律具有稳定性，但绝非一成不变。"法律必须巧妙地将过去与现在勾连起来，同时又不能忽视未来的迫切要求。"① 它应当随着所调整社会关系的变化而变化，在不断满足社会发展对其提出的新要求并回应社会需要的过程中，求得自身的发展和完善。而"刑法的历史是其从来就没有终结的历史"②，刑法应根据经济社会发展的需要及时修改、补充和完善以因应经济社会的变化，而这一过程通常是在一定刑法理念的指导下完成的，因而剖析刑法修正的具体内容能够折射出刑法理念的更新与转型，民生刑法理念的提出即适例。

从根本上讲，民生刑法理念的提出有其特定的时代背景，是党和国家将保障和改善民生放在更加突出的位置催生了法学界对民生法治的研究，民生刑法系对民生权益予以保障和救济的刑法规范，是在刑事领域探讨民生保障的问题。卢建平教授是民生刑法观的力倡者，他将民生刑法概念的诞生视为我国刑事法治发展的历史标志，指出民生刑法观的提出反映了我国刑法正在由传统

---

① ［美］E．博登海默：《法理学——法哲学与法律方法》，邓正来译，中国政法大学出版社 2004 年版，第 39 页。

② ［德］阿耳宾•埃斯尔：《二十世纪最后十年里德国刑法的发展》，冯军译，《法学家》1998 年第 6 期。

的国家专政机器、"刀把子"向法益保护工具的角色转变，反映了刑法从单纯强调打击犯罪、惩罚犯罪人向保护社会、保障人权的功能转变。刑法理论界关于刑法从国家本位向社会本位转化、从国权刑法向民权刑法演进的说法，诠释着刑法这个原本血淋淋的以刑为主的惩罚法，正在日益变成一个温情脉脉的、以保护为主的保障法。

民生刑法理念的提出在学界引发了激烈讨论，其中不乏对民生刑法的机能和价值予以高度评价，认为民生刑法立足于人本刑法观，以尊重人性、弘扬人道、保障人权为价值内涵，以社会权利及其他民生权益的刑事保障为基本内容。国家需要制定和完善与民生问题紧密相关的法律，完善民生权利救济的法律途径，来进一步促进民生问题的解决。刑法作为法律体系中的"保障法""后盾法"，应当确立以人为本的价值理念，要以保障民生为核心内容，对民生权益给了最坚实、最有力的保障和救济，以提炼和塑造人本主义价值和品格。民生刑法理念以刑法保障民生为出发点，体现了党和国家"保民生"的具体要求，具有牢固的刑事政策根基，也因在相当程度上契合了普通公众维护权益的需要而得到广泛支持。

但是，有学者明确主张要慎重对待民生刑法观，认为面对我国传统的社会治理模式和当前的法治环境，考虑到民生问题的社会属性，立足于刑法的应有机能，而对民生刑法观不得不持"纠结"的态度。学者就"民生刑法"所存在的歧见，反映出人们对刑法应当在当代中国社会中发挥何种作用有着不同的认识，而这种对刑法任务和机能的不同认识在相当意义上助推了刑法理念研究的深入。

## 二、深化当代中国刑法理念研究

繁荣的背后往往蕴藏着某种值得警惕的危机，当代中国刑法理念的研究也不例外。总体上看，当代中国刑法理念的研究存在研究者的主体性意识不强，研究的自主性、自觉性不够，研究成果转化为具体实践不足等亟待解决的问题。在全面推进依法治国的进程中，解决当代中国刑法理念研究所存在的上述问题，应当坚持从中国实际出发，汲取中华法律文化精华，借鉴国外法治有益经验，但绝不照搬外国法治理念和模式。具体来说，若欲真正发挥刑法理念对刑事法治的引领和促进作用，深化刑法理念的研究至少需要把握以下四个方面。

### （一）着力发掘刑法理念传统资源

"法律就像语言，乃是民族精神的表现物。"[①] 中华法制文明源远流长、绵延数千年，中华法律文化博大精深、内涵丰富，充满了中华民族的智慧和创造性，形成了一个汇集无数先贤哲人思想的巨大思想宝藏，其中不乏诸如"明德慎罚""矜老恤幼""宽刑重教""宽猛相济"等值得后世传承的刑法理念。令人遗憾的是，自近代以来，我国法治建设从一开始就轻视甚至是无视了对传统

---

① 梁治平：《法意与人情》，中国法制出版社 2004 年版，第 233 页。

高铭暄精选集 /

042

资源的发掘而始终将目光投向域外，先是效仿德日刑法，后是师法苏联刑法，近年来又萌生一种奉德日刑法为圭臬的倾向。虽然移植法治先进国家的法律制度、法律条文，甚至法律理念是法治后发国家法治建设的重要方面，也是快速实现法治现代化的捷径，但是这并不意味着可以罔顾本国悠久的传统法治资源在培植当代刑法理念中的价值。

正如沈寄簃所言："推崇西法而不探讨中法，则法学不全，又安能会而通之，以推行于世？"[1] 诚哉斯言。一国的传统法治资源是在千百年历史中经过反复涤荡与锤炼而形成的，早已深深地沉淀于该国民众的意识之中，成为国家法治建设最为坚实的根基，任何试图撇清与传统的种种联系、摆脱传统对当下影响的努力都被证明是徒劳的。"传统的法的精神总是具有很强的生命力的东西，在历史惯性的作用下，它会在相当长的时期内存续、延展，并在意识的深层影响人们的法律思维方式与日常的法律生活方式和行为的同时，直接对法律制度发生作用和影响。"[2] 如果赞同耶塞克教授关于"刑法在某种程度上是我们文化状态最忠实的反映并表现着一国占主导地位的精神状态"[3] 的论断，那么，从历史和传统文化中汲取营养，着力发掘刑法理念传统资源，就理应成为当代中国刑法理念研究之必然抉择，而如若忘却刑法理念传统资源，刑法理念的研究则势必漂若浮萍，研究所得的刑法理念之价

---

① （清）沈家本：《薛大司寇遗稿序》，载《历代刑法考》，中华书局1985年版。
② 吕世伦、姚建宗：《略论法制现代化的概念、模式和类型》，载公丕祥主编《法制现代化研究（第1卷）》，南京师范大学出版社1995年版。
③ 李海东：《刑法原理入门：犯罪论基础》，法律出版社1998年版，第7页。

值必将大打折扣。

### （二）彻底清算传统落后刑法观念

所谓"传统落后刑法观念"，主要是指形成于漫长的封建社会的刑法万能主义、刑法工具主义以及重刑主义，这三种刑法观念不是误解了刑法（刑罚）的性质与任务，就是对刑法功能有不切实际的期待，让刑法背负难以承受之重。当代中国刑法理念的研究是在现代刑法理念与传统刑法落后观念的激烈对抗中生成并繁荣的，但传统刑法落后观念既没有因为封建制度的解体而消解，也没有因为现代刑法理念的塑造就绝迹，而是作为一种强劲的"暗流"，以更为隐蔽的形式继续存在于中国当代社会，并深刻地影响着普通公众。这突出表现为刑法在现实生活中积极充当着"消防员"的角色，但凡社会出现"险情"，人们第一时间能够想到的就是刑法介入，热切希望并且坚信刑法（刑罚）能够化解此种"险情"，并且重刑主义在伸张社会正义的裹挟下随着汹涌的"民意"侵入刑事法治实践（包括刑事立法和刑事司法）的事例也屡见不鲜。

然而，"刑法对外行人来说通常是法的全部，但它决不是法的全部，甚至也不是法的最重要部分"①，仅仅是法律控制系统的重要组成部分而非系统本身，是"所有其他一切法律背后的制裁措施"②，刑法的任务限于辅助性的法益保护，是保护法益的最后

---

① ［美］罗斯科·庞德：《通过法律的社会控制：法律的任务》，沈宗灵、董世忠译，商务印书馆 1984 年版，第 31 页。

② ［法］卢梭：《社会契约论》，钟书峰译，法律出版社 2012 年版，第 50 页。

手段。要树立科学的犯罪观、刑罚观，将犯罪视为"一种人们虽不愿意但又不可避免的现象……是公共健康的一种因素，是社会健康整体中的一个组成部分"，认识到犯罪"根本不是一件与社会不相容的事，也不是社会上一种离奇的、不可思议的寄生因素，而是社会生活的调节者"。① 要清楚犯罪现象既是法律现象，更是正常的社会现象，预防和控制犯罪行为的视野不能仅仅停留在法律领域，也不能仅仅停留在刑法领域，更不能迷恋重刑的作用，而应当秉承"最好的社会政策就是最好的刑事政策"的理念，综合运用各种正式和非正式的社会治理手段。有鉴于此，当代中国刑法理念的研究应当彻底清算传统刑法落后观念，这既是刑法理念研究的重要路径，也是其必须实现的目标。

### （三）审慎对待域外新兴刑法理念

在当代中国刑法理念的研究过程中，长期存在一种将域外刑法理念直接转化为中国刑法理念的不值得肯定的倾向。它基本上忽视了中外社会的发展状况以及法律文化传统所存在的巨大差异，试图通过对刑法理念的普适性进行深入阐述，来论证其在中国刑法制度的设计以及刑法技术的操作中全面贯彻的合理性，其典型如我国对风险刑法理念的引入。

在西方社会由古典工业社会向现代社会转型的过程中，传统刑法在防范和化解由现代化高速发展带来的大量社会风险的过程中表现出"疲软"之势，"风险刑法"应运而生。风险社会及其

---

① ［法］埃米尔·迪尔凯姆：《社会学方法的规则》，胡伟译，华夏出版社1999年版，第54页及以下。

刑法理念一经传入中国，旋即掀起刑法学界的研究热潮，其中就有大量学者直接引用风险社会理论论证风险刑法时代已经来临，出于风险社会的安全需要，刑法成为国家对付风险的工具，逐渐蜕变成一项规制性的管理事务。刑法体系也面临着由罪责刑法到安全刑法的转变，刑法应当将安全作为基本的价值取向，考虑法益保护的早期化和处罚的预防性以发挥其控制风险的功能。在学者对风险社会理论以及风险刑法理论的冷静而深入的思考后，风险刑法理念才最终显露出其"庐山真面目"，各种反思、质疑与批判也就随之而来。[①]

产生于西方社会的风险刑法理念在中国的离奇命运雄辩地证明了：刑法理念作为扎根于本国刑事法治实践的价值观念，在具有普适性的同时，也具有极强的地域性特征，不能因为过分推崇其普适性而湮没其地域性。诚然，解决中国的问题必须有世界的眼光，而刑法又是除国际法以外对各国具体政治和社会文化特征方面的差别最不敏感的法律科学，不同历史形态刑法的基本理论范畴和法律制度方面有共同的基础，刑法研究也必须避免沦为耶林所谓的"国土法学"的田地，但是必须清晰地认识到，本本主义不足取，教条主义应摒弃。域外新兴刑法理念是萌生于域外当代刑事法治实践，是与其经济社会背景发展相适应的，其是否适

---

[①] 对风险刑法的反思、批判与质疑，参见刘艳红：《风险刑法理论不能动摇刑法谦抑主义》，《法商研究》2011 年第 4 期；张明楷：《风险社会若干刑法理论问题反思》，《法商研究》2011 年第 5 期；南连伟：《风险刑法理论的批判与反思》，《法学研究》2012 年第 4 期；利子平、石聚航：《我国风险刑法理论研究中的三大误区》，《北京理工大学学报（社会科学版）》2013 年第 4 期；陈兴良：《风险刑法理论的法教义学批判》，《中外法学》2014 年第 1 期；付强、孙利：《风险刑法质疑》，《中国刑事法杂志》2014 年第 1 期。

合当代中国的国情、社情，能否真正引领中国刑事法治实践还需要审慎剖析，必须警惕并抵制那种不加辨别而全盘吸收的"拿来主义"，这在法律全球化以及刑法国际化不断深入的时代背景下，对于塑造当代中国刑法理念极富现实意义。

### （四）积极落实当代中国刑法理念

"理念，不只是口号，需要变成自己内心深处的真实想法才有用……当一种刑法理念成为人们内心深处的真实想法，而不只是停留在口头表述或者书面文字时，这种理念必然对其解释刑法、适用刑法起重要的指导作用。"[①] 理念是行动的先导，而行动则是理念的载体，是践行理念的方式。在现代刑事法治系统中，刑法理念是对刑法的性质、地位、机能以及犯罪、刑罚等基本问题的理性认知，虽然它能够直接对公众的思想产生强烈的影响，但若欲实现其对刑事法治建设更为重大的价值，就应在修正刑法典、理解与适用刑法时，谋求通过相宜的媒介积极落实当代中国刑法理念，真正推动当代中国刑法理念客观现实化。

具体来说，刑法理念在刑事法治实践中所具有的价值决定了当代中国刑法理念的落实是全方位、多维度、深层次的，但是作为内存于人脑中关于刑法基本问题的思想或者看法，刑法理念本质上又只是一种需要通过刑法制度与刑法技术予以呈现并反映的、不具有实体性的主观印象，其价值的最终实现也必须借助于刑法制度与刑法技术，亦即刑法制度与刑法技术乃刑法理念的存

---

① 张明楷：《网络时代的刑法理念——以刑法的谦抑性为中心》，《人民检察》2014 年第 9 期。

在载体和现实化的媒介。"一种刑法理念如果缺乏制度性的支撑，那么这种理念就没有办法在现实生活中得到切实落实和贯彻"，并且也"只有通过有效的法律技术才能使法治理念在个案当中得到有效的贯彻"。①

　　职是之故，在当代中国刑法理念的理论研究已经取得一定成果之后，我国刑法理念的研究就应该将精力更多地放在探讨如何在刑法制度的具体建构以及刑法技术的实际运作中积极体现并落实当代中国刑法理念。唯其如此，通过理论研究所获得的理论成果才能够现实化为具体的实践，进而实实在在地推动中国特色社会主义法治建设。

---

① 陈兴良：《当代中国的刑法理念》，《国家检察官学院学报》2008 年第 3 期。

# 刑法体现宽严相济刑事政策 *

　　党的刑事政策与国家实体刑法之间的关系是辩证统一的。刑事政策是实体刑法的导向和依据，实体刑法是刑事政策的具体化和条文化。刑事政策可以转化为刑事法律，刑事法律是司法办案的直接依据。刑事政策在刑事法律实施中，依然起着指导作用。在刑事法律尚不系统、覆盖面还不完整时，如新中国成立初期，刑事政策在法律未及领域成为司法办案的依据。在制定和实施刑法典之后，即刑事政策系统化为实体刑法之后，刑事政策才不作为司法办案的引用依据，而是作为理解刑法精神和诠释刑法条文内容的指针。我国刑事司法实践经历了主要依靠政策到主要依靠法律的发展过程。

　　新中国成立之初，我们党明确提出实行镇压与宽大相结合的刑事政策。这个政策在 20 世纪 50 年代初制定的一系列刑事条例

---

* 本文原载于《人民日报》2015 年 8 月 28 日第 7 版。

刑法体现宽严相济刑事政策

/

049

中都有鲜明体现。1979 年刑法典和刑事诉讼法典的颁布实施，标志着我国刑事司法进入了一个有法可依的新时代。1981 年中央提出："要实行依法从重从快严厉打击严重刑事犯罪活动的方针，坚决把社会治安整顿好，力争取得明显成效。""严打"方针是在社会转型时期犯罪剧增的特定历史条件下实施的，是党和国家对当时社会矛盾加剧、诱发和滋生违法犯罪因素增加、犯罪率不断攀升趋势的一种强烈反应和应急之策。1997 年修订的刑法典，是新中国历史上最完备、最系统、最具有时代气息并具有里程碑意义的刑法典。这部刑法典科学地概括刑法的基本精神，明文规定刑法的三大基本原则。党的刑事政策在这部刑法典中得到了系统、完整、权威的体现。进入 21 世纪，依法治国、以人为本、司法为民的呼声日益高涨，法治文明不断发展。面对新形势新情况，我国刑事政策有必要作出适当调整。

2004 年中央政法工作会议明确提出，实行"宽严相济的刑事政策"。2005 年中央政法工作会议进一步阐明，宽严相济的刑事政策是指对刑事犯罪区别对待，做到既有力打击和震慑犯罪，维护法制的严肃性，又尽可能减少社会对抗，化消极因素为积极因素，实现法律效果和社会效果的统一。宽严相济是我国在维护社会治安的长期实践中形成的基本刑事政策。在当前全面深化改革的背景下，这一政策更具现实意义。应立足于当前社会治安实际，审时度势，用好这一刑事政策。一方面，对严重刑事犯罪依法严厉打击，什么犯罪突出就重点打击什么犯罪，在稳准狠和及时性上全面体现这一方针；另一方面，充分重视依法从宽的一面，对轻微违法犯罪人员，对失足青少年，继续坚持教育、感化、挽救方针，符合条件的可适当多判一些缓刑，积极稳妥地推进社区矫正工作。

宽严相济刑事政策是惩办与宽大相结合的刑事政策的继承和发展。它是当前和今后相当长一个时期的基本刑事政策，不仅对于刑事司法，而且对于刑事立法，都有重要意义。就刑事立法而言，自1997年修订的刑法典颁布实施以来，全国人大常委会先后通过了8个刑法修正案。2011年2月通过的《刑法修正案（八）》，把宽严相济的刑事政策体现得淋漓尽致。该修正案一方面作了一系列趋严的修正，如增加7个新罪，扩大10个罪的构成要件范围，提高、增重8个罪的法定刑，扩大特种累犯的范围，提高无期徒刑犯减刑、假释需要实际执行的年限等；另一方面也作了不少趋宽的修正，如取消13个罪的死刑，对已满75周岁的老年人犯罪从宽处理，对未成年人犯罪进一步从宽处理，对怀孕的妇女犯罪也进一步从宽处理，还增设"坦白从宽"制度，对假释需要实际执行的年限作出例外规定，以及降低两个罪的法定最低刑等。

继《刑法修正案（八）》之后，《刑法修正案（九）（草案）》从2014年10月起开始审议。我们深信，该修正案也会全面体现宽严相济的刑事政策，更好地为经济、政治、文化、社会和生态文明建设服务，将全面依法治国不断向前推进。

# 《刑法修正案（九）》的创新点 *

何谓创新？见仁见智。我理解的"刑法立法创新"包括以下几种情况。一是从没有规定到有规定，提出了解决问题的原则、方法和措施，无疑是一种创新。二是从只有个别的、单独的规定到成建制的、系统的规定，覆盖和满足了某一方面或者某一领域的应对需要，是创新。三是过去虽然有规定，但现在有明显突破和卓然超越的，也是创新。称它"完善"也可以，"完善"在一定程度上就是创新。

按照上述理解来衡量，我认为《刑法修正案（九）》有以下创新点。

其一，打破历次"刑法修正案"条文数的纪录。过去以《刑法修正案（八）》条文为最，有 50 条，《刑法修正案（九）》则达到 52 条。

---

* 本文原载于《人民法治》2016 年第 1 期。

其二，两次在中国人大网上公布草案，征求公众意见，这在刑法立法史上是空前的。高度体现了立法民主。

其三，坚决贯彻中央"逐步减少适用死刑罪名"的指示，继《刑法修正案（八）》废止 13 个罪名的死刑之后，又废止 9 个罪名的死刑，同时提高了死缓期间执行死刑的门槛。

其四，第一次提出不同自由刑（包括有期徒刑、拘役、管制）之间如何并罚的原则。

其五，创造了所有刑法修正案中适用罚金刑之最。对新增设的 16 个罪名规定有罚金刑，并在对原设的犯罪修正中，将 14 个原未规定罚金的罪增设了罚金，将 7 个原规定有罚金的罪增加规定了罚金，从而显著扩大了罚金的适用范围，这种重视程度是前 7 个刑法修正案所未有的。

其六，贯彻党的三中、四中全会关于"创新社会治理体制""提高社会治理法治化水平""完善立体化社会治安防控体系"等指示，第一次在刑法中增设"职业禁止"制度，防止行为人再次利用相关职业便利实施犯罪，或者实施违背职业要求的特定义务的犯罪。

其七，第一次系统地规定了恐怖主义、极端主义的罪名，为全面打击恐怖主义、极端主义的犯罪提供了明确的法律依据和强大的法律武器。

其八，加大反腐败斗争力度，完善贪污受贿犯罪的定罪量刑标准，第一次将原来偏重具体数额的规定，修正为数额与情节并重，将数额抽象化为"较大""巨大""特别巨大"，将情节也抽象化为"较重""严重""特别严重",交由"两高"根据实际情况作出适当具体化的司法解释,真正体现了原则性与灵活性的高度结合。

其九,为加强保护信息网络这个现代化生产、生活不可缺少的组成部分的安全,第一次对拒不履行信息网络安全管理义务情节严重的行为,非法利用信息网络情节严重的行为,帮助信息网络犯罪活动情节严重的行为,均予以入罪。

其十,回应社会公众的强烈要求,为加强保护公民人身权利,第一次将收买被拐卖妇女、儿童的行为一律入罪,对虐待被监管、看护人的行为予以入罪。

其十一,为维护以审判为中心的司法秩序,有力保障司法工作的顺利进行,第一次对于以捏造的事实提起民事诉讼的虚假诉讼行为,泄露不应公开的案件信息情节严重的行为,均予以入罪。

其十二,为保护国家考试这个培养、选拔人才主渠道的公正、公平性,第一次将组织考试作弊的行为、非法出售和提供试题及答案的行为、代替考试的行为,规定为犯罪。

以上这些创新点和党的十八届五中全会提出的,以创新、协调、绿色、开放、共享的发展理念引导"十三五"规划建设的发展行动,全力维护社会稳定,确保经济平稳健康运行,在精神上是高度融合的。

# 再审涉产权重大案件　彰显社会公平正义<sup>*</sup>

　　从媒体上看到人民法院决定对三起涉产权重大案件依法再审的消息，我感到既高兴又振奋，而且原审被告人张文中诈骗、单位行贿、挪用资金案和原审被告人顾雏军虚报注册资本，违规披露、不披露重要信息，挪用资金案，还由最高人民法院直接提审，我认为这既是最高人民法院深化司法改革、追求公正司法的一个重大举措，也是党和国家高度重视产权保护的一个重大信号，具有十分重要的社会意义和法治意义，作为曾经关注过这两个案子的法学专家，这里简单谈谈三点看法。

　　一是切实体现了对产权的司法保护。产权是所有制的核心，加强产权保护，是坚持社会主义基本制度的必然要求，是决胜全面建成小康社会的必然要求，是提高党的执政能力、厚植党的执政基础、增强党的执政本领的必然要求。党的十八大以来，中央

---

　　* 本文原载于《人民法院报》2017 年 12 月 30 日第 4 版。

多次要求平等保护各种所有制经济产权，强调公有制经济财产权不可侵犯，非公有制经济财产权同样不可侵犯，要求健全以公平为核心原则的产权保护制度，提高产权保护的法治化水平。2016年11月印发的《中共中央 国务院关于完善产权保护制度依法保护产权的意见》规定："坚持有错必纠，抓紧甄别纠正一批社会反映强烈的产权纠纷申诉案件，剖析一批侵害产权的案例。对涉及重大财产处置的产权纠纷申诉案件、民营企业和投资人违法申诉案件依法甄别，确属事实不清、证据不足、适用法律错误的错案冤案，要依法予以纠正并赔偿当事人的损失。"

据此，坚持有错必纠、实事求是的原则，妥善处理历史形成的产权案件，将会成为人民法院今后一段时间的重要工作内容。此次依法决定对三起涉产权案件进行再审，其中两起刑事案件由最高人民法院直接提审，可以视为人民法院贯彻中央决策的重要举措。此举对于平等保护各类产权，提高人民群众的获得感，营造公平公正的经济发展环境，推进经济健康发展具有重要的现实意义。

二是切实彰显了维护社会公平正义。维护社会公平正义是司法工作的价值追求，是人民群众对司法机关的殷切期盼。党的十八届四中全会提出"公正是法治的生命线"，充分说明司法维护社会公平正义的极端重要性和现实必要性。而历史形成的一些涉产权刑事案件，由于复杂的社会背景和执法司法行为不规范不合法等原因，在事实认定、法律适用或政策把握上可能存在这样或那样的问题，以致处理的结果对当事人不公平，如不通过再审给当事人一个说法，就难以彰显社会公平正义。

我从媒体和网络上看到，这次再审的三起涉产权案件，当事人长期申诉，社会广泛关注，案件争议问题很大，依法再审是一个非常明智的抉择。虽然启动再审程序只是审判程序的一个新起点、新开端，不代表原判必然有错，更不代表原审被告人必然无罪，但是无论再审结果如何，都必将有利于进一步查明案件事实，解决原判中的争议和疑点，明确其中的是是非非，从而给社会一个交代，给当事人一个说法。这也能够体现法院直面问题的担当和勇气，充分体现法院对人权和产权的重视和保障，并促进司法公正，提升司法公信力。

三是切实落实了对人权的司法保障。从有关材料看，这三起案件的申诉人，当年都不同程度地受到了刑事追诉，有的还被定罪判刑，送进监狱服刑，其人身权利不同程度地受到了限制或剥夺。产权也是人权的重要组成部分，又是实现和享有其他人权所必需的物质前提和保障。尊重产权、保障人权不受非法侵犯，实现个人自由与发展，是中国特色社会主义法治的内在要求。司法权是维护人权的重要后盾，司法机关是维护人权的重要主体，保障人权是司法机关的重要职责。当个人权利受到侵害而向司法机关寻求救济时，无论侵害主体是谁、受到侵害的对象是谁，司法机关都必须依法履职，依法平等加以保护。人民法院通过审判监督程序，依法重新审判可能存在错误的涉产权案件，对于尊重和保障人权、加强人权司法保障，也有重大意义。习近平总书记指出，执法司法中万分之一的失误，对当事人就是百分之百的伤害。

这个论断对于处理涉产权案件，具有重要的现实指导意义。

　　总之，我个人认为，人民法院依法决定对三起影响重大的涉产权案件进行再审，体现了实事求是、敢于担当和保护人权的精神，在加强产权司法保障、促进市场经济发展、营造尊重企业家精神的社会环境、实现社会公平正义方面，都会产生积极的示范效应，对这样的案件启动再审，也必将成为一场生动的全民法治公开课。

# 预防性刑法立法的观察与省思 *

刑法理论体系及功能的预防性动向绝非空穴来风，是社会变迁与立法互动的累积物。预防性刑法观念早在立法活动中相继有所展露，在新近立法中得以强化。通过进行类型化分析，有助于凝练出其内在的刑法教义成分并发现相关问题。

## 一、预防性立法的发迹与发展

我国《刑法修正案（七）》呈现了预防性立法迹象，《刑法修正案（八）》和《刑法修正案（九）》进一步强化，并聚成一股日益壮大的刑法立法发展力量。

### （一）犯罪实体领域

预防性立法首先在犯罪实体领域发力，主要集中在超个人法

---

* 本文节选自《预防性刑法观及其教义学思考》，载《中国法学》2018 年第 1 期，有改动。

益或集体法益的犯罪，立法策略主要表现为犯罪化、危险犯配置、早期化介入等方面。具体而言如下。

恐怖犯罪。我国正处于暴恐活动的多发期、高发期。为此，2014 年修订《国家安全法》并制定《反间谍法》；2015 年制定新的《国家安全法》与《反恐怖主义法》。《刑法修正案（九）》修改《刑法》第 120 条、第 120 条之一；增加第 120 条之二、第 120 条之三、第 120 条之四、第 120 条之五、第 120 条之六，将恐怖主义的共犯行为和预备行为全部犯罪化，将具有预备性质的策划行为犯罪化；规定恐怖主义的煽动型犯罪、宣示型犯罪以及持有型犯罪，突出"打早打小"政策。

网络犯罪。网络犯罪已成为我国第一大犯罪类型。《刑法修正案（七）》增加第 285 条第 2 款、第 3 款，提前介入特殊的网络技术预备行为，加大处罚力度，扩大第 285 条的规制范围。《刑法修正案（九）》增设第 286 条之一、第 287 条之一、第 287 条之二；修改《刑法》第 285 条、第 287 条。第 286 条之一规定了网络平台不作为犯罪，第 287 条之一规定了网络预备行为为犯罪，第 287 条之二规定了网络技术帮助行为的正犯责任，凸显刑法介入的早期化意图。

腐败犯罪。《刑法修正案（七）》增加第 388 条之一；修改《刑法》第 395 条，严密法网。《刑法修正案（九）》大刀阔斧地修改，将《刑法》第 383 条规定的"数额论处"调整为"数额＋情节"的定罪、处罚模式，并增加终身监禁的规定，采取对称性刑事政策，加大对行贿犯罪的处罚力度，增加新行贿犯罪罪名，设置预防性反腐措施等。"零容忍"反腐政策已经完全嵌入立法规定，充分贯彻"对称性"立法理念，标志着"打击型"到"预防型"反腐败刑法立法机制的转变与形成。

食品药品犯罪。《刑法修正案（八）》重点修改了食品安全、药品安全等民生安全犯罪，包括将《刑法》第141条生产、销售假药罪改为行为犯，修改第143条并将生产、销售不符合安全标准的食品罪改成危险犯，将第144条生产、销售有毒有害食品罪改为行为犯，增加第408条之一即食品监管渎职罪。总体上提高刑法对食品、药品安全犯罪的惩治力度和防控民生安全犯罪的力度。

环境公害犯罪。环境犯罪是典型的重大社会公害犯罪。一些部门和法律专家建议，对严重危害环境的行为，无须将危害结果的发生作为犯罪构成的必要条件，立法上增加环境犯罪危险犯的规定。《刑法修正案（八）》修改第338条时仍坚持实害犯模式，但降低了入罪门槛，尤其是降低了污染行为与危害后果之间因果关系的证明难度。可以肯定的是，降低入罪门槛尤疑开启了环境犯罪的危险犯治理和早期化应对，并侧重积极的一般预防效果。

公共秩序犯罪（民事行政违法行为的犯罪化）。近些年来，对原属于（民事）行政违法行为的入罪化频率递增。《刑法修正案（八）》首开先河，典型的是危险驾驶入罪。《刑法修正案（九）》以基于行为的社会危害性的客观加重或主动降低社会危害程度与入罪标准等方式，将十余种行政违法行为规定为独立的犯罪或增设为具体的犯罪情形，包括公民人身权利的保护、惩治失信背信行为、加强社会治理与维护社会秩序等。从现实需要与民意诉求看，可以将部分明显按照治安管理处罚偏轻的行为上升到刑事处罚层面，也是"后劳教"时代确保罪刑均衡的需要。但可能存在过度犯罪化的倾向，诱发社会防卫与人权保障之间的失衡。

单位犯罪的显著扩充。单位犯罪呈现出显著的递增趋势。将很多在传统意义上只能由自然人实施的罪名改为单位犯罪，逐渐淡化自然人和单位的主体差异，强化预防单位犯罪机制。例如，《刑法修正案（九）》对《刑法》第 120 条之一、第 285 条、第 286 条增设了单位犯罪，新增加的第 286 条之一、第 287 条之一、第 287 条之二等条文均设有单位犯罪。而且，开始制裁网络平台这一新型主体，如第 286 条之一、第 287 条之二等的规定。

不作为犯罪的增量。例如，《刑法修正案（九）》修改《刑法》第 311 条（拒绝提供间谍犯罪证据罪）和增加持有型恐怖犯罪罪名，明显扩大恐怖活动领域中的不作为犯罪，加大处罚力度。同时，增加网络不作为犯罪，如第 286 条之一的规定。

### （二）刑罚处罚领域

预防性立法不仅体现在犯罪领域，而且体现在刑事制裁领域，对刑罚目的理论等刑罚范畴产生一定影响，也将刑罚制度、刑罚体系及其改革推向深水区。主要包括如下几方面。

职业禁止。《刑法修正案（九）》增设第 37 条之一。尽管关于职业禁止规定的法律属性有非刑罚处罚措施、保安处分以及刑罚处罚措施等观点，但从适用的实质条件看，"犯罪情况和预防再犯罪的需要"鲜明传递了立法追求积极一般预防的司法效果。

由此，职业禁止根据犯罪情况和预防再犯罪的需要而适用，彰显了预防性立法思维。

禁止令。《刑法修正案（八）》对管制、缓刑规定可以适用禁止令，作为刑罚制度的重要创举。对于禁止令，学界也有刑罚处罚措施、非刑罚处罚措施以及保安处分等法律性质争议。根据规定，人民法院应"根据犯罪情况"，"从促进犯罪分子教育矫正、有效维护社会秩序的需要出发"，并"根据犯罪分子的犯罪原因、犯罪性质、犯罪手段、犯罪后的悔罪表现、个人一贯表现等情况"作出关联性、针对性的禁止措施。据此，适用条件是人身危险性或行为的社会危险性，彰显了积极预防旨趣。而且，禁止令呈现出网络修正的理论趋势。

终身监禁。终身监禁一度与死缓制度都被视为重要的死刑替代措施。《刑法修正案（八）》严格限制死缓变更中的减刑与假释条件，客观上起到了近似终身监禁的效果。《刑法修正案（九）》修改《刑法》第383条，首次对极其严重的贪污罪、受贿罪设置死缓变更后的不得减刑、假释的终身监禁制度。尽管存在新死缓执行方式、死刑替代措施、终身自由刑等法律性质的争议，但对当前腐败犯罪的打击与预防的积极作用学界已达成共识，鲜明地展示了积极预防的立法意图与效果。

生刑体系渐重。《刑法修正案（八）》调整《刑法》"死刑过重、生刑过轻"的局面，加重生刑体系，如延长死缓减刑后的实际执行期限与有期徒刑数罪并罚的最高年限，以及设置限制减刑、假释等。《刑法修正案（九）》进一步使生刑体系渐重，如加重寻衅滋事罪、强迫交易罪等的法定刑，贪污罪和受贿罪设置终身监禁等。尽管加重生刑体系主要限于无期徒刑与长期徒刑，但局部加重生刑体系又导致"生刑的轻重分布体系出现轻罪过重与重罪过轻的罪刑均衡矛盾"[①]，与刑罚轻缓化、刑罚种类的多样化、克制刑罚攀比与趋重相悖。

刑罚减免的克制。尽管我国刑罚结构整体趋轻、从宽，但对个别罪名的减免处罚转向从严策略，对刑罚减免的克制态势体现出积极一般预防的意图。以《刑法修正案（九）》为例。一是修改《刑法》收买被拐卖的妇女、儿童罪原规定的"可以不追究刑事责任"条款，要求一律追究责任，但可以在一定程度上从宽处罚。从一般预防功能看，扩大处罚范围也间接加大了处罚力度。二是修改行贿犯罪的减免处罚规定，总体摆正"重受贿轻行贿"的不对称性政策，严格行贿罪的从宽处罚条件，加大处罚力度。三是《刑法》第 383 条增加终身监禁规定，既可以减少死刑适用，也有助于防止实践中出现通过减刑等途径减少实际服刑期限的问题。刑罚减免的克制显示出侧重预防功能的立法旨趣。

罚金刑的扩张。《刑法修正案（七）》明显重视罚金刑，《刑法修正案（八）》对罚金刑的重视呈递增趋势。《刑法修正案（九）》大幅度增加罚金刑规定尤为明显，配置罚金刑的罪名数量目前已达到 236 个，占全部罪名 469 个的 50.4%，大多选择"并处"模式，实际上加重处罚，也凸显了预防功能的实效诉求。

---

[①] 陈兴良：《犯罪范围的扩张与刑罚结构的调整——〈刑法修正案（九）〉述评》，《法律科学（西北政法大学学报）》2016 年第 4 期。

由上可知，随着社会形势的变化，在晚近立法的推动下，以自由保障为基础，以安全秩序相对优位为价值导向，以刑罚处罚的前置化、预防早期化、刑法介入提前化等积极预防功能为内核，以适度的犯罪化、刑罚化、危险犯增量、刑罚积极预防效果等立法为内容的预防性刑法观"破蛹而出"，并用于应对风险社会的挑战。

## 二、预防性立法的教义学研判

风险社会的来临对刑法制度而言是一场不可预知的变革，网络社会的临近更加剧这场知识变革的重大性与复杂性。习以为常的传统刑法体系正处在修旧立新的十字路口，因应当代社会的不确定性风险与网络技术风险成为裂变的矢量。然而，传统刑法体系的地位与影响根深蒂固，预防性刑法观的教义学基础有待厘清。

### （一）立法先行的制度瓶颈

立法作为刑事法治体系的首要反应机制，既是风险社会下预防性刑法理念的确立途径，也成为透视预防性刑法理念的物化载体。近几次的刑法修正不断扩容预防性立法的体量，初步酝酿一股渐成气候的预防性立法现象，并冲击传统刑法立法思维。而且，由刑法修正凝练而出的预防性立法动向，可以作为推演和探寻预防性刑法观念的重要依据。但是，新近立法的效果有待检验，立法的科学性等问题仍存争议，对预防性刑法观也产生一定的负面作用。同时，当前过度依赖预防性立法率先反应的行动逻辑，也揭示出理论体系的跟进不足等深层次问题。

### （二）刑法教义建构的薄弱之处

一方面，预防性立法仍处在局部领域，并未全面"入侵"传统刑法体系，由此而来的预防性刑法观并非趋于成熟和完善的刑法制度。然而，预防性刑法观念牵涉刑法价值安排等基础问题，是刑法教义学层面的重大议题，直接事关风险社会与网络时代下的刑法体系之取舍。这也决定预防性刑法观念建构不宜迟滞不前。另一方面，预防性立法对传统刑法学理论体系及其根基的侵蚀效应正在蔓延和扩大，但立法自身的功能短板及裹挟的不确定性"危险"也在无形中扩大，单凭立法一己之力，无法消除预防性刑法观在形成与发展中的自带危险。反而应厘清预防性刑法观念的社会根基、基本主张、价值取向与功能体系等关键问题，促其实现由立法到理念的转变，使其教义化进程有序地在我国刑法知识转型中展开。

### （三）理论体系有待正本清源

预防性立法是发展中的现象，预防性刑法观是紧随其后的理论观察。预防性刑法观作为概括性的认识，其内涵和外延还有待进一步确认，其与传统刑法体系的"对冲"，使新旧理论体系的取舍问题显露无疑，也容易陷入一些两难困局。在初步厘定预防性刑法观的本体内涵、时代背景、发展趋势等前提问题后，应着重解决以下争议问题。一是面对风险社会的到来，如何科学参与社会治理，警惕功能主义异化为极端工具化，以肃清预防性刑法观的正当性危机，确立新旧刑法观念的更迭规律；二是刑法面对社会变迁的客观事实，如何理性地通过立法等方式推动犯罪形态的演变与刑事政策的克制性，确保预防性刑法观不脱离科学性与正当性的轨道；三是刑法在积极回应社会关切和突出预防功能之际，如何确保刑事制裁的有效性与审慎性，以澄清其与谦抑性的合流关系，并统合有效的治理资源。通过客观地阐明预防性刑法观的真实面孔，以理性推动刑法体系的与时俱进。

# 经济社会进化与犯罪交替的刑事政策协同观<sup>*</sup>

当前，预防性刑法观首先表现为立法的犯罪化和制裁化。对其抵制和警惕的理由是刑法强调积极预防功能，可能摧毁刑法保守的克制形象，甚至恶化为"洪水猛兽"。但社会变迁必然引发犯罪形态交替，从传统犯罪到风险社会的犯罪及网络犯罪形态的过渡无法阻挡，反而赋予当代刑法能动地参与社会治理的使命。

## 一、犯罪结构裂变与刑法规范的自然呼应

犯罪现象永远是社会发展的产物及其组成部分，社会转型导致犯罪形态的迁移。基于犯罪学与刑法学的密切关系，刑法变革及立法的活跃化也是正常反应。

---

\* 本文节选自《预防性刑法观及其教义学思考》，载《中国法学》2018 年第 1 期，有改动。

### （一）犯罪现象的"生成代谢"规律

犯罪学与刑法学之间存在无法逾越的学科边界，却同在一个屋檐之下，是共生共存的两个紧密相连的刑事学科。德国著名学者、前国际刑法学协会主席汉斯 - 海因里希·耶塞克认为，犯罪学构成刑事科学的事实部分，刑法学则构成刑事科学的规范部分；刑法学依赖犯罪的实证数据等，确保刑法和犯罪现象的真实状态一致；犯罪学的研究范围主要由刑法学限定，验证和评价犯罪学提出的各项对策是否合法、正当及有效。犯罪学的社会基础发生变化，也必然导致刑法学的事实基础、社会基础与规范方式发生变动。

犯罪学和刑法学视野下的"犯罪"，分别作为社会现象与法律规范，都经历了不可逆转的生成代谢命运。从人类犯罪的发展史看，社会变迁一直决定犯罪现象的结构蜕变，也左右刑法规范的制定与修正。回顾从奴隶社会、封建社会到近现代工业社会的历史演进，犯罪形态结构的最大变化正是不断"法定化"（法典化）。这首先是近代刑法法典化的功劳，也是近代犯罪学努力实现由事实到规范的进步体现。在近现代刑法中，犯罪的法定化要求不仅使罪刑法定原则得以确立，也使犯罪现象的"立法化"成为必然。在由犯罪现象到犯罪事实的规范化、立法化的进程中，刑法中的犯罪概念承载着时代变迁的使命与公民的新要求，规范意义上的犯罪本身也不断变化，"法定犯"作为重要的法定犯罪类型，逐渐占据重要位置。在风险社会与网络社会的交织下，犯罪现象的结构变化集中表现为法定犯的增量态势，兴起中的法定犯时代正在成为当前各国刑法共同面临的挑战与机遇，习以为常的自然犯主导时代正在旁落。法定犯的扩充及其在当代社会的迅猛增长，充分暗示了犯罪结构更迭的活性化规律，也决定了刑法规范的同步更新趋势。

### （二）犯罪的活性更迭与犯罪化的立法常态

当代犯罪现象的时代背景早已今非昔比，最重要的变动是工业时代向风险社会的有序演进。社会治理格局也迎来剧烈的变动，导致犯罪学的整体结构在新旧交替的过程中充满不确定性以及风险和未知的隐患，相应地，应对新型犯罪现象的刑法学理论也应主动跟进，实现无缝对接。实际上，为了保障社会秩序与安全价值，破解刑法规范的制度供给不足问题，立法者不断通过成文刑法的方式，将国家意志法律化，客观上造就刑事立法的活跃状态与刑法体系的深层次嬗变。这种"犯罪现象的持续演变，倒逼刑法规范的持续更新"的良性互动，孕育了立法的适度活性化特征，也催生当代刑法中的法定犯时代的到来。这不仅是当代刑法制度保持时代生命力的需要，也使刑法体系发生潜移默化的变动。

当前，法定犯时代正在重塑犯罪事实观与犯罪观。法定犯的社会危害性更多地表现为人造危险和拟制的高度危险，犯罪问题与公共政策范畴紧密相连或存在正向相关性关系，迫使传统的犯罪观与刑法有组织应对犯罪的策略及方法同步转变。例如，刑法立法从结果本位逐渐靠向行为本位，具体犯罪构成要件的不断变动以及刑事犯罪与行政违法、民事违法的无缝对接等。为此，当代刑法学负有首先通过立法完成犯罪现象的结构更迭任务，并通过法定犯的法治方式予以固化。在立法层面，需要采取犯罪化的方式，实现刑法规范体系的不断完善，也必然直接或间接导致非犯罪化的整体结构发生同步的变动。从风险刑法理论的主张、晚近刑法修正的动态看，立法的活性化现象最亮眼，清楚地阐明犯罪现象结构的活性化动向及其对刑法立法的连锁反应。刑法主动求变并在风险社会确立其预防性理念，并非刑法单方面的过激之举，而是由犯罪学的驱动而来，更由社会转型与社会治理所推动，因而，不宜人为遏制通过必要的犯罪化实现犯罪现象结构的自然更迭。

应当看到的是，早期犯罪学致力于挖掘犯罪产生的原因并揭示犯罪的特性，随后逐步转向聚焦"犯罪的存在是作为社会现象"的基本问题[①]，未能充分触及犯罪治理命题。当代犯罪学则主要研究什么是犯罪以及如何有组织应对犯罪现象这一核心使命，树立了犯罪治理的基本理念。这一变化从源头上决定当代刑法使命的制度安排立场，具体是指当代犯罪学观已经走上从"消灭犯罪"到"控制犯罪"的理性轨道。犯罪观的理性转变也推动刑法目的、刑法功能的科学化，为刑法理性参与社会治理与犯罪治理奠定科学基础：不是完全寄希望于刑法的高压、威吓以及惩罚，而是倡导动用所有的社会资源共同有效控制犯罪。

---

① 王牧：《犯罪学与刑法学的科际界限》，《中国法学》2004 年第 1 期。

## 二、刑法治理与刑事政策的理性协同

社会转型与社会治理环绕并浸润当代刑法的根基与土壤。刑法学作为"终端供给"的前沿平台，对"自生自发"的法律变革作出及时回应，包括立法层面的犯罪化等举动难免成为各界关注的焦点。其中，有关"社会治理的过度刑法化"的尖锐"隐忧"，成为预防性刑法观务必认真澄清的争议地带。

### （一）社会治理"过度刑法化"担忧的误区与匡正

当代刑法积极回应并参与社会转型的犯罪治理，是刑法作为社会控制手段的天性使然，是刑法保持自立性、自持性与自足性的保障。但有观点认为，"过度刑法化"作为社会治理中的病态现象，在立法和司法层面都有鲜明反映，刑法对刑事政策的过度回应、刑罚权的扩张本性、社会纠纷解决机制缺位、刑罚威慑功能的过度倚重等是根源，并存在改变国家权力与公民权利的结构，导致国家司法资源的不合理配置、削弱刑法的公众认同、阻碍社会的创新等高度的社会风险与危害。"过度刑法化"是对刑法介入社会治理"程度明显不当"的功能异化预判，贴上价值判断的负值和法治的不信任标签，也影响预防性刑法观的正当性。

然而，首先需要明确究竟何谓社会治理的"过度刑法化"问题。有观点认为，过度刑法化是指"刑法在参与社会治理过程中，没有遵守与其他法律、社会规范的界限，超出其合理功能的情况"，"违背刑法作为社会政策最后手段的性质和保障法的法体系地位，并在规范层面表现为刑法过多过泛"。① 从中可知，法律是社会治理的重要手段，刑法与其他法律都可以参与社会治理，但刑法挤占其他法律本来应有的领域而强行介入，使不同法律参与社会治理的格局发生紊乱，社会治理由此出现过度刑法化。毫无疑问的是，这种过度担忧的根源，仍是对刑法在当代社会的功能化动向持极其慎重乃至极其严苛的态度，对传统刑法的社会根基以及由此确立的绝对"事后保障法"地位紧抱不放，过度放大刑法保障功能的外部局限性与系统性危险，忌惮刑法释放积极保障的内生性功能时附随一些负面效应。

从刑法与其他部门法、宪法的关系看，宪法是根本大法，刑法与其他部门法各司其职、平等相处。在保护社会关系和维护社会秩序等方面，不应存在地位的权重差异与功能的先后有别，而应当基于自然规律并遵循最优调整原则。而且，这种不同法律体系之间相互协作的关系是自然形成的，刑法与其他法律的功能边界也是动态与个别的，各自基于最优原则选择介入的次序和时机，借助理性进行事前的"圈定"并不可行；否则，部门法被肢解为单独板块，套上相互排斥、人为设定边界的思维桎梏，不利于发挥整体的协同效应。

更应注意的是，我国立法采取定性和定量的模式，表明刑法充分重视介入的"克制性"。刑法边界是"人类行动的自觉结果"，刑法调整和介入也是"自发自生"而成，与其他法律的调整相得

---

① 何荣功：《社会治理"过度刑法化"的法哲学批判》，《中外法学》2015 年第 2 期。

益彰。如果单纯基于刑罚权启用的谦抑性、刑法功能的局限性等担忧，就一律将刑法摆在"事后保障法"的位置，是并不妥当的。"事后保障法"的实质，应当是强调刑事制裁的严厉性决定了刑罚权的慎重启用，但并不禁止刑法基于保障功能与保护功能而理性参与社会治理，更不意味着刑法只能在危险已发生、结果已出现时采取面向过去的"事后应对"，刑法适时主动应对风险是非常必要的转变。

刑法参与社会治理是其"工具法制"的必然结论，是刑法对国家政策与社会需要的有效回应，是刑事政策与刑法良性互动与合作的体现。诚然，应当看到的是，当前刑法在积极介入社会治理时确实出现了一些误区，导致刑事法网与刑罚圈被不当扩大，背离人权保障原则的主张。这种误区的致因，既包括贯彻落实中的走样与变样，也包括传统刑法体系的"阻梗"及其带来的失灵失效问题，更包括传统刑法对其当代新任务、新使命的转型与对接明显滞后。在此背景下，当代刑法摄入积极预防理念，是新形势下引导刑法更理性参与社会治理的有益尝试。

### （二）刑事政策刑法化的法治"藩篱"

社会治理的刑法空间与刑法保障功能的扩容存在正面的关系，前者往往决定后者的运作场域。同时，犯罪变迁与刑法变革之间虽有内生性的逻辑协同关系，但并非直接可以"接通"，往往需要借助刑事政策的疏导与润滑。理由为："犯罪学是刑事政策学的基础和'上游学科'，刑事政策学是犯罪学发挥学科价值的基本途径"①。从事实现象到规范主义，刑事政策发挥价值判断与法治转化之间的解码通道与润滑作用。既深度提炼犯罪现象与实证数据，使其成为刑法确定应对犯罪基本策略的重要依据，刑事政策也随之形成并具体化；同时，刑事政策也将犯罪学的内容转换并传输至规范刑法学，主要通过刑事立法和司法实现犯罪控制的治理目标。在这一过程中，刑事政策的刑法化问题，不仅使犯罪学与刑事政策学实现无缝对接，承接犯罪学的影响性因子，也通过刑事政策的导入，使刑法参与社会治理、打击犯罪等活动跳出了纯粹的"规范层面"，上升到了国家政策与社会治理现代化的层面，直接影响刑法在社会治理进程中的角色与作用。

刑法理性参与社会治理，单纯依靠文本意义上的规范刑法无法实现，需要通过"政策"边界这一屏障，将刑法功能与国家治理进行有效的区分。这首先由犯罪学提供的犯罪现状及其趋势作为支撑依据，经由刑事政策圈定功能边界。基于刑事政策与刑法之间的指导与制约以及相互促进的关系，通过立法与司法等途径逐一实现。但是，为了最大限度避免刑法参与社会治理的过度化，应当警惕刑事政策的刑法化走向价值与功能的误区，尤其在刑事政策的变动性与刑法的稳定性、刑事政策的价值性与刑法的规范性、刑事政策的功利性与刑法的公正性等的取舍上，避免偏离法治的轨道，甚至走向政策的需要超越规范正当、民意诉求替代立法理性、司法效果大于法律效果等不当误区。

---

① 张旭、单勇：《论刑事政策学与犯罪学的学科价值及其连接点》，《法商研究》2007 年第 5 期。

刑事政策的过度刑法化是刑法极端工具化的"病灶",是刑法可能过度参与社会治理的"内因",甚至纵容预防性刑法观的潜在风险。应当防止刑事政策强势"替代"刑法的本体地位。尽管刑法体系积极容纳预防性因素是刑事政策(公共政策)刑法化的反映,但绝非为了摧毁刑法自由价值的根基与使命,而是在新时期更好地保障个体自由与公众自由。当前,最迫切的是树立刑法局限性与刑法功能发展性的并重思维,确保由事实、价值到规范的转换经得起立法科学性、处罚正当性与制裁有效性的反复检验。

刑法在回应社会需要和参与社会治理时,应秉持人权保障原则,防止侵犯人权自由。自由是每个人据其人性所拥有的一项唯一的和原始的权利。近现代刑法对个人自由价值的高度推崇,奠定其"人权保障的大宪章"的地位。刑法作为法定的正当"恶",务必解决对公民诉诸强制力的正当性基础,合理限制发动刑罚权是法治国家的要求。保障人权与保卫社会并非绝对的互斥关系,基于保护个体自由而完全牺牲全体自由及安全并非真正的"合法自由"。限制自由无非为了更好地实现自由价值。刑法适度侧重安全价值,并非剥夺或限制自由,而是保障更多人的自由和安全,并在比例原则的约束下最大限度避免被主体滥用。

# 互联网 + 人工智能时代的刑事风险[*]

## 一、风险与危害、危险

风险社会中的风险区别于刑法规范中的危险、危害，二者不可等同视之。"风险"一词属舶来品，考究其由来，有一种说法是来源于远古时期渔民的捕鱼活动，海上的风总是会给渔民带来诸多不确定的偶然性的危险，因此"风"即意味着"险"，于是渔民在每次捕鱼之前都要祈祷神灵保佑出海风平浪静、满载而归。据能考证的词源，意大利语 risque 本身就包含 reef（暗礁）或rock（礁石）的含义，是 17 世纪欧洲大陆的航海术语，特指在航海中遭遇雷电、飓风等恶劣天气或者船只触礁沉没等事故。风险即未来不确定的危险，不可知、或然性是风险的特质。

然而作为刑法规范意义上的危险则是由传统概念"社会危害

---

[*] 本文节选自《互联网 + 人工智能全新时代的刑事风险与犯罪类型化分析》，载《暨南学报（哲学社会科学版）》2018 年第 9 期，有改动。

性"展开的,这种"危害性"包括两种情况:第一,造成实际损害(危害);第二,具有造成实际损害的现实可能性(危险)。① 刑法规范意义上危害必须是客观的、现实的,即实实在在造成了损害结果,但是风险社会中的风险是建构的、虚拟的。虽然贝克也强调风险的实在性,但是"它们的实在性是通过根植于前进中的工业和科学生产与研究程序的'冲突'而喷发出来的,社会感知和结构使风险成为'现实'"②。"风险归根结底不是具体的物,它们是看不见、感觉不到的东西,它们是一种社会构想,只有当人们相信它时,它才会因此而真实有效。"③ 正如无人驾驶汽车可能在未来使得人们逐渐失去驾驶操控汽车的能力,或者阻碍人脑和其他器官的生物进化,但是这些担忧其实都不是客观的现实状态,而仅仅是未来的一种或然性。

应当说,作为可能发生危害的"风险"含义更接近刑法规范中"危险"的概念,二者都具有不确定性,即可能造成实害结果,也可能最后没有造成实害结果。风险刑法论者在"拿来主义"的风险理论语境下企图将传统刑法转向积极预防的安全轨道,这实际上是将刑法中具有规范限缩意义的危险概念外延泛化为社会学意义上的风险表现出来的过度忧虑。

风险理论中所论及的技术风险,只有在满足了"侵害的现实

---

① 夏勇:《"风险社会"中的"风险"辨析》,《中外法学》2012 年第 2 期。
② [德]乌尔里希·贝克:《风险社会再思考》,郗卫东编译,《马克思主义与现实》2002 年第 4 期。
③ [德]乌尔里希·贝克、约翰内斯·威廉姆斯:《关于风险社会的对话》,载薛晓源、周战超主编《全球化与风险社会》,社会科学文献出版社 2005 年版。

紧迫性"这一条件下才能实现从社会学意义的风险到刑法学意义的危险的实质性跨越。"侵害的现实性"指风险可能发生的危害必须是合乎必然性的存在，或许在未出现危害结果时还不是现实的，但是根据发展的客观必然性或早或迟一定会变成现实。例如，智能机器人脱离人类控制、杀死科学家、毁灭人类的场景只存在于科幻电影之中，事实上，智能机器人因为深度学习而产生意识思维，并在自主意志的支配下实施不在人类设计和编程范围内的犯罪行为，这种风险不具有现实性。"侵害的紧迫性"是指风险可能发生侵害的危险正在逼近、非常接近、迫在眉睫或者正在发生。例如器官移植技术可能会带来非法买卖器官的风险，只有当行为人组织他人出卖人体器官，或者未经他人同意摘取其器官、摘取不满 18 周岁的人的器官，又或者强迫、欺骗他人捐赠器官的，才形成对公民人身权利侵害的紧迫性危险。

总而言之，风险不等于危险，更不等于危害。在风险社会背景下分析人工智能的技术风险，最终还是为了回归到刑法的视域下讨论究竟哪些可能的风险才是具有刑法规范意义上的危险和危害。当且只有当这些风险现实地造成了损害或者具有造成损害的现实紧迫性，人工智能的刑事风险才正式拉开序幕。

## 二、人工智能的刑事犯罪风险的展开

"互联网＋人工智能"的全新时代，正如狄更斯所言：这是个最好的时代，也是个最坏的时代。人工智能的技术应用范围十分广泛，包括工业生产、汽车制造、通信运输、医疗临床、教育培训、金融会计法律、个人家庭生活等各个领域。工业机器人替代流水线工人进行全自动化机械生产，无人驾驶汽车给谷歌的多个数据中心送货，达芬奇手术机器人协助医生开展高难度、更精密的手术治疗，智能律师 Ross 可以识别当事人的自然语言、根据自身系统的法律知识储备回答问题、提出解决方案并记录法律系统的变化，人脸识别技术应用到银行金融账户管理、铁路机场安检，甚至是大学上课签到和宿舍管理……这些人工智能真正实现了"人工智能，让生活更美好"的期许。

然凡世间物，皆有两面性。就以无人驾驶汽车为例，一方面可以减少因驾驶者错误操作或者长途疲劳驾驶所带来的交通事故，另一方面也有可能增加因自动驾驶系统发生故障或者人为入侵破坏而引发的交通事故。风险社会理论的一个重要意义是让人们重视人为制造的风险，人为制造出来的风险也正是人工智能刑事风险的主要来源。具体而言，本文认为涉及人工智能的刑事犯罪风险大致可以分为三类。

第一，直接对人工智能的智能系统实施犯罪。这是对人工智能本身实施的犯罪。人工智能的智能系统是指能够产生人类智能行为的计算机系统，所谓的智能在现阶段至少应具备自动获取信息、自动学习知识、逻辑推理演绎、应用解决问题等多方面的能力。人工智能的智能系统在本质上属于计算机信息系统的较高级别，对人工智能的智能系统实施犯罪实际上就是对计算机信息系统的犯罪。智能系统的运作过程大致可以简单地看作"输入—

输出"的流水作业，输入的是智能系统的处理对象，包括大数据和知识等，按照机器深度学习算法的方法论将存储的数据和知识通过云计算平台进行计算分析，最后输出处理结果、结论。不难发现，在人工智能的智能系统中存储了大量的数据和信息，这些数据和信息可能涉及身份隐私、财产安全，甚至是国防军事利益，如果被破坏智能系统的犯罪分子非法获取并利用，进而实施侵犯公民个人信息、诈骗、窃取国家秘密或者其他犯罪，可能会导致严重的社会危害。对于行为人实施的直接针对人工智能的智能系统的犯罪，本文认为可以考虑适用刑法第二百八十五条、第二百八十六条和第二百八十七条的相关规定进行处理。

第二，利用人工智能技术实施传统犯罪。随着人工智能的飞速发展，犯罪技术也变得更高级起来，犯罪工具将与人工智能一同进化。美国国家情报局局长 James R.Clapper 就曾警告过关于人工智能技术的恶意使用问题，人工智能在给人们生活带来便捷的同时也扩大了在线世界的漏洞，使网络和我们都变得更易受攻击。2003 年卡耐基·梅隆大学年仅 22 岁的研究生路易斯·冯·安设计出了"全自动区分计算机和人类的图灵测试"方案，即我们熟知的验证码技术，以此来阻止自动程序盗取在线账户。然而除了人工智能的技术研发者，犯罪分子也一直在部署计算机视觉软件以对抗验证码技术，短短七年间黑客便颠覆了验证码技术的安全保护功能。

人工智能技术作为高级犯罪工具给犯罪分子带来了极大的犯罪便利。首先对于初次或者准备进入网络犯罪但是没有技术经验的潜在犯罪分子来说，可谓搭上了高科技的"顺风车"。曾经火爆地下市场的 Blackshades 程序软件就被形象地称为"盒子里的刑事特权"，它能让完全不懂技术的犯罪分子在计算机上轻松地部署一个勒索程序，或者通过鼠标点击来进行视频或者音频窃听。人工智能提供的这项技术便利可能会因此增加初次网络犯罪的概率。除此之外，人工智能技术还在一定程度上帮助消除了犯罪的障碍，降低了犯罪的难度，扩大了传统犯罪的社会危害性。例如，在电信诈骗中，犯罪分子通常在要"猜猜我是谁"的骗术中存在声音被识别、骗局穿帮的风险。谷歌公司旗下的人工智能研究部 DeepMind 团队开发出的新程序可以模仿任何人的声音，并且听起来比任何语音系统生成的声音都要自然，极大地缩小了自然语言与人类语言的差距。人工智能的这项语音伪装技术在电话中就极易被犯罪分子用来伪装身份实施诈骗，并且有助于降低诈骗失败的概率。

第三，对人工智能产品未尽安全生产、管理义务的犯罪。人工智能产品发生致人死伤的严重危害后果多发生在工业机器人和无人驾驶汽车领域。根据美国职业安全健康管理局的统计数据，在过去 30 年间发生了 30 多起与机器人相关的死亡事件。最近的一次是 2015 年 7 月，在密歇根州的一家汽车零配件制造商厂内，维修技师万达·霍尔布鲁克在执行日常保持机器人工作秩序的职责时，突然被装配线上的机器人抓住，机器人像装载拖车悬挂装置组件一样对被害人的头部进行操作，导致被害人头骨被压碎身亡。被害人的丈夫将这家工厂和为这家工厂提供机器人配件及安装的 5 家机器人厂商一并诉至法庭，并在诉状中表示："机器人没有被正确设计、制造或测试，才导致安全系统和设备突发故障（未尽安全生产的责任义务）；并且 130 区域的机器人不应当进入 140 区域，也不应当尝试在已经装上挂接组件的夹具内加载挂接组件（未尽安全管理的责任义务）。"工业机器人通常被用于执行高危、高强、高重复性的任务，因此如果机器人厂商设计研发、生产制造出来的机器人不能符合保障人身、财产安全的国家标准、行业标准，机器人的所有者、使用者或管理者在超出安全操作、管理规范外使用机器人，就有很大可能造成严重的危害后果。

由于工业机器人、无人驾驶汽车在本质上没有超出"物"的范畴，不过是植入智能系统的"智能产品"罢了，因此这些"用于销售"的工业机器人、无人驾驶汽车必须符合《产品质量法》第十三条第一款的规定，即"可能危及人体健康和人身、财产安全的工业产品，必须符合保障人体健康和人身、财产安全的国家标准、行业标准；未制定国家标准、行业标准的，必须符合保障人体健康和人身、财产安全的要求"。特别是工业机器人、无人驾驶汽车的硬件设备均受整个智能系统的控制，因此确保智能系统的稳定、安全是实现工业机器人、无人驾驶汽车整体安全性的关键因素。这是赋予人工智能产品的生产者安全生产义务的法律依据，如果生产者制造出来的机器人或者无人驾驶汽车不能符合保障人身、财产安全的国家标准、行业标准，并且造成严重后果，相关责任人就可能触犯刑法第一百四十六条规定的生产、销售不符合安全标准的产品罪。

　　人工智能产品除了在生产环节可能涉及产品生产安全带来的一些刑事风险外，进入流通使用环节，由于人工智能产品具有很多新技术的不确定性和复杂性，因此作为人工智能产品的所有者、使用者或者管理者可能还需要遵循一定的安全操作管理规定或要求。例如，工业机器人被投入工厂的生产流水线上作业，对生产负有组织、指挥或者管理职责的负责人、管理人就必须遵循机器人的安全操作管理规定以保障机器人和普通工人的生产工作安全，如果未尽安全管理义务造成严重后果的，相关负责人还可能需要承担其他过失责任。

# 人工智能的犯罪类型化分析 *

　　基于我们当下所处于并将长期处于的弱人工智能发展阶段，人工智能仍然属于"工具"和"产品"的范畴。人工智能的工具化是犯罪工具进化的必然结果，这使部分传统犯罪的犯罪形式变得更为复杂，社会危害性扩大，由此带来了犯罪全面"智能化"的演变。面对人工智能这一新技术对传统刑法所提出的种种挑战，首要需要考虑的是人工智能与传统刑法如何对接的问题。在这一背景下，对人工智能的犯罪类型进行分析，是十分必要的。

## 一、人工智能的犯罪类型之一："工具利用型"

　　历史上每一次技术革命都是工具的进化史，从石器、铁器到蒸汽机、电气化，再到计算机、互联网和人工智能，科技的发展

---

＊ 本文节选自《互联网＋人工智能全新时代的刑事风险与犯罪类型化分析》，载《暨南学报（哲学社会科学版）》2018 年第 9 期，有改动。

从根本上改变了人们的生活方式。然而，这种改变总是喜忧参半的，以计算机与犯罪的关系为例，在以"联"为主的 Web1.0 时期，计算机犯罪尚停留在将计算机信息系统作为犯罪对象的前期发展阶段；进入以"互"为主的 Web2.0 时期，网络的工具化使得传统犯罪发生了网络异化；到了 Web3.0 时期，网络平台思维和网络犯罪空间的生成，带来了犯罪的全面网络化演变。人工智能与计算机、互联网的关系就像鱼与水的关系，一方面人工智能依托互联网平台和大数据技术兴盛而发展，另一方面又推动着传统互联网和工业物联网进一步向智能化迈进。同计算机、互联网的命运一样，人工智能也极有可能被犯罪分子工具化。所谓"工具化"是指违背某物的用途或者违背某人的自身利益、意志，将其作为手段加以利用。人工智能的工具化是网络工具化升级进化的必然结果，由此可能会带来犯罪全面"智能化"的危险。

**（一）利用人工智能的"智能"技术实施其他犯罪**

2017 年 9 月，浙江绍兴警方破获的全国首例利用人工智能侵犯公民个人信息一案，便是行为人利用人工智能技术实施其他犯罪的最新适例。在该案中，非法入侵网站、利用人工智能技术识别图片验证码、制作撞库软件、非法买卖数据、实施网络诈骗，组成了一条完整的互联网黑色产业链。黑客杨某搭建的"快啊"打码平台，运用人工智能机器深度学习方法训练机器，让其可以自动快速地识别图片验证码，从而轻松绕过网络服务提供者设置的账户安全登录保护。借助"快啊"打码平台提供的这项技术服务，以黄某为首的数据买卖团伙利用网站漏洞顺利侵入计算机信息系统，在非法获取了网站后台用户的注册信息后以 10 万组数据为一个单位卖给了制作撞库软件的团伙。吴某、魏某等撞库人员在获取数据后直接与"快啊"打码平台对接进行批量撞库匹配，将各类账户与密码匹配成功的账户信息再打包卖给网络诈骗团伙。最后以郑某为代表的诈骗团伙利用非法获取的个人信息实施各类诈骗活动。不难发现，黑客杨某利用人工智能的图像识别技术所搭建的"快啊"打码平台，为非法侵入计算机信息系统、非法获取系统数据的数据买卖团伙突破验证码的防护策略提供了犯罪工具，进而为侵犯公民个人信息和实施网络诈骗等犯罪活动提供了极大的犯罪便利。

目前，人工智能技术比较成熟的应用主要集中在语音识别、自然语言理解、图像识别、人脸识别、手写识别、语音和文字的自动转化等，由于人的语言声音、面部特征和文字笔迹均具有极强的身份性和一定的隐私性，这些技术一旦被犯罪分子与互联网平台、大数据技术相结合利用，就特别容易威胁计算机信息系统的安全，造成公民个人信息的泄露，加剧网络诈骗的严峻态势。应当说，人工智能技术在计算机、网络犯罪中的工具化不仅加快了整个互联网黑色犯罪产业链的进程，还催生了更大的社会危害后果。据办案警方透露，在"快啊"打码平台被打掉前的三个月，就已经提供验证码识别服务 259 亿次，被盗公民个人信息竟有 10 亿余组，诈骗金额多达 2000 余万元。

行为人利用人工智能的智能技术实施犯罪是犯罪工具智能化的突出表现，这可能使得部分传统犯罪的危害性发生"量变"。

对于行为人利用人工智能技术实施的与计算机、网络相关的犯罪，本文认为可以考虑适用刑法第二百八十五条、第二百八十六条、第二百八十七条之一、第二百八十七条之二的规定定罪处罚；对于行为人利用人工智能的智能技术进而实施诈骗、盗窃、窃取国家秘密或者其他犯罪的，可以考虑适用刑法第二百八十七条的规定定罪处罚。事实上，上述案例中的杨某即以提供侵入计算机信息系统工具罪被浙江绍兴警方逮捕的。

### （二）故意"破坏"人工智能的智能系统实施其他犯罪

故意破坏人工智能的智能系统实施其他犯罪，是指行为人首先通过远程侵入的手段对人工智能的智能系统进行删除、修改、干扰等破坏，然后再利用人工智能的不正常、不安全运行达到实施其他犯罪的目的。例如，远程侵入从事高危高强工业生产机器人的智能系统，故意删除、修改机器人的安全生产范围，导致工业机器人将原本在安全生产范围之外的工人错误当作生产对象进行操作；再如，远程侵入无人驾驶汽车的智能系统，干扰、破坏其车载传感器系统，导致汽车在无人驾驶的行驶过程中因传感器失灵无法精准感知行人和障碍物信息，进而发生撞车、翻车等事故。在故意破坏人工智能的智能系统实施其他犯罪的复杂情形中，存在几个疑难问题需要予以厘清。

### 1. 实行行为着手的认定

所谓牵连犯，是指行为人为了实施某种犯罪（本罪），其方法行为或者结果行为同时又触犯其他罪名（他罪）的犯罪形态。根据这一定义，行为人远程侵入、破坏人工智能的智能系统与实施其他犯罪之间即存在手段与目的的牵连关系。对这类手段行为与目的行为相结合的犯罪，着手的认定需要着重解决的问题就是按照哪个行为来确定。由于双重行为同属犯罪构成所要求的实行行为，而着手是实行行为的起点，因此开始实行的第一行为即手段行为就是犯罪的"着手"。当然，手段行为本身也包括一系列具有内在联系的动作，而不止是一个动作。例如，《刑法》第二百六十三条以暴力为手段行为的抢劫案中，就可以顺序出现逼向被害人、追赶被害人、抓住被害人、殴打乃至伤害被害人等一系列动作，这些动作都是暴力手段行为的内容。行为人实施最初的动作即开始实行手段行为，就应认定为抢劫罪的着手。据此，行为人实施远程入侵、删除、修改、干扰等破坏人工智能的智能系统的手段行为，即可认定为实施其他犯罪的着手。

### 2. 故意内容的认定

以无人驾驶汽车为例，A 远程侵入、破坏了 B 无人驾驶汽车的智能系统，导致 B 汽车在行驶过程中因摄像头传感器故障撞上了 C，造成 B 重伤和 C 死亡的严重后果。危害结果，从广义上说即行为在客观上给某种社会关系造成危害或者可能造成危害的结果，既包括已经发生的危害结果，也包括尚未发生但可能发生的危害结果，是一切犯罪故意的认识内容。B 无人驾驶汽车的智能系统被破坏既有可能发生伤害的危害结果，也有可能发生死亡的危害结果，应如何认定 A 在实施侵入、破坏 B 汽车的智能系统时主观故意的具体内容呢？即 A 是基于伤害的故意还是基于杀人的故意，去实施破坏 B 汽车的智能系统的行为呢？本文认为：如果可以查明 A 是基于伤害的故意，却发生重伤、死亡的危害结果，则成立故意伤害（致人重伤、致人死亡）罪（结果加重犯）；如果可以查明 A 是基于杀人的故意，却发生重伤、伤害的危害结果，则成立故意杀人罪（未遂）；在无法查明的情况下，根据"存疑有利于被告人原则"，宜认定 A 仅有基于伤害的故意。

行为人认识到结果发生是确实的，但结果发生的行为对象不特定，即行为对象的个数以及哪个行为对象发生结果是不确定的，这是概括的故意。无人驾驶汽车作为私人交通工具进入公共道路交通领域，其自身的不正常、不安全运行也会给不特定的其他人生命和财产安全构成一定的威胁。因此 A 在实施侵入、破坏 B 汽车的智能系统时，是应当能够预见到 B 汽车可能会发生翻车撞车事故，从而可能造成不特定第三人伤亡的危害结果的，因此 A 对任何第三人 C 所持的放任心态是基于概括的故意。此外，如果智能系统被破坏的无人驾驶汽车，其不正常、不安全的行驶状态足以达到危害公共安全的程度，则还可能触犯以危险方法危害公共安全罪。

### （三）利用人工智能的"不智能"实施其他犯罪

利用人工智能的智能技术实施其他犯罪是利用人工智能的"智能"去犯罪，故意破坏人工智能的智能系统实施其他犯罪是破坏人工智能的"智能"去犯罪。反其道而行之，所谓利用人工智能的"不智能"实施其他犯罪，是指行为人首先采取手段行为使得人工智能机器或者系统陷入错误的状态，然后再利用人工智能的错误运行（即"不智能"）去实施目的行为。

关于"机器能否被骗"这一命题曾引发了不小的争论，有的学者坚持主张"机器不能被骗，欺骗必须作用于被害人的大脑"[1]。修正的观点则指出"机器本身并不能被骗，但是机器背后的人可能受骗，对计算机诈骗实质上是使计算机背后的人受了骗"[2]。还有的学者认为"随着科技的发展，通过电脑的作用，机器也可以接受人所传递给它的信息并作出预期的反应，因缺乏人的灵活性，反而更容易成为欺骗的对象"[3]。本文认为，"欺骗"所强调的是一种"陷入错误"的状态，理性自然人会因为受骗而陷入错误的认识状态，机器即便不能被骗但也会因为其他原因而陷入错误的运行状态。不可否认，人尚且会出错，机器当然也会出错，机器出错即机器陷入了错误的系统操作运行状态。承认"机器会出错"或许可以为我们思考"机器能否被骗"这一命题提供新的方向和路径。

事实上，人工智能并不是完美的，人脸识别系统就时常出错。伦敦警方在利用人脸识别系统搜寻犯罪嫌疑人时，大约发生了35次错误的身份匹配，并导致其中一人被错误地"逮捕"。一般地，换了发型、多了眼镜、女生的彩妆、男生的胡子、面部整容、双胞胎等因素都会影响系统的识别，根据美国麻省理工学院某项研

---

[1] 张明楷：《也论用拾得的信用卡在 ATM 机上取款的行为性质——与刘明祥教授商榷》，《清华法学》2008 年第 1 期。

[2] 刘明祥：《用拾得的信用卡在 ATM 机上取款行为之定性》，《清华法学》2007 年第 4 期。

[3] 赵秉志、许成磊：《盗窃信用卡并使用行为的定性分析与司法适用》，《浙江社会科学》2000 年第 6 期。

究结果，肤色越暗，人脸识别系统发生的错误率越高。现在人脸识别这项人工智能技术被大规模应用在以银行、保险为代表的金融领域，国内多家银行推出"身份验证""刷脸取款""刷脸支付"的试点，开启密码与人脸同步验证，实现用户无卡取款。应当说，在人脸识别系统智能的情况下，通过客户刷脸和银行卡密码双重身份的核验，可以帮助解决银行卡被盗和密码泄露带来的财产安全风险，但是如果行为人采用人脸伪装技术，使得人脸识别系统陷入了错误的状态，并基于错误的运行"交付"了财产，造成了被害人的财产损失，即利用人脸识别系统的"不智能"实施的犯罪。

## 二、人工智能的犯罪类型之二："产品缺陷型"

所谓"产品缺陷"，根据我国《产品质量法》的规定，是指产品存在危及人身、他人财产安全的不合理的危险，简言之，即产品具有不合理的欠缺安全性的状态。比如无人驾驶汽车如果存在智能系统故障或者刹车、离合器失灵等情况，即属于产品缺陷。缺陷人工智能产品致人死伤最为典型的案例就是机器人"杀人"事件，1978 年日本广岛一家工厂的切割机器人在切割钢板时突发异常，将一名值班的工人当作钢板操作，这是世界上第一例机器人"杀人"案；1989 年也是在日本的一家无人工厂里，机器人将一名维修工人强行拖入转动的机器中绞死。据粗略统计，日本已有 10 余名工人惨死于机器人的"手"下，致伤残的多达 7000 余人。

### （一）产品的刑事责任

#### 1. 从产品的侵权责任到产品的刑事责任

各国的立法与实践对缺陷产品致人死伤的责任追究都经历了从民事赔偿到刑事制裁的过程。

作为世界上产品责任法最完善、最发达的国家，美国基本上将缺陷产品致人死伤的案件作为民事侵权案件来处理，直至 1980 年的印第安纳州诉福特汽车公司疏忽大意杀人案（State of Indiana v. Ford Motor Co.）才改变了这一固有的状况。该案中三名被害人因其驾驶的福特汽车油箱漏油而被烧死，虽然最后法院仍将该起事故认定为侵权，福特公司无罪，但是在此之后联邦与各州有关产品缺陷刑事责任的立法逐渐增多起来。

德国亦将其产品责任限定于民事侵权领域，刑法对于产品的生产者与销售者所负的责任一直以来都没有给予很高的关注，后来在毛拉赫（Maurach）与施罗德（Schroeder）撰写的第五版《德国刑法教科书》中才明确地提到了产品刑事责任的概念，并且在 20 世纪 90 年代发生的皮革喷雾剂案（BSHSt. 37，106）和木材防腐剂案（BSHSt. 41，206）中，德国最高联邦法院最终判决生产企业的负责人成立过失伤害罪。

日本对于缺陷产品的刑事责任追究则相对晚了许多，2000 年之后发生的著名案例有三菱汽车公司隐瞒汽车质量问题致人死亡事件。当时三菱汽车公司不仅没有根据法律向国土交通省报告其生产的载重汽车离合器系统零部件存在质量问题，也没有采取将问题车辆召回检修等必要措施，最终导致一名司机因卡车离合器系统质量问题发生重大交通事故而当场死亡。事后日本警方以涉嫌"业务过失致死罪"逮捕了三菱汽车公司前总经理何添克彦等6人。

### 2. 建立产品刑事责任的必要性

缺陷产品致人死伤事件的法律定性从民事侵权发展为刑事犯罪最直接的原因，是行为的违法性程度和社会危害性超越了刑法的容忍边界。刑法作为保障法、补充法和事后法已经成为共识，"所有部门法所保护和调整的社会关系，都会同时借助刑法的保护与调整，刑法是其他部门法的保障法，是其他部门法的保障和后盾，如果将其他部门法比作第一道防线，刑法则是第二道防线"[①]。所以当且只有当"前置法对违法行为的管控无效或违法性程度已经超出前置法的管辖，这类行为才有交由刑法接管的资格"[②]。

在缺陷产品致人死伤的责任认定中，由侵权责任向刑事责任的演变也正是行为的违法性程度和社会危害性不断累积的结果。如果说因福特汽车油箱漏油而导致三名受害人被烧死还勉强符合一般违法的程度，社会危害性较轻，法院判决福特公司承担民事侵权责任也是恰当的，那么日本三菱公司在明知其生产的载重汽车离合器系统零部件存在质量问题的情况下，仍然故意隐瞒汽车质量问题，并且未采取任何召回、检修等必要措施以防止危害结

---

① 高铭暄、马克昌主编：《刑法学》（第五版），北京大学出版社、高等教育出版社 2011 年版，第 8 页。

② 杨兴培、田然：《刑法介入刑民交叉案件的条件——以犯罪的二次性违法理论为切入点》，《人民检察》2015 年第 15 期。

果的进一步扩大，而且事实上，早在 1999 年由于类似质量问题就曾引发一起事故，最终导致司机发生交通事故身亡的严重社会危害后果，应当说日本三菱公司的行为性质更恶劣，给社会造成的危害后果更严重，已经具有相当程度的违法性和社会危害性。

另一方面，建立产品的刑事责任是民、刑不同责任功能互补的结果。法律责任的功能主要有三项，即惩罚、救济和预防，民事责任和刑事责任作为法律责任的具体表现形式，必然都秉承着这三项功能，但二者各有侧重。民事侵权责任关注已然受损的受害人，遵循"无损害则无赔偿"的一般原则，侧重对受害人损害、损失的补偿和权利的恢复救济，"损害赔偿的最高受害人所受之损害，俾于赔偿之结果，有如损害事故未曾发生者然"①。刑事责任的主要特色则在于惩罚和预防功能。首先刑事责任突出地表现为对犯罪的惩罚，如果说民事侵权责任是通过赔偿来直接救济受害人的利益，那么刑事责任则是通过对犯罪人的刑罚惩罚来间接地保护被害人的利益。刑法不仅关注已然受损的特定被害人，更着眼于未来可能受损的一般人，应当明确，国家制定刑法、适用刑罚和执行刑法所追求的，乃是以刑法作为手段同犯罪作斗争，从而最终实现一般预防犯罪的目的。建立产品的刑事责任可以弥补民事责任在惩罚、预防功能上的薄弱和不足，对于具有相当违法性和严重社会危害性的侵权行为，在定性上有必要升格为犯罪，并科以刑罚。随着民众对食品、药品、汽车等与日常生活密切相

① 曾世雄：《损害赔偿法原理》，中国政法大学出版社 2001 年版，第 16 页。

关的商（产）品与日俱增的安全需要，刑法是控制风险、安抚民众不安情绪较有力的预防与威慑手段。

### （二）人工智能产品的责任形式

#### 1. 生产阶段：研发生产者的保障产品安全义务与故意责任

##### （1）保障产品安全的义务

人工智能产品的设计者、生产者应当确保其设计、制造的产品安全、可靠，"安全性"不仅是社会公众对技术尚未成熟的人工智能产品的首要关注，也是我国《产品质量法》的法中之义。根据《产品质量法》第二十六条第一项的规定："生产者应当对其生产的产品质量负责。产品质量应当符合下列要求：（一）不存在危及人身、财产安全的不合理的危险，有保障人体健康和人身、财产安全的国家标准、行业标准的，应当符合该标准。"由此可见，保证人工智能产品的质量安全是生产者的一项法定义务，即"保障产品安全的义务"。

判断产品是否安全存在两个标准，即"不合理危险"标准和国家标准、行业标准。由于目前人工智能产品制造业，比如在机器人、无人驾驶汽车等领域，均未正式制定统一的国家标准、行业标准，因此现阶段用来判断人工智能产品是否存在缺陷就只剩下"不合理危险"标准了。所谓"不合理的危险"，按照《美国第二次侵权法重述》第 402A 条的解释，是指产品的危险性超出了具有一般社会认知水平的普通消费者对产品安全性的合理预期。比如智能汽车主要是依靠摄像头和雷达配合组成的多方位传感器系统来感知车身的具体位置和外界的障碍物情况，从而实现无人驾驶的目的，如果智能汽车其中之一的摄像头传感器存在质量问题，即经常发生故障或者失灵，则属于不合理的危险。

产品存在不合理的危险或者不符合强制性的国家标准、行业标准即为"缺陷产品"。人工智能产品的缺陷主要体现在两个方面。第一，设计上的缺陷。产品设计是产品制造的前置阶段，任何产品都需要经过设计才能投入生产、制造。人工智能产品的设计除了包含一般产品在外观和硬件设备上的设计外，还包括最为关键的软件程序的开发和智能系统的设计。由于人工智能产品的硬件设备完全是被智能程序系统操控的，因此人工智能产品的整体安全性在很大程度上取决于智能系统的安全性、可靠性。第二，制造上的缺陷。广义的制造包括生产、加工、装配、调试等环节，人工智能产品如果在生产、加工环节"与设计有所偏离"，即多了不该多的东西、少了不该少的东西、用了不该用的东西，即会被认定为存在缺陷。人工智能产品在安装、调试等非常规操作过程中，应当特别注意由于智能系统的不稳定性可能产生的危险，事实上，机器人在安装、调试阶段确实特别多发系统故障致人意外死伤事件。人工智能产品如果在测试、安装阶段被发现可能存在不合理危险，应当立即停止产品的全面流通和使用并及时报告。

（2）生产不符合安全标准的产品罪

人工智能与工业物联网的结合开启了制造业全面智能化的时代，工业机器人帮助实现了工厂的无人化生产，人工智能产品越来越多地走进了人们的家庭生活中，比如智能彩电、智能冰箱、智能空调、无人驾驶汽车等。目前人工智能产品正在如火如荼地进行研发、设计、生产和测试，有鉴于这些人工智能产品与我们的人身权利和财产权利密切相关，本文建议应当加快推进人工智能产品的国家标准、行业标准的制定与实施，一方面，有助于保障人工智能产品的安全性，进而保护公民的人身健康和财产利益，消除社会民众对人工智能产品质量的不安感；另一方面，制定国家标准、行业标准可以为违反"保障产品安全义务"、生产具有不合理危险的人工智能产品成立"生产不符合安全标准的产品罪"提供主观上"明知"的依据。

我国的产品刑事责任集中规定在刑法分则第三章破坏社会主义市场经济秩序罪中的"生产、销售伪劣商品罪"一节，共有9个罪名11个法律条文，其中就有7个罪名涉及对缺陷药品、食品、医用器材、农药、兽药、化肥、种子、化妆品等特殊产品的规制，对一般产品的规制仅有第一百四十条生产、销售伪劣产品罪和第一百四十六条生产、销售不符合安全标准的产品罪。生产、销售不符合安全标准的产品罪的主观罪过形式是故意，即生产者在明知其生产的产品存在国家标准、行业标准的情况下，还故意生产不符合保障人身、财产安全的，有违国家标准、行业标准的产品。制定人工智能产品的国家标准、行业标准，实际上是将设计者、生产者"保障产品安全的义务"具体化，为认定设计者、生产者是否履行这一法定义务提供衡量尺度和判断标准。如果人工智能产品的设计者、生产者设计、生产的人工智能产品不符合国家标准、行业标准，即违反了"保障产品安全的义务"，造成缺陷产品致人死伤等严重危害后果的，设计者、生产者即有可能触犯生产不符合安全标准的产品罪。

总之，人工智能产品的设计者、生产者应当在研发设计、生产制造人工智能产品的过程中履行法定的"保障产品安全的义务"，以保证人工智能产品在硬件设备和智能系统上的双重安全性，人工智能产品的设计者尤其应当注意其研发的智能系统的可行性、可靠性。为了全面促进人工智能技术在智能制造业的长足、良性发展，需要尽快制定人工智能产品的国家标准或行业标准。如果人工智能产品不符合保障人身、财产安全的国家标准、行业标准，并且造成严重后果的，设计者、生产者即有可能触犯生产不符合安全标准的产品罪。

2. 流通阶段：生产者的召回义务、所有者或使用者的安全管理义务与过失责任

（1）生产者的召回义务与过失责任

与我国刑法专章建立产品的刑事责任不同，德国和日本在其刑法典中没有专门的法律条文来规定产品的刑事责任，一般是按照故意杀人罪、故意伤害罪来处理故意的刑事产品责任，以过失杀人罪、过失伤害罪来处理过失的刑事产品责任，并且以过失的刑事产品责任更为多见。正如前文所述，在德国的"皮革喷雾剂案"中，企业的负责人即成立过失伤害罪，日本三菱公司的前总经理等人成立业务过失致死罪。然而在我国并没有过失的刑事产品责任，刑法分则第三章第一节规定的"生产、销售伪劣商品罪"均为故意犯罪，司法实践中对于此类案件大多是作为民事侵权的案件来处

理。因此，下面不妨以德国著名的"皮革喷雾剂案"为例，深入讨论产品投入流通使用后生产者的后续召回义务以及对过失责任的承担。

"皮革喷雾剂案"的基本案情如下。X有限责任公司是一家生产皮鞋及其他皮具护理用品的公司，其产品中包括一款作为护理剂和染料剂的皮革喷雾剂，由旗下的子公司E和S负责推销。1980年秋该公司收到了用户的投诉报告，称其在使用皮革喷雾剂后出现了咳嗽、打寒战、发热、呼吸困难等严重的健康损害，部分甚至有生命危险。公司对此进行了内部调查并改变了配方，但并未达到理想的效果。1981年5月12日，X公司主管人员就此召开了特别会议，与会人员包括S、Sch博士、R、O及公司的首席化学家B博士。B博士提出根据现有的调查并没有足够的证据证明皮革喷雾剂中存在有毒物质。据此公司的董事会做出决定，在日后的调查能够确定产品确实存在缺陷、对消费者产生危险之前不召回产品也不停止销售产品，且不采取警告行动，而只是对产品外包装上的提示进行完善。E公司和S公司的负责人在各自的主管范围内执行了董事会决议。之后，大量的消费者在使用皮革喷雾剂之后仍然出现了身体损害的情况。最后，联邦卫生健康部介入并对产品进行了召回。

一审法院直接从民法上产品的"安全确保义务"以及召回义务引申出刑法上的作为义务，认为X公司既没有生产安全的产品，也没有在损害事件发生后采取召回等必要措施以回避危害结果的扩大，因此X公司的两名董事成立过失伤害罪（不作为）。一审法院的判决招致了一些批判，"将民事义务直接拿来作为刑事义务的根据并不充分，而且还有扩大刑事责任的危险"。许乃曼教授认为，生产者对于已经进入市场流通的产品不具有事实上、实质性的支配权，不能对产品施加影响，从而否认了生产者的保证人地位，生产者、销售者对于已经投入流通的产品都不具有召回的作为义务，由此引发的产品致人损害不承担伤害罪（不作为）的刑事责任。联邦最高法院则以"先行行为说"肯定了生产者的召回义务，生产者将危险产品置于流通领域的行为是一个危险的先行行为，因此 X 公司负有召回已经销售出去的皮革喷雾剂的作为义务。本文赞成联邦最高法院的最终判决意见，认为如果生产者已经知道或者应当知道其生产的产品可能因为缺陷发生致人损害的结果，就应当采取必要的召回措施以防止损害结果的进一步扩大，从而保护其他消费者免受缺陷产品的再次或者继续侵害；如果生产者未履行结果回避义务，造成扩大的结果发生，生产者对扩大的危害结果至少应当承担过失责任。

人工智能产品相较于一般产品显得更为复杂与特殊，由于人工智能技术自身的不成熟与不确定性，人工智能产品的智能系统并不是完全安全、可靠的。人工智能产品的设计者、生产者不仅要在生产阶段履行保障产品安全的法定义务，在产品投入流通使用后，更要对产品的智能系统进行跳跃式的跟踪观察，一旦发现产品的智能系统存在异常、故障的情形，应当立即采取警示、召回等必要的措施，以避免缺陷产品致人死伤结果的发生。人工智能产品的生产者在知道（自己发现）或应当知道（被告知）其生产的人工智能产品可能存在缺陷后，仍未履行召回义务，造成危害结果的进一步扩大，生产者对扩大的结果至少应当承担过失致人伤害、过失致人死亡的刑事责任。

（2）所有者、使用者的安全管理义务与过失责任

人工智能产品的所有者、使用者应当严格遵守人工智能产品的安全操作规范，以保障人工智能产品的安全、有序运行。由于人工智能产品的智能系统是有严格的编制程序的，未遵循人工智能产品的安全操作规范很可能会导致人工智能产品出现异常的情形，比如在前文所述的案例中，工厂将原本应当在130区域工作的机器人放置在140区域，并且让机器人尝试在已经装上挂接组件的夹具内加载挂接组件，不仅变更了机器人的安全工作区域，还变更了机器人的工作程序和工作任务，从而导致机器人突发异常，将维持机器人正常工作的工人错误操作致其死亡。因此，人工智能产品的所有者、使用者应当特别注意遵循人工智能产品的安全操作规范，如因违反安全管理义务而发生严重的危害后果，应当由所有者、使用者或者管理者承担相应的过失责任。

# 推动刑法立法进程需把握的关键点 *

　　党的十九大和十九届一中、二中、三中全会已经胜利召开，党和国家的战略大事都已做出妥善安排。党中央非常重视新时代中国特色社会主义的法制建设，提出要科学立法、严格执法、公正司法、全民守法。这使我国广大的法学工作者和法律工作者受到了莫大的鼓舞和鞭策。

　　法律是治国理政的重器，刑法是国家法律体系的重要组成部分，是规定犯罪、刑事责任和刑罚的法律规范的总称，是国家惩罚和预防犯罪，保障国家安全、经济社会秩序以及公民权利利益，不可缺少、不可替代的强大的法律武器。

* 本文原载于《检察风云》2018 年第 10 期。

## 一、我国刑法发展回顾

中华人民共和国成立初期，刑法立法只有寥寥可数的几个单行刑法，譬如《关于严禁鸦片烟毒的通令》《惩治反革命条例》《妨碍国家货币治罪暂行条例》《保守国家机密暂行条例》《惩治贪污条例》等；至 1979 年，我国颁布了刑法典和 25 个单行刑法及 107 个非刑事法律中设置的附属刑法；再到 1997 年，我国修订了刑法典，之后发布了《关于惩治骗购外汇、逃汇和非法买卖外汇犯罪的决定》、10 个刑法修正案和 13 个刑法立法解释。可以说我国刑法的发展道路曲折、过程复杂、任务艰巨。但可喜的是，随着国家的发展和进步，我国刑法立法在不断地创制、发展和完善之中，特别是 1997 年 3 月 14 日八届全国人大五次会议通过、1997 年 10 月 1 日起施行的刑法典，是新中国历史上最完备、最系统、最具有时代气息和具有里程碑意义的刑法典。

**（一）1997 年刑法典科学地概括了刑法的基本精神**

该刑法典在第三条、第四条、第五条明文规定了刑法的三大基本原则——罪刑法定原则、适用刑法人人平等原则、罪责刑相适应原则。这表明我国刑法已经迈上了现代化法治的轨道，奠定了人权保障的法治根基。

**（二）1997 年刑法典具有承前启后、与时俱进的显著特色**

1997 年刑法典在起草修订时将 1979 年刑法典及其实施以后 17 年时间内的所有单行刑法和附属刑法进行研究、修改和整合，统一编入新修订的刑法典的有关部分，同时将当时新出现的需要追究刑事责任的犯罪行为增加至分则。1997 年刑法典通过时共有 15 章、452 个刑法条文，其中刑法总则为 5 章、101 条，分则为 10 章、350 条，附则 1 条。包含罪名 412 个，其中来源于 1997 年刑法典的罪名有 116 个，来源于单行刑法和附属刑法的罪名有 132 个，修订中新增罪名 164 个。可以说 1997 年刑法典是我国以往的刑法规范的集大成者，它的公布、施行基本实现了新中国刑法的统一性和完备性。

当然，1997 年刑法典的完备性也是相对的。事实上，随着国家建设改革事业的发展，根据同犯罪做斗争的需要，国家立法机关与时俱进，对 1997 年刑法典陆续做出了一系列修改补充。1998 年 12 月以来，截止到 2017 年 11 月，全国人大常委会通过了一个决定（《关于惩治骗购外汇、逃汇和非法买卖外汇犯罪的决定》）和 10 个刑法修正案。先是对刑法分则具体罪进行修订，后逐步开始对刑法总则某些规定做出补充和修改。迄今为止，刑法典的条文数已经由最初的 452 条增加至 490 条，罪名数已经由最初的 412 个增加至 469 个。其中比较重要的修正内容如下。

第一，取消了 22 个死刑罪名（修正案八取消了 13 个，修正案九取消了 9 个），提高了死缓犯执行死刑的门槛。第二，增设了 75 周岁以上老年人从宽处罚的规定。第三，将坦白规定为法定的从宽处罚情节。第四，在法律上明文规定对判处管制、宣告缓刑或者裁定假释的犯罪分子依法实行社区矫正。第五，将有期徒刑在特定情况下的最高刑期从 20 年提高至 25 年，特定情况包括死缓和数罪并罚。第六，规定了不同自由刑之间如何并罚的原则。第七，增设了禁止令和职业禁止这两种非刑罚的预防措施。第八，系统规定了恐怖主义、极端主义的罪名。第九，完善了贪污受贿犯罪的定罪量刑标准，规定如果贪污受贿犯罪数额特别巨大，并使国家和人民亦遭受特别重大损失而被判处死缓的可同时判处终身监禁，不得减刑假释。第十，完善了信息网络犯罪的罪名体系。第十一，回应社会公众的强烈要求，将收买被拐卖妇女儿童的行为一律入罪。第十二，为维护以审判为中心的司法程序，有力保障司法工作的顺利进行，对于以捏造的事实提起民事诉讼的虚假诉讼行为，泄露不应公开的案件信息情节严重的行为，披露、报道不应公开的案件信息情节严重的行为予以入罪。第十三，为保护国家考试制度、保障选拔人才主渠道的公正公平性，将组织考试作弊的行为，非法提供试题、答案的行为，代替考试的行为规定为犯罪。

通过以上修正，我国现行刑法典的体系更为完整、此罪与彼罪的具体界限更加明确、法定刑之间更加平衡、可操作性更强。

### （三）1997 年刑法典奠定了中国刑法学走向世界的基础

1997 年刑法典是开展比较刑法学研究的基础性样本，也是推动刑法文化对外交往的名片。如果没有一部成熟的刑法典，我国很难展开成熟的对外交流，国际社会也难以有效地通过最基础、最具含金量的通道来观察了解我国法治事业的进步。不可否认的是，1997 年刑法典已经逐步受到国际刑法学界和外国刑法学家的关注、重视和评论。随着中国治国理政的成功、各项建设事业的欣欣向荣和国际地位的不断提升，中国刑法学事业必将进一步健全地走向世界，而与时俱进的中国刑法典仍然起着最基础的作用。

## 二、我国刑法立法的展望

中国的刑法学者一直注视并推动着刑法的发展。刑法如何进一步完善也是见仁见智的问题，我个人主要有以下几点思考。

### （一）坚持以刑法修正案修正刑法典的修正模式

我国刑法典的修正模式经历了一个发展变化的过程。1979 年刑法典颁布实施以后，由于社会经济和治安形势的发展变化，需要进行一些修正。当时修法的模式不是对刑法典本身的条文进行修改或者补充，而是在刑法典之外另外制定单行刑法，或者在非刑事法律中设置附属刑法来解决对刑法典实质上的补充和修改问题。

与之相异的是，1997 年刑法典对之前我国的刑法进行了统一的整合，整合以后相对完备，在这种状况下，修订的模式就有所变化。当然，最初的修正仍采用了单行刑法的方式，即 1998 年 12 月 28 日发布的《关于惩治骗购外汇、逃汇和非法买卖外汇犯罪的决定》，这一决定出台后，专家学者就提出了此种方式的修订可能会走 1978 年刑法混乱的老路的问题。

此后，立法部门即开始采用刑法修正案的方式，从 1999 年 12 月至 2017 年 11 月，18 年间共发布 10 个刑法修正案。也就是说，利用修正案修正刑法的方式事实上已经被确立为我国刑法修正方式的主流地位。这种修法模式的显著优点如下。

第一，不打乱刑法典的体系结构和法条的排列秩序，有利于保持刑法典的统一性和完整性。第二，有利于契合犯罪态势和刑事政策变化的需要，充分实现刑法典的社会价值。第三，有利于司法实际操作和掌握运用，也便于广大公民遵守。第四，较好地容纳了各种新型犯罪的增补，合理解决了刑法稳定性和适应性之间的关系。综上，这种修法模式应当继续坚持下去。

**（二）坚持中央逐步减少适用死刑罪名的指示，继续分批减少死刑罪名**

我国 1979 年刑法典死刑罪名共 29 个，加入单行刑法后共 81 个；1997 年刑法典原有 68 个死刑罪名，修正后废除 22 个，现在仍保留 46 个。个人认为对于非暴力犯罪、经济犯罪规定死刑与国际潮流、国际人员公约的精神不符，可在五至十年内通过刑法修正案的方式逐步废除此两类罪的死刑。我国刑法死刑应主要限定在涉及人命的案件中，如故意杀人罪等，特别是连环杀人犯，从社会接受度上讲，也确实难以排除死刑的适用。

**（三）坚持罚金刑要有数额规定**

我国现行刑法中规定有罚金刑的罪名有 205 个，其中有数额规定的仅占 1/3，包括具体数额式、倍数式和比例式，其他 2/3 只是表明判处罚金，未规定具体数额，特别是单位犯罪，只有两个罪名规定了具体数额（分别为骗购外汇罪和逃汇罪）。对罚金刑不做数额规定不符合罪刑法定原则，因为罪刑法定不仅包括罪的法定，还包括刑的法定，刑的法定既包括种类的法定，也包括内容的法定。法定刑无数额规定，司法实践便难以掌握，同时也不符合国际通例，往往会造成判罚随意、各地悬殊、民众难以预料的消极后果。具体可根据情况在罚金刑中确定比例或倍数，例如可参照西方根据个人年收入的比例进行处罚的方式。

### （四）坚持刑法体系和立法技术科学化

此处的科学化并非是要打破现有刑法体系，而是在现有基础上进行一定程度的优化。具体可以继续深入研究以下问题。一是在总则第二章将哺育新生儿的孕妇、未成年人、老年人、精神障碍人等列入特殊群体制度，比较集中增设特殊群体犯罪的刑事责任。二是增加除正当防卫、紧急避险两项之外的正当行为，并在刑法典中列为专节。三是在总则第四章第八节补充规定单位犯罪的追诉时效。四是在分则中单设一章与大数据、云计算等有关的信息网络犯罪。五是同国际公约衔接，增设国际公约中规定但我国刑法中尚未体现的罪名，如危害国际和平和安全罪等，表示我国作为世界大国，刑法不仅仅可以处理国内犯罪。

# 我国刑法修正模式辨正 *

　　自 1997 年刑法典颁行以来，我国紧跟社会发展状况和刑事犯罪态势，相继通过 1 部单行刑法与 10 部刑法修正案，对刑法进行修正。刑法修正案的不时适用，在不断克服刑法滞后性的同时，保证了刑法的完整与统一，体现了刑法的法典化趋向。近年来，刑法修正模式的研究日趋深入，多元化的刑法修正模式受到部分人的推崇，单行刑法与附属刑法重获部分人的青睐，甚至有学者对刑法法典化提出了质疑。其实，刑法修正模式的选择与法治传统、社会形势及立法技术息息相关，应全面看待各种修正模式的效能，进而通过价值判断与衡量，选择现阶段最适合的修正模式。

---

＊ 本文原载于《法学杂志》2018 年第 12 期。

## 一、刑法法典化传统与质疑

法典是依照各自制度目的，按照科学、逻辑或实际、方便的顺序分类排列，以"编"为单位系统组织起来的成文法规的整体。法典化则是将特定领域的法律编纂为法典的过程，表现为一种趋势或潮流。法典化是大陆法系的法律文明传统，《汉谟拉比法典》《十二铜表法》《国法大全》等一系列法典的问世，不断推进法典化进程，使法典成为理性、荣光与伟大的象征。启蒙运动影响下的古典自然法学派，将法典化与成文法主义推向极致。该学派认为，人们所要求的所有东西都可以由理性独立地完成，唯一需要做以下三件事。

第一，调动国内最强有力的理性；第二，通过运用这种理性去建构一部完美的法典；第三，使那些具有较少理性的人臣服于该法典的规定。对此，博登海默指出：通过运用理性的力量，人们能够发现一个理想的法律制度。因此很自然，他们都力图系统地规划出自然法的各种规则和原则，并将它们全部纳入一部法典之中。

### （一）我国具有刑法法典化传统

我国刑法法典化传统历史悠久，自春秋时期郑国"铸刑鼎"始，我国就进入成文法时代。其后的《法经》《秦律》《九章律》《北齐律》《唐律》《宋刑统》《大明律》《大清律例》等法典代表了特定时期法治水平的高峰。这些法典的内容虽涵盖了民事、行政和诉讼等方面的规范事项，但由于"重刑轻民"的传统，大都以刑罚制裁作为其法律效果，故在性质上均属"刑法典"。① 近代以来，受到西方法律文明影响，加之我国法脉相承的律典传统与大陆法系的成文法传统不谋而合，一系列修律工作相继展开，《大清新刑律》《暂行新刑律》《中华民国刑法》等法典代表着西方法律文明本土化的成果。

1949 年之后，我国废除了国民政府"六法全书"并制定了大规模的法律文本，至今已经颁布上千部法律和行政法规，已形成中国特色社会主义法律体系。正如有学者指出的："在社会变革过程中，是法典编撰，也只有法典编撰能够保证人民民主法制作为一种新型的社会主义法律的进步作用。"②

在此过程中，刑法法典化的努力从未间断。1979 年，我国颁布了第一部刑法，之后为了适应不断变迁的社会形势，立法机关先后通过了 25 部单行刑法，并在 107 个非刑事法律中设置了附属刑法规范，形成了刑法典、单行刑法、附属刑法共存的格局。然而，这种刑法规范格局的缺陷日益暴露，如刑法的内容不完善、罪刑关系规范不协调、刑法规范过于粗略、刑事立法缺乏总体规划、立法解释极为欠缺等，打破了 1979 年刑法的完整体系，导致刑法规范零乱。

为了顺应历史发展与刑事法治的需要，立法机关通过了 1997

---

① 黄源盛：《中国法史导论》，广西师范大学出版社 2014 年版，第 82 页。
② ［美］H.W. 埃尔曼：《比较法律文化》，贺卫方、高鸿钧译，清华大学出版社 2002 年版，第 42 页。

年修订的刑法典，该部法典全面系统地吸收了之前的单行刑法与附属刑法规范，结束了刑法规范的杂乱局面，法典化进一步加强。之后，立法机关通过 1 部单行刑法与 10 个刑法修正案对刑法进行补充修正，逐步确立了以刑法修正案为主的修法模式。这使得刑法形成一个内容完整、形式统一的规范体系，克服因立法上的过度分散而导致的混乱、重叠和冲突。同时也保留了必要的灵活性，能够及时应对犯罪态势的变化。

### （二）对刑法法典化的质疑

在法典化进程中，也遇到了挑战和质疑。意大利民法学者那塔利诺·伊尔蒂在其论文《解法典化的时代》中提出了"解法典化"（de-codificazione）概念，用以描述二战后意大利民法典逐步被大量特别立法侵蚀的状况。"解法典化"趋势逐步蔓延至刑法领域，如德国刑法的轮廓开始变得模糊，刑法逐渐融入广泛意义上的"安全法"，其涵盖警察法直至社会法。同时出现越来越多的跨学科领域，如信息刑法和生物刑法。这种发展是否会导致刑法的解体，就像刑法自启蒙运动以来的发展状况一样，仍需观望。"解法典化"引发了学界对法典功能的质疑，如有论者认为，成文法典不可能满足当代所有主体、所有事物、所有行为、所有空间的价值需求。

深受大陆法系影响的我国，也受到"解法典化"概念的波及，有的学者对以刑法修正案为主导的刑法法典化表示质疑，主张打破刑法修正案模式，注重特别刑法功能的发挥。这些质疑主要包括以下几方面。

刑法修正案难以应对动态的犯罪形势。有论者认为，在新型犯罪所侵犯的客体已超出刑法典犯罪分类的客体体系范围时，将其强行纳入刑法分则体系某一章节，势必会造成刑法法条逻辑关系的混乱。还有论者认为，刑法典具有稳定性，不能朝令夕改，而社会政经状况导致的犯罪形势在不断变化，新型犯罪不断涌现，而单一法典模式的刑事立法对此会一筹莫展。上述质疑针对法典的迟缓性、滞后性与有限理性，提出应尊重法典的稳定性，刑法修改不等于刑法典修改，当前的刑法修正案过多，已经对刑法典的稳定性、完整性造成损害。

刑法修正案难以进行综合制度设计。有论者指出，由于风险社会的到来，刑法触角一再延长，新型犯罪逐渐增多，且相互之间差异巨大。其实有些犯罪侵犯的法益具有较强的独立性，如恐怖犯罪、环境犯罪等，将其纳入刑法典会淡化其特殊性，与普通犯罪无异，进而损害立法效果，故立足于理性与普遍性基础之上的大一统的法典化思维已无法应对该局面。特别是对于黑社会性质组织犯罪、恐怖犯罪等有别于传统犯罪的犯罪形式，应采取有针对性的刑事政策，如在刑罚、追诉时效等方面作出特别规定。若以刑法典对此作出有针对性的规定，会造成立法体例的混乱。

刑法修正案导致刑法典臃肿。有论者认为，随着法定犯、行政犯时代的到来，传统上以自然犯为主体的犯罪结构，已经逐渐被以法定犯、行政犯为主体的犯罪结构所取代。如果继续采用刑法典单轨模式，将大量的法定犯、行政犯纳入刑法典予以统一规制，可能导致刑法典臃肿肥大，功能失调。而法典编纂的焦点在于对法律体系进行系统化与简易化，以消除普通法框架的复杂性。对于立法激增现象，单一刑法典化模式不具备规制全部犯罪的能力，应寄托于"解法典化"，即另立一套立法思想、逻辑方式及方法论迥异于刑法典的法律体系，如特别刑法。

## 二、特别刑法的全方位审视

为应对刑法法典化的上述不足，有学者提出建立刑法典与特别刑法相结合的立法模式，即刑法典与单行刑法、附属刑法相互补充、彼此配合，以刑法立法多元化取代刑法法典化。笔者认为，单行刑法与附属刑法确实有着诸多优点，如灵活、及时、专业性强等，但根据对立统一辩证法，缺点常与优点并存。这些优点能否弥补修正案的不足，优势与劣势如何衡量，值得仔细斟酌与探讨。

### （一）单行刑法价值衡量

1979 年刑法颁行之后，为了适应急遽变革的社会，我国颁布了一系列简便、灵活的单行刑法，有力地应对了当时的犯罪浪潮，维护了社会秩序。单行刑法的优点体现在两方面。一方面，单行刑法简便、灵活、及时，能够适应变化的犯罪态势，克服刑法典的滞后性，使刑法典稳定性免遭破坏。单行刑法独立性较强，无立法臃肿之忧，可及时针对新型犯罪立法，充分发挥风险刑法的法益保护功能。另一方面，单行刑法具有专业性、专属性，可针对某一类型犯罪进行综合制度设计，防止刑法典抹杀该类型犯罪的特殊性以及外在形式的格格不入。然而，1997 年刑法典颁行之后至今，我国只通过了一部单行刑法，单行刑法已逐渐退出历史舞台。这种做法并非空穴来风，而是因为单行刑法本身也存在重大弊端。

立法随意性较大，易造成刑法滥用。刑法修改关系重大，需要谨慎细致的态度。单行刑法的制定多为应对一时一事之需，比刑法典的修改相对容易。单行刑法的立法动议往往由个别部门或领域的人员提出，容易受到部门利益的影响，立法民主性与科学性较难保证。单行刑法专业性较强，不易受到监督与制约，立法阻力较小，这给了利益相关部门扩张立法的机会。博登海默指出：在危机或社会变革时期，利益不同的新集团或联盟都会要求法律承认他们的主张。法律力图给赤裸裸的权力统治设置障碍，而同时我们必须认识到，权力有时也趋向于给法律在使社会生活具有合理稳定性并使社会生活免遭破坏性变化侵扰方面的企图设定限制。

实质上损伤刑法稳定。有学者认为，为了有效应对新型犯罪，刑法典必须及时修改，这影响了刑法典的稳定性，而单行刑法较为及时、灵活，可针对特定犯罪适时规制。其实，刑法典的适时修改并不会破坏其稳定性，为了解决生活变动的要求和既定法律之间的矛盾，法律必须及时完善。刑法典稳定性与灵活性必须得到兼顾，牺牲了灵活性的刑法典会变得僵化、刻板，违背了刑法典编纂的初衷。而单行刑法与刑法典同属刑法规范，过于频繁地制定、颁行单行刑法，会破坏刑法整体的稳定性。尤其在风险社会中，刑法以对抗风险为己任，保护触角由法益侵害阶段前移至危险形成阶段。立法决策也越来越受政治与政策因素影响，决策者偏好创设新罪名所带来的政治上的象征性后果，给人以问题已被认真对待且业已适当处理的印象。可见，若不能准确把握犯罪化的"度"，单行刑法的灵活性就会掩盖被滥用的可能，易沦为象征性刑法。因此，刑法稳定性的捍卫不能依赖于刑法规范形式的变更，而应着眼于犯罪化的精准把握及立法技术的提升。

单行刑法与刑法典不易协调。首先，"特别法优于普通法"原则的适用会造成尴尬局面。如单行刑法规定的构成要件与刑法典规定的构成要件之间存在交叉，或者单行刑法规定的构成要件包括了刑法典规定的构成要件时，单行刑法是否应认定为特别法？应当依据何者作出决断？其次，单行刑法与刑法典中规定的罪名与法定刑难以协调。刑法典分则依据分类客体的不同划定了社会危害性不同的类罪，单行刑法的罪名究竟属于哪一类罪、侵犯了何种客体、与刑法典罪名之间是何关系等问题会造成不必要的纷争。加之单行刑法的立法理念或制度设计与刑法典迥异，冲突会更剧烈。再次，相近罪名法定刑的平衡在刑法典内部尚且不易做到，单行刑法罪名的法定刑与刑法典相近罪名的法定刑之间更容易失衡，违背了罪责刑相适应原则。在脱离刑法典之后，单行刑法容易自行其是而"因例生例"，损害了刑法典的权威，导致刑法典"空心化"。

### （二）附属刑法价值衡量

目前，我国所谓的附属刑法只有宣示性的规定，而没有具体罪状与法定刑。有学者认为，要使附属刑法名副其实，真正起到刑法的作用，必须在宣布某种行为是犯罪行为的同时，规定相应的罪状和法定刑，如日本附属刑法。附属刑法的确存在一些优点，具体体现在以下几个方面。

1. 附属刑法能够将刑法与前置规范紧密连接，进而更直观地反映出前置规范的调控功能以及刑法对前置规范的补充。同时，由于附属刑法将前置法与刑法条文合二为一，避免了二次立法，节约了立法成本。2. 附属刑法条文依附于行政法、经济法，而行政与经济法律对于社会变迁较为敏感，修正较为频繁，这使得附属刑法条文能够与时俱进。3. 立法模式灵便。附属刑法毕竟属于行政法或经济法，其立法重心与刑法典不同，并不需要专门的刑法立法机构，只是在行政法或经济法立法时附带添加刑法条款，这使其比刑法典修正更加简便灵活。4. 对从业人员的预防效果较好。附属刑法条文所在的行政法或经济法其专业性较强，属于特定领域的职业规范，刑法条文将职业行为与刑罚后果相连接，对从业人员起到了警示作用。

但与此同时，附属刑法也存在显著的、不可忽视的弊端。1. 衔接不畅，造成司法适用困惑。从立法目的、立法技术、立法程序等维度分析，附属刑法立法不同于刑法典修改，上述因素的综合作用使得附属刑法的立法风格迥异于刑法典，而这不可避免地导致了附属刑法与刑法典之间的衔接出现问题，给司法适用造成困惑。比如，为了传承和弘扬英雄烈士精神与爱国主义精神，《中华人民共和国英雄烈士保护法》于 2018 年 4 月通过，该法第 27 条第 2 款规定：亵渎、否定英雄烈士事迹和精神，宣扬、美化侵略战争和侵略行为，寻衅滋事，扰乱公共秩序，构成违反治安管理行为的，由公安机关依法给予治安管理处罚；构成犯罪的，依法追究刑事责任。对于上述违法行为的惩治，全国人大常委会法工委的解释是"适用刑法、治安管理处罚法关于寻衅滋事的规定进行处罚"。也就是说，如适用刑法，即按寻衅滋事罪定罪处罚。但该附属刑法的罪状与刑法典中寻衅滋事罪的罪状相去甚远，如"美化侵略战争"这一情形基本不符合刑法典第 293 条所规定的寻衅滋事罪的四种情形。衔接不畅容易导致附属刑法虚置化，或者刑法不恰当地扩大适用。2. 刑法立法分散，辐射面较窄，不便于公众知法、守法。附属刑法分散在非刑事法律中，除特定领域从业人员之外，其他公众甚至一般刑事司法人员难免疏漏不知。虽然"不知法不免罪"，但不利于规则意识、法律观念的形成，也会影响法律和司法的权威性。德国法学家魏德士指出：法对"法律意识"的形成作用，远远超出法律规范的强制力。① 附属刑法规范淹没在非刑事法律中，起不到刑事法治的教育作用，何况依照非刑事法律的条文来定罪量刑，也不符合中国几千年来形成的犯罪是"触犯刑律"的历史传统。

## 三、刑法修正案模式应予坚持

法典化为社会生活引入了行为导向的安定性和稳定性，在何

---

① ［德］伯恩·魏德士：《法理学》，丁晓春、吴越译，法律出版社 2013 年版，第 40 页、第 44 页。

谓正义与公道的多元化的观念冲突当中，法规范提供了可靠的、可贯彻的行为指南。尽管法具有稳定化的功能，但是法不能仅仅被看成"静态的"要素，法也可以成为目的导向的行为控制机制和社会变迁的工具，即社会可用以"在其力量所及范围内按照其意志对事物加以形塑的"手段。①

我国刑法修正案也不例外，自 1999 年开始，我国已通过了 10 个刑法修正案，法典化进程有条不紊。对此，有学者认为，当前的刑法修正是对刑法典多频次、大范围的修改，很难说刑法典现在具有完整性、稳定性和连续性。因此，要破除单一法典化的立法方式，将刑法典、单行刑法与附属刑法相结合。上述观点对刑法典稳定性的理解较为片面，没有充分认识到刑法修正案的功能。实际上，适度的刑法修正并不会破坏刑法的稳定性，刑法修正案也足以应对动态的犯罪形势并进行专门的制度设计。我国法治进程放弃了单行刑法，将附属刑法限制在宣示性层面无异于名存实亡，只运用刑法修正案模式进行刑法修正，而该模式经受了历史考验，所以我们应客观公正地评价刑法修正案模式的作用。

### （一）刑法修正案维护了法治统一

在一国之内，当存在多个地方惯例等之时，主治者执行中央集权政策，而统一全国之法律。或者因各州的法律之不同，而导致不公，产生不和谐之弊端，而依所谓的"一国一法"之主义编

---

① ［德］莱因荷德·齐佩利乌斯：《法哲学》，金振豹译，北京大学出版社 2013 年版，第 79 ~ 80 页。

纂法典，此为统一策略的法典编纂。① 成文法主义决定了法律的形式特征，法为了有效规范人们的行为，必须通过系统化的成文形式表现出来。法典作为成文法的高级形式，逻辑体系严密，规范明晰全面，推动了统一法律体系的形成。完备且统一的法律体系，对于法治传统欠缺、法治理念落后且实行单一制的我国也具有重要意义。划一的制度、统一的管理、通行的语言，规范的法律，是具有号召力的文化力量，也是形成共同法律文化的有利因素。

我国素有法典化传统，从古至今，法典化进程从未间断，刑法修正案顺应了这一趋势，通过修改、补充刑法典条文，自动融入刑法典成为其有机组成部分，这是法典化进程中不可或缺的环节。而特别刑法有违法典化传统，与普通民众对法律规范的认知相悖，不利于民众法律信仰的生成。与西方国家后法典化、解法典化的阶段不同，现阶段我国仍处于前法典化阶段，很多领域尚"无法可依"，法律体系不完备，法治发展水平不高，仍需要借助法典化不断完善中国特色社会主义法律体系，罔顾国情地盲目照搬西方模式，并不可取。总之，无论从法律文化传统还是从现实可操作性而言，统一的刑法典更有利于刑法功能的发挥，即便在特别刑法林立的德国与日本，刑法典仍然维持了相当的篇幅和容量。

**（二）刑法修正案有助于权力限制**

近代以来，法典作为资产阶级革命及高度理性的产物，致力

---

① ［日］穗积陈重：《法典论》，李求轶译，商务印书馆 2014 年版，第 33 页。

我国刑法修正模式辨正

121

于推进刑法确定性，反对司法擅断与权力滥用。在启蒙时代，编纂法典的原因很多，但最主要的还是人们怀有使法律明确和使全国的法律保持统一的愿望。成文的刑法典与习惯法、单行刑法、附属刑法、判例法等相比，其优越性主要体现在超强的稳定性、明确性与统一性上，这些特性使刑法典能够更加有效地限制权力。

在形式上，刑法典的稳定性与明确性，使其与变动、模糊且多元的习惯、伦理、道德、宗教等社会控制因素相分离而获得统一的形式，进而成为法治国家的象征。同时，刑法典将刑事立法权集中于同一立法主体，在我国即全国人大及其常委会，杜绝了"法出多门"，统一了立法标准，加强了立法监督。在内容上，刑法典的成文化、明确性与体系化催生了罪刑法定原则，成为刑法典的核心精神。狄骥认为，制定法当然是必要的，而同样明确的是，附着在制定法之上的普遍性特征构成了个人所能够用以抵制专断行为的最好保障。对于我国这样一个重刑轻民，且人治传统浓厚的法治后发国家而言，刑法修正案模式中的法典编纂就是公众民主精神与法治意识培养的过程，理性、集中、明确、确定的刑法典则会促进司法适用的协调统一，防止司法擅断。这些都有助于司法公正及罪刑法定原则的实现，进而在适当程度上限制了公权力。

有学者认为，美国为应对"9·11事件"之后的恐怖犯罪激增，出台了一系列法案，但实行单一法典化的国家，对这种激增犯罪的刑事立法就会因刑事立法程序等原因而迟缓和滞后。笔者认为，这种情形恰恰暴露了特别刑法潜在的人权侵犯基因，美国在动用特别刑法打击恐怖犯罪的同时，发展了一套以反恐战争为名，实质上造成政府滥权、人权遭受严重侵害的反恐法系统。其中，侵害隐私、侵害移民人权、人身自由的剥夺是最严重的措施。当政府将反恐行动说成战争时，其实只是在诉求权力——给我权力，去做我想要做的事情，而且不可以挑战我。美国多元化的反恐立法使刑法在某种程度上沦为旨在扩大政治利益的象征性刑法，可谓殷鉴。

### （三）刑法修正案有利于公民认知与司法适用

民众意识智明，对于良法的确立和实现会起到催化作用。法典具有普遍性与统一性，承载了人类理性、正义等普遍性价值，较为明确、准确、可把握。因此，法典能为人们提供比较完整而又具体可见的法律规范，避免了司法神秘主义，培育了公民法治意识，启迪了民智，有助于法典本身即"良法"的进一步完善。

法典体现了法律的普遍性特征，是法的形式中尤具沟通性能的一种形式，更能承载人类理性、正义等普遍性价值，较为明确、准确、可把握。因此，法典能为人们提供比较完整而又具体可见的法律规范，避免了司法神秘主义，培育了公民法治素养，提升了一般预防效果与法律权威性。如法国大革命时期的法典编纂者旨在建立简单与通俗易懂的法律制度，使《拿破仑法典》成为摆在家庭书架上《圣经》之侧的广为流传的书籍，成为公民手册，它具有清楚的条理和易懂的语言，使公民能够自己确认其法律权利与义务。

与使用刑法修正案模式下的刑法典相比，一方面，单行刑法与附属刑法的零散性、即时性、片段性导致法条泛滥，具文横生，普通公民甚至司法者都无法及时、全面了解立法内容与立法精神，造成公民法律认知与司法适用的障碍；另一方面，特别刑法的规定极易与刑法典相冲突，不同的立法理念、立法精神与立法方式，会导致刑法体系内部矛盾迭出，如特别法与普通法的选择适用问题，给公众与司法者造成了困惑。

### （四）刑法修正案兼顾了刑法典灵活性与稳定性

刑法修正案模式下的法典化所遭受的最大非难在于：刑法典自身应有的稳定性无法应对瞬息万变的社会形势，但若频繁动用刑法修正案加以完善，又破坏了刑法典的稳定性。笔者认为，这看似悖论，实则不能成立。刑法典在应然与实然层面均兼具稳定性与灵活性，刑法修正案是一条有效的实现路径。

必要的修正无损刑法典稳定性。庞德指出：法律秩序必须稳定而同时又必须灵活，人们必须根据法律所应调整的实际生活的变化，不断对法律进行检查和修改。如果我们探寻原理，那么我们既要探索稳定性原理，又必须探索变化原理。卡多佐也指出："法律无论是静止不变，还是变动不居，如果不加调剂或不加以制约，都同样具有破坏力。"[①] 一部滞后、僵化的刑法典无法适应现代社会发展的需要，刑法典过频修改与其适应性迥异，必要的修正不会损害刑法典的稳定性，主要在于我们如何把握"度"。

我国刑法典并没有过度修正，而是在不断适应刑事政策与犯

---

① ［美］本杰明·N. 卡多佐：《法律的成长 法律科学的悖论》，董炯、彭冰译，中国法制出版社 2002 年版，第 4 页。

罪态势的变化。如《刑法修正案（九）》不仅较好地贯彻了宽严相济和对恐怖犯罪从严惩处的刑事政策，还有力地回应了不断升级的恐怖犯罪，将反恐斗争纳入法治轨道。刑法修正案所遭受的非难很大一部分来自犯罪化，犯罪圈的不断扩张使得刑法典修改稍显频密，故而被视为对刑法典稳定性的破坏。然而，犯罪化是否恰当，取决于现实国情以及犯罪态势。与国外不同，我国刑法仅将具有严重或比较严重的社会危害性的行为纳入犯罪圈。在风险社会背景下，基于社会治理的需要，人们对安全与秩序的渴望，以及对失范行为容忍度的降低，使适度犯罪化成为刑法发展必不可少的历史担当。实际上，刑法调控范围的大小不是由立法者的主观意志决定的，而是由许多客观因素决定的，其中最主要的因素就是社会抗制犯罪的客观需要。刑法修正案一直将社会客观需要作为立法的基本标准，这突出体现在经济犯罪、公共安全犯罪、腐败犯罪、环境犯罪等类罪的立法中，逐渐扭转了我国刑事领域在某些方面"无法可依"的状况。

刑法修正案兼具及时性与包容性。如果制定法变更不能、变更迟缓或放任法与社会的偏离，其结果也一定是法规范与社会的偏离。而且，由于社会构成的多样化与流动化，决定了即使形成了实定法规范，其内容也未必会毫无差别地为民众所接受。反法典论者认为，法典往往给人一种僵硬、刻板、滞后的印象。实际上，法典的概括性与原则性规定使其具备了相当的灵活性与变通性。法典编纂者清楚地意识到，立法者即使尽其最大努力也不能认识到所有问题的案件类型并予以判断，因而必然要给司法判决留有余地，即法律在不可预见的个别情况下的具体化和它对变化的社会需要的适应。

为了缓解法典的原则性给司法带来的不便，大陆法系国家充分运用了法官的司法解释、司法判例以及法律学说。在我国，立法解释与司法解释则扮演了补充角色，指导性案例也在近年来发挥越来越大的作用。法典的概括性与原则性决定了及时性与包容性，并集中体现于刑法修正案。一方面，刑法修正案敏锐地察觉到犯罪态势的变化以及公众要求改进立法的愿望，及时修正刑法典。若修法幅度很大，会提请全国人大表决通过；若修法幅度不是很大或比较小，会提请全国人大常委会表决通过。区别对待的方式使修法克服了不必要的烦琐，具有及时性。尤其是全国人大常委会表决通过的途径，较为简便快捷，其灵活性不逊于单行刑法与附属刑法。另一方面，刑法修正案给予刑法典足够的张力以涵盖新型犯罪。有论者认为，当新型犯罪的客体不能融入刑法分则现有客体类型中时，就不应运用刑法修正案模式。其实这种忧虑是多余的，概括性规定是法典生命力的重要来源，规则必须有弹性，才能将不断变化的事物囊括其中。法律规范、法律术语的语义开放性和结构空间开放性，已经给法律适用过程中不同社会主体之间的商谈和利益权衡提供了极大可能。客体无非是个人法益、社会法益和国家法益几种类型，一部成熟的刑法典必然要将这些法益纳入保护范围，故具体犯罪所侵犯的客体均能被刑法典涵盖。即便新型犯罪所侵害的客体具有复杂性，一时难以被现行刑法分则所接纳，我们也可以增设新的犯罪类型。如果条件成熟，还可以在全面修订刑法典时对刑法分则的客体类型进行重新梳理、安排，以适应新时代的要求。

## 四、余论

"在千百年的历史长河中形成的一个民族的法律观念或法律意识不可能在一夜之间发生质的改变，即使承认法律文化随着时代的变迁和社会的发展逐渐发生变化，但同时也不得不承认其变化十分缓慢。"① 刑法修正模式的探讨应扎根于法律文化传统与现实国情。我国有悠久的刑法典编纂传统，且当前的刑法典足以应对急遽的社会变迁，故没有必要在"解法典化"的影响下盲目采用特别刑法模式，更何况一些国家已出现了从"解法典化"到"再法典化"的循环往复。当然，刑法修正案模式并非十全十美，仍存在一些瑕疵有待进一步完善，如立法与立法解释混淆、内部协调性欠缺、犯罪化标准需进一步明确等。但瑕不掩瑜，刑法修正案在刑法稳定性、统一性、体系化、权力限制以及法律普及方面远胜于特别刑法，而且亦拥有与特别刑法相当的灵活性、及时性，故应予坚持并逐步完善。

---

① 华夏、赵立新、［日］真田芳宪：《日本的法律继受与法律文化变迁》，中国政法大学出版社 2005 年版，第 271 页。

# 电信网络诈骗的司法应对 *

在互联网全面嵌入现有的生产生活方式之际，可以预见的是，电信网络诈骗犯罪形式仍将不断变化，并且趋于复杂与多变，司法实践中需要继续面对一系列新问题、新情况。当前，应当根据《电信网络诈骗意见》等的规定，对罪名适用、共同犯罪以及主观罪过的证明等疑难问题予以探究。

## 一、电信网络诈骗的罪名适用

电信网络诈骗行为，并非必然只表现为诈骗行为，它还可能包括其他关联行为，如获取公民个人信息等。相应地，在罪名适用上，也不应局限于诈骗罪。围绕电信网络诈骗行为的罪名适用问题，还涉及诈骗罪与其他相关犯罪的区分适用。对于犯罪竞合

---

* 本文节选自《论中国大陆（内地）电信诈骗的司法应对》，载《警学研究》2019年第 2 期，有改动。

的情形，应当遵循从一重罪处罚原则论处。

**（一）诈骗罪及关联罪名的适用**

在电信网络诈骗中，实行行为或目的行为往往是诈骗行为，因而，在定罪上，符合法定追诉标准的，一般应定为诈骗罪。但在犯罪竞合的情况下，尚需要根据从一重罪处罚原则，具体地决定应适用的罪名，并体现从严打击的精神。

1. 诈骗罪与招摇撞骗罪、信用卡诈骗罪。《刑法》第266条规定了诈骗罪，是指虚构事实、隐瞒真相，非法占有公私财物的行为。在电信网络诈骗中，非法获取财物往往是犯罪分子的目的所在。无论采取何种"骗术"，以及如何"利用"电信网络作为犯罪工具，都是为了实现"非法占有目的"。因此，对于这类犯罪，首先通常可以按照诈骗罪论处，即利用电信网络技术手段实施诈骗，诈骗公私财物的，构成诈骗罪。但是，这还需要达到法定的追诉标准，具体参照《电信网络诈骗意见》第1条执行。

同时，《刑法》第279条规定了招摇撞骗罪，是指冒充国家机关工作人员招摇撞骗。而且还规定，对于冒充人民警察招摇撞骗的，依法从重处罚。冒充国家机关工作人员实施电信诈骗犯罪，不仅是对国家机关工作人员及其公务行为的公信力的一种损害，也客观上增加了"骗术"的成功率；冒充人民警察实施诈骗犯罪，则更进一步触碰了国家社会信用体系的底线，严重损害了社会公共秩序的信赖度，也有损人民警察的光辉形象。当前，在电信网络诈骗犯罪中，冒充国家机关工作人员或人民警察实施诈骗犯罪的，不仅屡见不鲜，而且屡试不爽。对此，冒充国家机关工作人员或人民警察实施电信网络诈骗犯罪，达到法定追诉标准的，应当认定构成招摇撞骗罪。如果又同时构成诈骗罪和招摇撞骗罪的，依照处罚较重的规定定罪处罚；对属于冒充人民警察的，还应当从重处罚。例如，在"徐玉玉案"中，山东省临沂市中级人民法院审理认为，被告人陈文辉等，以非法占有为目的，结成电信诈骗犯罪团伙，冒充国家机关工作人员，通过拨打电话对不特定多数人实施诈骗，构成诈骗罪。该案的判决结果很好地解释了诈骗罪与招摇撞骗罪的区分所在，并对假冒特定身份的行为明确了从严打击的立场。

在电信网络诈骗中，被害人的信用卡也成为犯罪分子关注的重点。通过各种非法方式获取他人信用卡，并用于实施电信网络诈骗犯罪。如果利用他人信用卡实施诈骗构成信用卡诈骗罪，同时又符合诈骗罪的，应当从重处罚。对于非法持有他人信用卡，没有证据证明从事电信网络诈骗犯罪活动，符合《刑法》第177条之一第1款第2项规定的，以妨害信用卡管理罪追究刑事责任。而且，对于行为人实施诈骗或为他人实施诈骗提供取款帮助，还非法购入、持有信用卡，但缺乏证据证明其非法购入、持有信用卡系为了实施诈骗犯罪的，在同时构成诈骗罪和妨害信用卡管理罪的情况下，一般应当数罪并罚。这样一来，对于非法获取信用卡的"方法行为"这一前端部分，也予以了严格的刑法干预。

2.诈骗罪与扰乱无线电通讯管理秩序罪。在实践中，通过"伪基站"发送诈骗短信实施诈骗是最常见的电信网络诈骗形式之一。

之所以如此，是因为从犯罪方式看，"伪基站"具有便于携带、隐秘性高以及发送虚假短信量大、诈骗信息不易追踪等优势。

对此，《刑法》第288条规定了扰乱无线电管理秩序罪是指违反国家规定，擅自设置、使用无线电台（站），或者擅自使用无线电频率，干扰无线电通讯秩序，情节严重的行为。它也可以是一个单位犯罪罪名。而且，根据《刑法修正案（九）》（2015年）的修改内容，"伪基站"案件的本质就是干扰和占用公用信号，侵犯无线电管理秩序，完全符合扰乱无线电通讯管理秩序罪的罪质。

对于在实施电信网络诈骗活动中，非法使用"伪基站""黑广播"干扰无线电通讯秩序，符合《刑法》第288条规定的，应当以扰乱无线电通讯管理秩序罪追究刑事责任。如果同时构成诈骗罪的，依照处罚较重的规定定罪处罚。例如，湖北省十堰市中级人民法院〔2018〕鄂03刑终72号刑事裁定书就指出，上诉人崔某、任某某使用"伪基站"设备为他人发送诈骗信息，对不特定多数人实施诈骗，其中上诉人崔某发送诈骗信息116.4万余条、上诉人任某某发送诈骗信息34.1万余条，均属具有其他特别严重情节，其行为均构成诈骗罪。从利用"伪基站"实施电信网络诈骗的特征和规律看，利用"伪基站"一般是方法行为，骗取他人财物才是最终的目的。从理论上看，二者之间存在牵连关系，因而，应当按照从一重罪处罚原则进行处理。在实践中，诈骗罪的处罚往往更重，因而以诈骗罪论处。

3.诈骗罪与侵犯公民个人信息罪。在电信网络诈骗的黑色犯

131

罪利益链条中，非法获取公民个人信息往往是必经的环节。因为获得公民个人信息后，可以在互联网上控制个人信息以及与之紧密绑定的财产，尤其是网络财产性利益等，进而可以更方便地非法获取被害人或被害单位的财物。因此，二者的犯罪竞合问题亦是常见情形。

《刑法》第253条之一规定了侵犯公民个人信息罪，是指违反国家有关规定，向他人出售或者提供公民个人信息，情节严重的行为；或者违反国家有关规定，将在履行职责或者提供服务过程中获得的公民个人信息，出售或者提供给他人的行为，以及窃取或者以其他方法非法获取公民个人信息的行为。而且，本罪也可以是单位犯罪，对于单位实施的，按照"双罚制"论处。因此，违反国家有关规定，向他人出售或者提供公民个人信息，窃取或者以其他方法非法获取公民个人信息，符合《刑法》第253条之一规定的，以侵犯公民个人信息罪追究刑事责任。同时，使用非法获取的公民个人信息实施电信网络诈骗犯罪行为，构成数罪的，应当依法予以并罚。

例如，在"杨海鸿、黄晋河、吴彩云诈骗，杨海鸿、黄晋河侵犯公民个人信息案"中，2015年7月至9月9日，被告人杨海鸿单独或伙同被告人黄晋河，通过购买的方式非法获取公民个人信息2万余条，并雇用被告人吴彩云在福建省龙岩市武平县平川镇租住房等地，通过拨打上述公民个人信息中的手机号码，谎称可以向对方发放残疾人补贴、教育补贴等方式，诱骗被害人将钱款转入指定的账户。法院据此认为，被告人杨海鸿、黄晋河、吴彩云以非法占有为目的，采用虚构事实的方法，骗取公民财物，数额较大，其行为均已构成诈骗罪，属共同犯罪；被告人杨海鸿单独或伙同被告人黄晋河，通过购买的方式非法获取公民个人信息，情节严重，其行为均已构成侵犯公民个人信息罪，部分属于共同犯罪。该案不仅揭示了电信网络诈骗与侵犯公民个人信息之间的紧密性，也明确了实践中分别对方法行为与目的行为予以数罪并罚的从严做法。此外，在"徐玉玉案"中，山东省临沂市中级人民法院审理后认为，被告人陈文辉还以非法方法获取公民个人信息，构成侵犯公民个人信息罪，应当数罪并罚。

需要指出的是，与在电信网络诈骗中，同时构成扰乱无线电通讯管理秩序罪与诈骗罪的，采取从一重罪处罚原则不同，同时构成侵犯公民个人信息罪与诈骗罪的，按照数罪并罚原则处理。之所以在相同的"牵连关系"中，作出区别对待，主要是因为公民个人信息安全在网络时代尤为脆弱，"一旦失守、全城皆输"是其写照。为了能够严厉打击这些关联犯罪，同时从源头上遏制通过非法获取并通过公民个人信息实施电信网络诈骗，采取数罪并罚原则更符合当前的现实需要。

4.诈骗罪与妨害司法犯罪。电信网络诈骗有着一个完整的黑色犯罪利益链，既包括前端的，也包括后端的。其中，后端的往往是协助犯罪赃物转移、变卖等行为。而且，后端的"帮助行为"往往非常隐秘，不仅降低了实施电信网络诈骗行为的犯罪成本，也加大了侦查的难度。如果没有后端的"帮助行为"，电信网络诈骗犯罪也不会如此猖獗。

《刑法》第 312 条规定了掩饰、隐瞒犯罪所得、犯罪所得收益罪，是指明知是犯罪所得及其产生的收益而予以窝藏、转移、收购、代为销售或者以其他方法掩饰、隐瞒的行为。而且，本罪也可以是单位犯罪罪名。从共同犯罪的规定及其基本原理看，只要不是事前通谋的情形，那么，事后实施转移赃物等行为的，实质上严重妨害了司法活动。它不是一种共同犯罪行为，而应当单独成立犯罪。

因此，对于明知是电信网络诈骗犯罪所得及其产生的收益，通过使用销售点终端机具（POS 机）刷卡套现等非法途径，协助转换或者转移财物的；帮助他人将巨额现金散存于多个银行账户，或在不同银行账户之间频繁划转的；多次使用或者使用多个非本人身份证明开设的信用卡、资金支付结算账户，或者多次采用遮蔽摄像头、伪装等异常手段，帮助他人转账、套现、取现的；为他人提供非本人身份证明开设的信用卡、资金支付结算账户后，又帮助他人转账、套现、取现的；以明显异于市场的价格，通过手机充值、交易游戏点卡等方式套现的，达到追诉标准的，应当以掩饰、隐瞒犯罪所得、犯罪所得收益罪追究刑事责任。但有证据证明确实不知道的除外。实施上述行为，电信网络诈骗犯罪嫌疑人尚未到案或案件尚未依法裁判，但现有证据足以证明该犯罪行为确实存在的，不影响掩饰、隐瞒犯罪所得、犯罪所得收益罪的认定。这样可以避免"从犯从属性"理论成为司法机关予以定罪的障碍，换言之，即使电信网络诈骗的主犯尚未定罪处罚，也不妨碍对其他的从犯予以定罪处罚，二者虽有关联但不能混为一谈。

需要注意的是，实施上述行为，同时构成其他犯罪的，依照处罚较重的规定定罪处罚。法律和司法解释另有规定的除外。如果是事前通谋的，则是共同犯罪，一般根据主犯实施的实行行为予以定罪处罚，实践中主要是按照诈骗罪论处。

**（二）电信网络诈骗与网络犯罪罪名的适用**

《刑法修正案（九）》（2015 年）增加了三个纯正的网络犯罪罪名。这为解决电信网络诈骗的定罪难问题提供了新的规范依据。在适用时，既要强调新增罪名是新罪且属于特殊规定的一种罪，优先考虑"网络化定罪"的现实需要，也要在犯罪竞合的情况下遵循从一重罪处罚原则，以实现罪责刑相适应原则。

1.拒不履行信息网络安全管理义务罪。电信网络诈骗之所以日渐猖狂、手段日益隐秘、成本不断降低，而且侦办难度日益增大，部分是因为信息网络服务提供商在明知的情况下，不依法履行《网络安全法》（2016 年）所规定的网络安全保障义务，致使信息网络被犯罪分子非法使用。例如，网络平台明知是虚假信息而不依规定及时删除等，从而导致诈骗信息在网络上传播、散布以及被害人由此受到损失。从控制电信网络诈骗犯罪的科学策略看，严格督促信息网络服务提供商依法履行义务具有重要作用。这既可以从源头上切断电信网络犯罪的"前端"黑色利益链条，也可以对网络服务提供者实现管控效应。但是，直到《刑法修正案（九）》增设第 286 条之一生效之前，这类犯罪往往无法被追究刑事责任，无疑成为立法上的一个缺陷。

《刑法修正案（九）》新增了第286条之一，规定了拒不履行信息网络安全管理义务罪，即指网络服务提供者不履行法律、行政法规规定的信息网络安全管理义务，经监管部门责令采取改正措施而拒不改正，致使违法信息大量传播的，致使用户信息泄露并造成严重后果的，致使刑事案件证据灭失且情节严重的，以及有其他严重情节的。此罪也可以由单位构成。有前两款行为，同时构成其他犯罪的，依照处罚较重的规定定罪处罚。这次新增的是纯正的不作为网络犯罪罪名。

在实践中，对于网络服务提供者不履行法律、行政法规规定的信息网络安全管理义务，经监管部门责令采取改正措施而拒不改正，致使电信网络诈骗信息大量传播，或者用户信息泄露造成严重后果的，应当以拒不履行信息网络安全管理义务罪追究其刑事责任。同时构成诈骗罪的，依照处罚较重的规定定罪处罚。当然，在认定网络服务提供者是否"拒不改正"时，仍需要依法审慎判断，防止过度化。

2. 非法利用信息网络罪与帮助信息网络犯罪活动罪。电信网络诈骗犯罪的重要特征之一，就是非法利用信息网络的虚拟性等技术优势，或者在其他技术控制（所有）主体的帮助与支持下，肆无忌惮地实施诈骗犯罪。例如，犯罪分子利用信息网络的便捷性，发布诈骗犯罪信息；网络服务提供者或网络参与主体明知是电信诈骗犯罪分子，而为其提供网络技术支持、网络支付计算服务等帮助。对于这些犯罪分子非法利用信息网络的行为，或者帮助他人实施信息网络犯罪活动的行为，在《刑法修正案

（九）》增设第287条之一、第287条之二生效之前，是无法有效规制的。

《刑法》新增的第287条之一规定了非法利用信息网络罪，即指利用信息网络，设立用于实施诈骗、传授犯罪方法、制作或者销售违禁物品、管制物品等违法犯罪活动的网站、通讯群组的；发布有关制作或者销售毒品、枪支、淫秽物品等违禁物品、管制物品或者其他违法犯罪信息的；为实施诈骗等违法犯罪活动发布信息的，且情节严重的行为。此罪也可以由单位构成。有前两款行为，同时构成其他犯罪的，依照处罚较重的规定定罪处罚。同时，《刑法》新增的第287条之二规定了帮助信息网络犯罪活动罪，即指明知他人利用信息网络实施犯罪，为其犯罪提供互联网接入、服务器托管、网络存储、通讯传输等技术支持，或者提供广告推广、支付结算等帮助，情节严重的行为。此罪也可以由单位构成。如果实施了前两款行为，同时又构成其他犯罪的，依照处罚较重的规定定罪处罚。由此可见，《刑法》第287条之一将一些高度危险的网络预备行为予以犯罪（实行）化，而《刑法》第287条之二则将一些网络技术帮助行为予以正犯化，剑指新型网络犯罪。

在此规定下，实施《刑法》第287条之一、第287条之二规定之行为，构成非法利用信息网络罪、帮助信息网络犯罪活动罪，同时构成诈骗罪的，依照处罚较重的规定定罪处罚。例如，被告人黄某为谋取非法利益，雇用徐某、黄某使用"伪基站"设备向不特定手机用户非法群发诈骗短信，非法获利26211元。法院认为，在本案中存在行为方式的竞合关系，非法利用信息网络罪与诈骗罪则构成牵连犯，根据本案的事实和证据，应择一重罪处罚，应以诈骗罪（未遂）定罪处罚。[①] 这就明确了金融机构、网络服务提供者、电信业务经营者等在经营活动中，违反国家有关规定，被电信网络诈骗犯罪分子利用，使他人遭受财产损失的，依法应当承担相应责任。构成犯罪的，依法追究刑事责任。

## 二、电信网络诈骗的共同犯罪认定

电信网络诈骗往往是由多人参与实施的规模大、组织性强的团伙犯罪。从规范层面看，电信网络诈骗通常表现为犯罪集团或一般共同犯罪等情形，在定罪处罚上也有需要注意的一些特殊问题，要准确把握共同犯罪人的刑事责任。

### （一）共同犯罪人与共同犯罪形态的判断

从犯罪现象看，实施电信网络诈骗通常人数众多、分工配合，涉及大量被害人，造成的危害结果非常大，涉及的区域或国家很多。例如，北京市海淀区人民法院审理的电信诈骗犯罪多为团伙作案。据统计，北京法院有 50% 以上的电信诈骗案件系三人以上的诈骗团伙。戴春波等 32 人诈骗案，系近年来北京法院受理的个案中被告人人数最多的跨国电信诈骗犯罪案件。

---

[①] 参见浙江省常山县人民检察院常检刑诉〔2015〕291 号起诉书（指控罪名为破坏公用电信设施罪），浙江省常山县人民法院〔2015〕衢常刑初字第 195 号刑事判决书。（类案有浙江省金华市婺城区人民法院〔2015〕金婺刑初字第 1296 号刑事判决书，浙江省金华市中级人民法院〔2016〕浙 07 刑终 572 号刑事裁定书）

但是，"团伙犯罪"并非《刑法》所使用的规范表述，它其实应当是指共同犯罪或犯罪集团。《刑法》第25条规定了共同犯罪的概念。所谓共同犯罪，是指二人以上共同故意犯罪。二人以上共同过失犯罪，不以共同犯罪论处；应当负刑事责任的，按照他们所犯的罪分别处罚。电信网络诈骗行为只能是故意行为，同时可能涉嫌构成的诈骗罪以及其他关联犯罪也都只能是故意犯罪，不可能是过失犯罪。在这点上，多人共同故意实施电信网络诈骗行为的，完全符合共同犯罪的成立条件。同时，《刑法》第26条也对犯罪集团作出了相应的规定。对于高度组织化的电信网络诈骗集团，应当按照犯罪集团的有关规定予以定罪处罚。

关于电信网络诈骗的共同犯罪问题，实践中的难点之一是对共犯的认定，需要注意以下三个相关问题。（1）共犯的参与时间之认定。通常而言，在分工不同的情况下，共犯参与电信网络诈骗的时间起点，应从犯罪嫌疑人、被告人着手实施诈骗行为开始起算。这里的诈骗行为，不能只限于实施诈骗罪的情形，实施与电信网络诈骗相关方法行为的也应算在其内。（2）负责招募他人实施电信网络诈骗犯罪活动，或者制作、提供诈骗方案、术语清单、语音包、信息等的，是帮助行为，应当以诈骗共同犯罪论处。（3）事前已经通谋的，明知是电信网络诈骗犯罪所得及其产生的收益，实施予以转账、套现、取现等行为的，应当以共同犯罪论处。例如，在"陈观湖、陈礼华、陈黄华诈骗案"中，法院认为，被告人陈观湖、陈礼华、陈黄华明知他人进行电信诈骗，仍结伙对涉案诈骗款项实施取款并转移，致使被害人被骗款项无法追回，其行为已构成诈骗罪的共同犯罪，诈骗数额应当按照共同取款数额计算。三名被告人所实施的提取并转移被骗款项的行为，是诈骗集团成功控制诈骗款的最后一个环节，三人在整个电信诈骗的共同犯罪中仅有分工不同，并无主次之分。从中可见，事前通谋的，并根据事前分工具体负责销赃等行为的，是共同犯罪行为，不是事后的销赃行为；而且，在主从犯身份上，一般不区分主次关系。需要注意的是，事前没有通谋的，事后明知是电信网络诈骗犯罪所得及其产生的收益，仍实施转账、套现、取现等行为的，依照《刑法》第 312 条第 1 款的规定，以掩饰、隐瞒犯罪所得、犯罪所得收益罪追究刑事责任。

《刑法》第 26 条第 3 款规定，三人以上为共同实施犯罪而组成的较为固定的犯罪组织，是犯罪集团。因此，三人以上为实施电信网络诈骗犯罪而组成的较为固定的犯罪组织，应依法认定为电信网络诈骗犯罪集团。例如，在"吉秀燕等 14 人诈骗案"中，法院认为，14 名被告人在境外集中居住于别墅内，共同参与电信诈骗活动，且分工明确，有一定的组织性，已形成固定的犯罪团伙。故最终对 14 名被告人全部判处了有期徒刑五年以上的重刑，两名主犯被判处十二年有期徒刑，对电信诈骗犯罪案件形成了极大的震慑。当然，这里使用的"犯罪团伙"是实践中的通俗说法，按照《刑法》的规定，实质上是指"犯罪集团"。以犯罪集团这种高级共同犯罪形式出现的电信网络诈骗，往往造成的实际危害非常巨大，被害人数众多。在宽严相济基本刑事政策的指导下，基于从严打击电信网络诈骗的方针，既要对电信网络诈骗犯罪集团中的首要分子以及其他主犯予以从严处理，也要对从犯等予以从宽处理，理性地贯彻落实区别对待精神。

**（二）共同犯罪人的刑事责任承担**

在宽严相济基本刑事政策的指导下，对于电信网络诈骗犯罪，要区分是存在犯罪集团还是一般的共同犯罪形式，严格区分首要分子、主犯（及一般主犯）、从犯等犯罪主体的作用与地位差异，在刑事责任的承担上体现轻重的区别对待。

《刑法》第 26 条规定，组织、领导犯罪集团进行犯罪活动的或者在共同犯罪中起主要作用的，是主犯。对组织、领导犯罪集团的首要分子，按照集团所犯的全部罪行处罚。对于首要分子以外的主犯，应当按照其所参与的或者组织、指挥的全部犯罪处罚。同时，《刑法》第 97 条规定，"首要分子"是指在犯罪集团或者聚众犯罪中起组织、策划、指挥作用的犯罪分子。而且，《刑法》第 27 条、第 28 条、第 29 条还分别对从犯、胁从犯、教唆犯的刑事责任作了明确规定。这些规定对追究电信网络诈骗共同犯罪的刑事责任具有规制意义。

在实践中，应注意以下几个方面。（1）对于主从犯的认定，一般应当根据各共犯人在犯意形成和实行共同犯罪中的地位作用及其造成客观危害结果中的原因力大小等方面综合评判。当然，鉴于电信网络诈骗犯罪往往存在诈骗共犯人先后到案以及分工合作层级分明等实际特点，实践中对于共同犯罪主从犯的区分，应结合案件中的组织架构、人员分工、作用大小等具体情况区别对待，并且不违背罪责刑相适应原则的要求。（2）对组织、领导犯罪集团的首要分子，按照集团所犯的全部罪行处罚。对犯罪集团中组织、指挥、策划者和骨干分子依法从严惩处。（3）对犯罪集团首要分子以外的主犯，应当按照其所参与的或者组织、指挥的全部犯罪处罚。全部犯罪包括能够查明具体诈骗数额的事实、能够查明发送诈骗信息条数、拨打诈骗电话人次数、诈骗信息网页浏览次数的事实。（4）多人共同实施电信网络诈骗，犯罪嫌疑人、被告人在其所参与的犯罪环节中起主要作用的，可以认定为主犯；起次要作用的，可以认定为从犯。例如，在"邓之桂、龙碧燕、刘春艳、刘海英诈骗案"中，法院认为，被告人邓之桂、龙碧燕、刘春艳、刘海英的行为均已构成诈骗罪，且犯罪数额特别巨大。但四被告人在受纠集按照分工，互相配合共同实施诈骗犯罪，获利相对较少，起次要、辅助作用，是从犯，故予以减轻处罚。（5）犯罪集团中起次要、辅助作用的从犯，特别是在规定期限内投案自首、积极协助抓获主犯、积极协助追赃的，应依法从轻或减轻处罚或者免除处罚。

此外，需要说明的是，即使部分犯罪嫌疑人在逃未归案，但不影响对已到案共同犯罪嫌疑人、被告人的犯罪事实作出认定的，可以依法先行追究已到案共同犯罪嫌疑人、被告人的刑事责任，而不需要等全部犯罪分子归案后才启动程序。

## 三、电信网络诈骗的犯罪故意认定

在中国刑法理论中，主客观相统一是刑法的基本理念，是定罪的基本原则，追究刑事责任必须同时具备主客观方面的条件，并要求主客观方面条件的有机统一。从证据运用和证明责任看，刑事主观事实需要通过客观事实来加以重构，电信网络诈骗的"非法占有目的"也需要通过整合诸多客观事实予以确认，电信网络诈骗共犯的主观故意亦是如此，而刑事推定的运用有着特殊作用。

### （一）电信网络诈骗的非法占有目的之认定

在实践中，电信网络诈骗往往首先表现为财产型犯罪，即通过电信网络实施诈骗行为，是为了非法占有他人财物。作为新型财产犯罪，非法占有目的是典型主观要素或者主观事实。所谓主观事实，是指用来说明行为人内部心理要素的内容，如目的、动机和态度等。客观事实是指表现于外部的事实，如人的外在活动及结果、行为主体的年龄及身份、对象、手段、方法、时间、地点等。客观事实是可以通过人类感官直接感知或认知的，而主观事实原则上只能通过外部活动进行间接判断。进言之，判断行为人的心理状态，只能根据其实施的行为、活动及其相关的情况。在认定主观心理态度时，必须立足其实施的具体客观行为，综合各种可以查证的犯罪事实，运用严谨的逻辑论证来排除其他的可能性。

在实践中，非法占有目的作为典型的主观事实，不能仅仅通过直接证据单一证实，或被告人的单一口供来加以证实；往往需要通过其他的间接证据形成完整的证据链，或依靠推论（推定）的方法加以辅助证实，并需要达到相应的证明标准。对此，有观点指出，"在查明故意、特定意图和动机等心理要素时会遇到很多很大的困难，只有从外部事实及心理学法则进行多少是必要的反推，才有可能解决这些问题"①。在刑事证明理论体系中，考虑到主观事实的证明难度远远大于客观事实，除了依靠传统的直接证据认定方式，即从证据本身直接加以判断外，往往主要大量运用间接证据进行间接证明，频繁使用间接认定事实的非严格证明方法；此外，根据大量的证据材料与客观事实，运用推定所建立起的因果证明及其常理逻辑，也是实践中认定非法占有目的的常见手段。

在认定电信网络诈骗中的非法占有目的时，也要遵循主客观相统一的基本理念，遵循上述要求加以认定。具体地讲，必须依据行为人的行为特征、其自身的条件以及其他已存在的客观情况进行综合分析。通过对行为人控制或者准备控制他人财物的行为进行分析，首先确认行为人具有非法占有目的的可能性。当被确认为已经实施或者准备实施非法控制或支配他人财物行为时，只表明其心理态度符合非法占有目的的前提条件，具有形成非法占有目的的可能性，却并非表明其必然具有非法占有目的，关键还要看其心理上对使财物完全脱离权利人的有效控制是否具有明确的追求，此乃构成非法占有目的的决定性条件。只有行为人已经实施使财物完全脱离权利人有效控制的行为，并因其意志以内的原因已造成权利人对财物失去控制的客观危害结果，才能完全确认非法占有目的之存在。

---

① ［德］冈特·施特拉腾维特、洛塔尔·库伦：《刑法总论Ⅰ——犯罪论》，杨萌译，法律出版社2006年版。

### （二）对电信网络诈骗共犯的明知之认定

在电信网络诈骗中，往往参与人数众多，而且是有组织地实施，不同环节的分工不同。对于提供技术帮助等行为的，只要具有共同实施电信网络诈骗的意思联络，应当作为共同犯罪来论处。但是，就电信网络诈骗而言，由于犯罪分子利用了互联网的虚拟性，犯罪分子实施犯罪的时空场所变成了电子信息社会，实施犯罪的"共同行为"的客观性与联系性变弱；相应地，主观上的意思联络的明确性与可视性等都有所下降。网络环境使得共同犯罪意思联络具有突出的片面性、模糊性、间接性、偶发性等特征，已经成为当前司法实践中的难点问题。

在电信网络诈骗的"明知"认定问题上，同样可以适当适用刑事推定制度。实际上，刑事推定作为司法方法已在相关司法解释中有所体现，并被司法实务部门实际承认和运用。当然，为了严防刑事推定的错误或不当，应当允许反证的运用。刑事推定仅是一种事实推定，是一种相对的证明，而不是绝对的认知判断，只要被告人可以证明自己并无非法占有的目的，则可以推翻推定的结论，司法解释也对此作出确认。而且，被告人此时应承担的证明标准为优势证据标准，而不应该是事实清楚、证据确实充分，否则，有违刑事证明责任合理分配的公正标准。当前，反驳刑事推定最主要内容的是通知程序，属于被告人知情权的一部分。在庭审阶段，没有依法进行通知而推定是一种程序违法行为，可能导致相应的诉讼行为无效；如果法官对推定有存疑情形，可以依职权进行庭审调查；如果辩方因意志以外的客观因素无法举证，法官也可以进行相应的调查取证，以化解推定和反驳相互对抗所可能导致的僵局现象，切实保护被告人的诉讼权益。

一方面，对于那些为电信网络诈骗提供帮助行为的，由于互联网的虚拟性，特别是意思联络等问题上出现了新的情况，以至于在认定共同犯罪的故意上存在新的挑战。对此，仍应当遵循由客观证明主观的基本规律，坚持主客观相统一，运用刑事推定等措施，来综合地解决共同犯罪故意的认定难问题。总体来说，明知他人实施电信网络诈骗犯罪，具有下列情形之一的，以共同犯罪论处。（1）提供信用卡、资金支付结算账户、手机卡、通讯工具的；（2）非法获取、出售、提供公民个人信息的；（3）制作、销售、提供"木马"程序和"钓鱼软件"等恶意程序的；（4）提供"伪基站"设备或相关服务的；（5）提供互联网接入、服务器托管、网络存储、通讯传输等技术支持，或者提供支付结算等帮助的；（6）在提供改号软件、通话线路等技术服务时，发现主叫号码被修改为国内党政机关、司法机关、公共服务部门号码，或者境外用户改为境内号码，仍提供服务的；（7）提供资金、场所、交通、生活保障等帮助的；（8）帮助转移诈骗犯罪所得及其产生的收益，套现、取现的。但是，法律和司法解释另有规定的除外，即可以提出反证等情形的。而且，关于"明知他人实施电信网络诈骗犯罪"，应当结合被告人的认知能力、既往经历、行为次数和手段、与他人关系、获利情况，以及是否曾因电信网络诈骗受过处罚、是否故意规避调查等主客观因素进行综合分析认定。

另一方面，在电信网络诈骗中，除了诈骗犯罪非法占有的目的、共同犯罪的意思联络等证明难问题之外，对于与电信网络诈骗高度关联的犯罪，也涉及"明知"的认定。对此，同样也可以遵循上述做法进行判断。例如，明知是电信网络诈骗犯罪所得及其产生的收益，实施了予以转账、套现、取现等行为的，即有下列情形之一的：一是通过使用销售点终端机具（POS 机）刷卡套现等非法途径，协助转换或者转移财物的；二是帮助他人将巨额现金散存于多个银行账户，或在不同银行账户之间频繁划转的；三是多次使用或者使用多个非本人身份证明开设的信用卡、资金支付结算账户或者多次采用遮蔽摄像头、伪装等异常手段，帮助他人转账、套现、取现的；四是为他人提供非本人身份证明开设的信用卡、资金支付结算账户后，又帮助他人转账、套现、取现的；五是以明显异于市场的价格，通过手机充值、交易游戏点卡等方式套现的。对此，应当依照《刑法》第 312 条第 1 款的规定，以掩饰、隐瞒犯罪所得、犯罪所得收益罪追究刑事责任。但有证据证明确实不知道的除外。

# 我国刑法立法的基本成就与经验 *

　　边沁曾言：法律的改革应着重改变法律的形式，即制定和编纂法典。刑法是国家基本法律，在整个法律体系中处于基础性地位。制定和颁行刑法典事关国家大事。1978 年 12 月，党的十一届三中全会胜利召开，我国由以阶级斗争为纲转向以经济建设为中心。在此背景下，搁置已久的法制建设工作快马加鞭推进。其中，1979 年刑法典（简称 79 刑法典）的颁行无疑成为改革开放以来我国刑事法制建设的奠基之举，79 刑法典是我国具有开创意义的首部刑法典。而 1997 年刑法典（简称 97 刑法典）则是我国社会主义刑事法治建设的一座里程碑，是具有划时代意义的重大刑法立法成果，具有继承刑事法典的体例、确定罪刑法定原则并开拓科学立法时代等重大意义。97 刑法典颁行后，立法机关并没有故步自封，而是与时俱进，持续保持发展和完善的积极姿态，

---

* 本文节选自《我国刑法立法的回顾与展望——纪念中国共产党十一届三中全会召开四十周年》，载《河北法学》2019 年第 5 期，有改动。

立法修改完善的成绩斐然，有效地满足国家、社会以及人民群众日益增长的法治需求。97 刑法典的颁行及其二十多年的发展与完善，充分见证了我国刑事法治不断健全的进程，也是我国刑事法治成果的集中展现。而今又站在新的历史起点上，应以党的十九大会议精神为基本坐标，不断推动 97 刑法典的完善和健全，保障当代刑法充分发挥法治建设的重要作用。

## 一、四十年来我国刑法立法的基本成就巡礼

回顾党的十一届三中全会以来我国刑法立法的发展历程，大体上可以分为以 79 刑法典的制定为重心、以 97 刑法典的制定为重心、以 97 刑法典的修改与完善为重心三个阶段。这一系列进程积累了我国刑法立法的基本成就。

### （一）迎来法典时代的新征程

自中国共产党成立之日起，在党领导中国新民主主义革命阶段、社会主义革命阶段和社会主义建设的早期阶段等，党通过制定各种政策引导刑法立法。新民主主义的刑法表现形式大多为单行刑法，也有一些刑事法律规范性文件采用了训令、命令、通令、决定、办法、指示等形式。在新中国成立后的头 30 年，我国处于无刑法典的时期，刑事法制建设明显滞后于现实需要，严重制约惩罚犯罪和保障人权事业的发展。直到 1979 年 7 月 1 日第五届全国人大二次会议通过了《中华人民共和国刑法》，我国才正式告别了无刑法典的历史。

　　整体而言，79 刑法典的制定虽经历曲折与坎坷，但它是一部保护人民、惩罚犯罪、维护社会秩序、保障改革开放和社会主义现代化建设的好刑法，是司法机关办理刑事案件的法律依据，是教育广大公民提高法治观念、预防违法犯罪的上好教材。然而，受当时历史条件和立法经验的局限，79 刑法典制定得较为粗放，不论在体系结构、内容规范还是在立法技术上都还存在缺陷，逐渐不能满足实践的需要。基于此，立法机关陆续地以通过单行刑法和附属刑法的方式对其进行实质上的修改和补充。这也是修订和通过 97 刑法典的事实基础与逻辑起源所在。

　　相比之下，97 刑法典是一次大面积的修订，在内容与体系上已经相当完整。这为我国刑事法治体系的发展和完善奠定扎实的立法基础。同时，立法机关又根据国家发展的实际需要，主要通过刑法修正案的方式，进行持续性的修改，增加体系的合理性，强化可操作性，使现行刑法典更趋于完备。这就决定我国 97 刑法典是迄今为止最完备、最系统且最具有时代气息的"发展型"法典。

　　我国现代意义上刑法的法典化努力，真正地始于新中国成立之后，79 刑法典是标志性成果，但相对粗略，形式上摆脱了"无刑法典"的时代，但离现代化的刑法典仍有一定的差距。97 刑法典的颁行才真正实现当代中国刑法法典化的重大使命。二十多年来的立法与司法实践已经充分证明，97 刑法典是一部史诗级的现代刑法典佳作，至今仍保有生命力。当然，立法在任何时候都难免有一定的滞后性，受时代背景、思想观念、立法经验等多种因素的影响，97 刑法典在制度设计、法条内容、立法技术等方面仍有一些疏漏和不足之处，但瑕不掩瑜。总之，我国刑法的制定、修改以及完善，走过了一段不平坦的艰辛道路。

## （二）走向罪刑法定的法治时代

罪刑法定原则从其诞生之初起，便将限制权力、保障人权视为己任，完全顺应近现代社会民主和法治的发展趋势。历经法律文明的反复淘洗以及历史的重重考验，罪刑法定原则已经被世界各国刑法奉为最基本的原则，并为社会制度不同的当代绝大多数国家的刑法乃至宪法所明文规定。罪刑法定是现代刑事法治的第一要义，而刑法典明确规定罪刑法定原则是一项不可推卸的使命，是刑法典的立基之本。79 刑法典并未一开始明文规定，其中，第79 条规定的类推制度横亘其中，成为 79 刑法典与罪刑法定原则相隔而望的滥觞之所在。尽管如此，79 刑法典的颁行，在很大程度上客观地将罪刑法定的精神融入其中，只是不够彻底。

97 刑法典明确规定罪刑法定原则，不仅具有重大的立法开创意义，更对我国刑事立法、刑事司法以及依法治国方略的大力推行，产生极其重要而深远的意义和价值。当然，罪刑法定原则对司法权力也具有限制性：将来遇有危害社会的行为，而刑法无明文规定的，司法机关将不能定罪处罚。这其实是明确性原则在各国刑法典运行中的"相似遭遇"。对此，在理解和贯彻罪刑法定原则时，应认识到罪刑法定主义存在一个从绝对的罪刑法定到相对的罪刑法定的嬗变过程；同时，应总结经验，通过立法作出修改补充即可。实际上，我国刑法修正案作为常态的立法完善模式，通过动态控制犯罪圈，已经很好地解决明确性原则的同步更新问

我国刑法立法的基本成就与经验

151

题。更重要的是，罪刑法定原则的生命力在于应用。97 刑法典规定的罪刑法定原则，绝非是高高在上的"宣言"，而是以司法化为基本导向，具体地贯穿于定罪量刑这一核心的刑法运作体系。例如，基于形式的罪刑法定与实质的罪刑法定的区分观点，对形式解释与实质解释形成不同的影响。这种实践化的解读延伸到刑法解释论层面的司法化探索，是我国理论界和实务界广泛关注罪刑法定原则并将其付诸实践的具体表现，充分释放了罪刑法定原则的法治价值。

### （三）筑起人权保障的法治根基

人权保障是刑事法治理念的基础要求，也是当代刑事法治体系中的基础理念，更是当代刑法机能的基础内容，刑法典是这一切的规范依据之起点所在。

79 刑法典第 2 条规定："中华人民共和国刑法的任务，是用刑罚同一切反革命和其他刑事犯罪行为作斗争，以保卫无产阶级专政制度，保护社会主义的全民所有的财产和劳动群众集体所有的财产，保护公民私人所有的合法财产，保护公民的人身权利、民主权利和其他权利，维护社会秩序、生产秩序、工作秩序、教学科研秩序和人民群众生活秩序，保障社会主义革命和社会主义建设事业的顺利进行。"这以叙事明理的方式，清晰地规定了 79 刑法典肩负惩罚犯罪和保障人权的基本任务，而且惩罚犯罪也是为了更好地保护人民的合法权益。

与此同时，97 刑法典第 1 条规定："为了惩罚犯罪，保护人民，根据宪法，结合我国同犯罪作斗争的具体经验及实际情况，制定本法。"这开宗明义地规定刑法的立法目的。二十多年的实践不断证明，97刑法典已经成为公安司法机关办理刑事案件最权威的实体法准绳，是一部惩治犯罪、保障人权、保障经济社会发展的法典。尤应指出的是，现行刑法典废除长期以来备受诟病的有罪类推制度，极大地增强刑法规范的明确性和可操作性，扎实地推进以人权保障为价值底蕴的罪刑法定原则的广泛实践，真正成为现代法治社会中的刑法，筑起我国刑事法治体系的人权保障防线。同时，97刑法典确立适用刑法人人平等原则、罪责刑相适应原则，逐步重视对被害人权益的保护。这些举措不仅使刑法典趋于完善，也使刑法法治体系中的保障人权观念得到逐步确立。《宪法修正案》（2004年）第24条规定增加"国家尊重和保障人权"条款，标志着我国人权保障跃升到新境界，与97刑法典所筑起的人权保障体系相得益彰。

## （四）协力开辟刑法理论研究的新局面

在成文法国家，法典化使法律规范进一步集中化、系统化和条理化，法典化的水平是衡量立法技术发展水准的基本标尺。79刑法典的创制，是建立有中国特色的刑法理论体系的结晶与重要标志。97刑法典的颁行，充分证实了我国刑事立法的重大发展与刑法立法水平的显著提高，而其背后正是理论研究取得长足进展的真实写照。同时，立法水平的高度往往直接关系到刑法理论研究的发展水平，对刑法理论体系的发展具有积极意义。回顾新中国成立以来，以1957年反右派斗争严重扩大化和1976年结束"文化大革命"为历史边界，可以将刑法学发展进程划分为起步与草

我国刑法立法的基本成就与经验

153

创、萧条与停滞、复苏与繁荣三个阶段。而这种演变的规律背后，79 刑法典的制定与颁行，是我国刑法学研究得以复苏的标志；97 刑法典的颁行，使我国基本上实现刑法的统一性与完备性，是我国刑法学研究得以繁荣的前提。在此基础上，97 刑法典是我国刑事法学界的研究对象和立论根据。以刑法典为前提，我国刑法理论研究得以迅速发展和日益繁荣，取得非常丰硕的成果，并最终反哺刑法立法以及刑事司法。实际上，97 刑法典的颁行，正式开启刑法立法与司法实践的对接，这又客观上促使我国刑法学界步入理论更新与知识转型的变革时期。例如，犯罪构成体系的法定性、社会危害性理论的时代挑战与发展方向、但书条款的司法化难题及其完善、"立法定性＋立法定量"模式的科学性等理论探索，都与立法息息相关。这些面向未来与源于实践的立法讨论，使我国刑法理论站在更高的学术平台上，有助于深化和完善传统刑法理论体系。

### （五）奠定了中国刑法学走向世界的基础

党的十一届三中全会以来，我国对外交流不断繁荣，外向型刑法的研究取得喜人的成绩，刑法典成为对外交流的重要窗口。在积极推动外向型研究的过程中，97 刑法典扮演极其重要的角色，不仅是比较研究的基本样本，也是比较研究的受益对象。进言之，97 刑法典扮演基础的作用，是推动刑法文化对外交往的"名片"，是中国刑法学不断融入世界并且赢得尊重、取得话语权的前提，成为国际社会关注中国刑事法治走向科学化、民主化和现代化的有力支点，持续推动中国刑事法治走向现代化，促进与国际原则、司法标准以及人权、人道精神的协调互动。如果没有一部成熟的刑法典，则无法展开实质性的对外交流，国际社会也难以有效地通过这一最基础且最具含金量的通道来观察和了解我国刑事法治事业的进步。不容否认的是，97 刑法典已经受到国际刑法学界和外国一些刑法学家的高度重视和评论。随着中国国际地位的提升，中国刑法学事业正在走向世界，走向世界的中国刑法学事业也将更加繁荣，97 刑法典仍将发挥最基础的作用。

## 二、我国刑法立法发展的基本经验

刑法典的完善是一个不断发展的过程。党的十一届三中全会以来，基于社会情况和犯罪形势的发展变化，以及对我国刑事法治经验的不断总结和立法认识的深化，国家立法机关逐步探索并确立了刑法修正案的立法完善模式，持续对刑法典进行贴合实际需要的修改与完善，从而促进刑法的发展，促进刑事法治和社会进步。

### （一）始终坚持党领导立法完善

一个国家的政治属于上层建筑，立法作为法律体系的组成部分，往往深受政治因素的影响。任何立法，实际上往往都是各种政治力量博弈的结果，具有一定的从属性。我国刑法立法的发展历程表明，国家和社会政治直接决定刑法立法的走向。自中国共产党成立之日起，在领导新民主主义革命阶段、社会主义革命阶段和社会主义建设的早期阶段等，党通过制定各种政策引导刑法立法。

回顾我国刑法立法进程，1954 年 9 月，国家召开了第一届全国人民代表大会第一次会议，此次会议通过了新中国第一部宪法和 5 个组织法，这对我国刑法典的起草工作是一个强有力的推动。同年 10 月，在全国人大常委会办公厅法律室的主持下，正式启动了新中国刑法典的起草工作。1978 年 2 月 26 日至 3 月 5 日举行的第五届全国人民代表大会第一次会议显示了对法制工作的重视。1978 年 12 月召开的十一届三中全会是我党历史上一个伟大的转折点，开始了我国改革开放的伟大征程，全党把工作重点由"以阶级斗争为纲"转移到社会主义现代化建设上来。十一届三中全会的公报指出："为了保障人民民主，必须加强社会主义法制，使民主制度化、法律化，使这种制度和法律具有稳定性、连续性和极大的权威，做到有法可依，有法必依，执法必严，违法必究。"这是照耀我国法制建设迅速向前发展的一盏指路明灯，是对刑事法制工作建设具有根本性意义的转变，真正使刑法典起草工作峰回路转。

79 刑法典的创制过程，充分显示了党的领导对我国刑法立法的根本意义。97 刑法典的颁布，以及十个刑法修正案的顺利通过，也都是在党的领导下完成的。事实证明，党在刑法典的孕育诞生和发展完善过程所发挥的领导作用，对于社会主义刑事法治建设事业具有极重要意义，这是我国刑法立法的首要经验。

**（二）善用刑事政策指导立法修正**

刑法立法深受诸多客观因素的影响，社会政治与经济的发展状况，往往决定刑法立法的基本走向。刑事政策作为给社会政治与经济发展提供法定制度的途径，对刑法立法有着直接的指导意义。回顾党领导中国新民主主义革命、社会主义革命和建设的各个阶段，都通过制定各种政策引导刑法立法，并取得良好效应。79 刑法典第 1 条明确规定"惩办与宽大相结合的政策"是立法依据，堪称刑事政策指导刑法立法的良好开端。在 97 刑法典的制定过程中，也充分贯彻党和国家的各项政策，并通过刑事政策这一制度通道，将党和人民的意志法定化，确保刑法典的修正契合人民群众的需要。在 97 刑法典的修改进程中，充分有效地贯彻刑事政策始终是一个基本的发展方向。尤其从《刑法修正案（七）》起，充分贯彻落实宽严相济刑事政策已经成为重要的立法指导思想。《刑法修正案（八）》与《刑法修正案（九）》更进一步体现宽严相济基本刑事政策的立法指导意义。例如，《刑法修正案（八）》削减 13 个死刑罪名的意义非凡，表明国家决策机关在死刑问题的认识上向理性、冷静态度回归，是对宽严相济基本刑事政策的积极贯彻，体现出国家对公民生命权的充分尊重与敬畏。而且，回顾整个《刑法修正案（八）》对刑法总则、分则，特别是刑罚制度、量刑规则的调整修正，总体上都坚持宽严相济的刑事政策这一指导思想。在起草《刑法修正案（九）（草案）》时，中央精神和宽严相济的刑事政策是最重要的立法根据与指导精神；通过的《刑法修正案（九）》也充分践行宽严相济刑事政策，实现区别对待的政策效果与立法意图。这些都充分证明刑事政策与刑法立法之间的良性互动关系。

### （三）与时俱进引领立法进步

由于受当时历史条件和立法经验的限制，79 刑法典无论是在体系结构、规范内容上，还是在立法技术上都存在一些缺陷。从历史条件来看，那时还没有脱离计划经济体制，虽然提出了改革开放，但还没有从体制的转轨上正式提出有计划的商品经济和社会主义市场经济这样一些概念，所以，不可能在刑法典中反映出在社会主义市场经济体制建立当中可能出现的一些犯罪情况。从立法经验来看，尽管起草工作经历了 25 年，但是毕竟这部刑法典直到 1979 年 7 月 1 日才正式通过，还没有经过实践的检验，不能认为其立法经验是很丰富的。因此，尽管 79 年刑法典是一部好的刑法典，但是缺陷也不少。

97 刑法典进行了一次大面积的修订，其在内容与体系上已经相当完整，并为刑事法治体系的发展和完善奠定扎实的立法基础。同时，立法机关又根据国家发展的实际需要，通过刑法修正案的方式，对刑法典进行持续性的修改，从而使现行刑法典更趋于完备。从 79 刑法典到 97 刑法典，鲜明地展示我国刑法立法不断完善的品格。究其内因，是刑法立法深受诸多客观因素的影响。社会政治与经济的发展状况决定了刑法立法的走向。只有紧密围绕社会政治经济文化发展的趋势，刑法立法完善才富有生命力，才能真正发挥立法应有的积极作用。

97 刑法典作为一部经典之作，客观地映射了在党的领导下国家经济、社会诸方面的发展。易言之，社会进步与经济发展，实质上催生了这部完备的 97 刑法典。同时，97 刑法典颁行后，所处的国内外环境在不断变化，及时修正刑法典是完善我国刑事立法和司法实践的重要举措。

刑法立法完善是一个循序渐进的过程，97刑法典的修正工作正是在这一观念指导下进行的。（1）在形式上，97刑法典颁行后，鉴于实践的需要，刑法立法保持十分活跃的状态。自1998年起，全国人大常委会先后通过1个单行刑法、10个刑法修正案、13个有关刑法的解释。截至目前，大概修改了97刑法典中的111个条文，新增39个条文，删除1个条文，总共涉及151个条文。现有条文数量为490条，相比于97刑法典刚颁布时的452条，有近1/3的条文发生变动。这就确保了97刑法典始终保持时代的适宜性。（2）在内容上，刑法修正案都在条件允许的范围内，有效地回应现实需要。到目前为止，10次刑法修正都高度聚焦刑法分则的章节，直面犯罪的新问题、新情况，通过科学的立法，正确指导司法实践。正是由于10个刑法修正案都对我国不同发展阶段所面临的犯罪问题，作出了及时且有效的回应，才确保实现了刑法规范的充足供给，并被实践证明是切实可行的立法举措。

### （四）立法与理论、实践的协同发展格局

优良的法律只是法治的前提和基础，而完善有效的司法运作才是关键和重点。回顾我国刑法立法，整体显示出为刑法改革提供理论准备、紧密联系刑事司法实践的特点，使得注释刑法学与理论刑法学并存的格局逐步形成。79刑法典的创制，不仅解决了长期"无法典可依"的尴尬局面，也为刑事司法活动与理论研究

打开局面。97 刑法典的颁行，为刑事司法活动与理论研究提供了更丰富的素材。科学的立法应当将理论与实践连接在一起，形成一个具有功能性的整体。

对总则的修改，是我国近些年刑法修正的一个重要趋势。《刑法修正案（八）》首开先河，《刑法修正案（九）》则一以贯之。例如，《刑法修正案（九）》在法教义学的基础理论层面，涉及批判性的法益概念、以预防为中心的刑罚目的理论以及行为人刑法的观念；在法教义学的中层理论层面，涉及预备行为的实行化、帮助行为的正犯化、共同犯罪与监督过失理论。这种观察反映了立法与理论之间的真实互动关系。当前，立法机关启动并有序修改刑法总则规定，彰显我国刑法理论体系研究硕果累累，可以为总则的修改提供理论支撑；说明我国刑法立法技术取得巨大进步，可以从容地驾驭"牵一发而动全身"的重大事项。例如，《刑法修正案（九）》以保障公共安全、维护社会秩序为主要问题导向，以刑法功能的积极发挥为基本价值指引，一改既往的报应性为主导的基本立法理念，呈现出鲜明的预防性立法思维，引发犯罪圈的动态变化。

对于风险刑法观与预防性的刑法立法之间的互动性问题，一方面，我国正在步入风险社会，社会发展日新月异。刑事立法应当紧跟社会形势，积极参与社会治理，适度扩张刑法的介入能力和范围。刑法应更理性地把握犯罪化与非犯罪化的界限，以必要的犯罪化来促进刑法典的完善，适当增设危险犯是积极预防不被允许的危险的需要。另一方面，刑法应当坚持人权保障的基本理念，将必要的犯罪化作为今后立法的重要动向，旨在更好地保护自由和维持社会安定。风险刑法理论亦不例外，预防性立法仍应将自由作为基础价值，恪守人权保障与法治主义的基本原则。据此可见，这种颇具时代气息的立法观念及其举措，既得益于刑法理论的当代发展，也必将反哺我国刑法理论研究与实践。

# 我国刑法立法完善的宏观展望 *

党的十一届三中全会以来，刑法立法的发展与繁荣趋势不减，围绕刑法立法中的立法指导思想、立法体系、立法技术等基本问题进行了有益的研究。在新形势下，应以 97 刑法典为逻辑起点，持续推进我国刑法立法的进一步完善和发展。

## 一、坚持党领导立法的基本道路

在新形势下，刑法立法完善的首要前提是坚持党的领导，选择具有中国特色的立法完善道路，持续推动刑法典的繁荣与进步，提高立法的科学性。

### （一）党领导立法是根本保障

《中国共产党章程》（2017 年修订）在"总纲"中指出：中国

---

* 本文节选自《我国刑法立法的回顾与展望——纪念中国共产党十一届三中全会召开四十周年》，载《河北法学》2019 年第 5 期，有改动。

共产党是中国工人阶级的先锋队，同时是中国人民和中华民族的先锋队，是中国特色社会主义事业的领导核心，代表中国先进生产力的发展要求，代表中国先进文化的前进方向，代表中国最广大人民的根本利益。改革开放以来我们取得一切成绩和进步的根本原因，归结起来就是：开辟了中国特色社会主义道路，形成了中国特色社会主义理论体系，确立了中国特色社会主义制度，发展了中国特色社会主义文化。坚定道路自信、理论自信、制度自信、文化自信。中国共产党的领导是中国特色社会主义最本质的特征，是中国特色社会主义制度的最大优势。《宪法》（2018年修正）第1条规定："中华人民共和国是工人阶级领导的、以工农联盟为基础的人民民主专政的社会主义国家。社会主义制度是中华人民共和国的根本制度。中国共产党领导是中国特色社会主义最本质的特征。禁止任何组织或者个人破坏社会主义制度。"这为党领导下的依法治国、立法工作等明确了政治方向。

回顾我国刑法立法的发展历程，不难发现，79刑法典以及97刑法典的颁行，都与党在某一历史时期的大政方针密不可分。以刑法起草工作为例，至少表现了以下几点。一是刑事立法的总体方针是由党中央制定的。二是刑法起草工作是在党中央书记处和全国人大常委会组织领导下进行的。三是一些重要的刑法草案稿，如1957年6月28日的第22稿、1963年10月9日的第33稿、1979年5月12日的第37稿，都是报经党中央审议并原则通过的，前面两稿，毛泽东同志还亲自审阅过。以上说明，新中国的刑事立法工作完全是在党的领导下进行的。而且，党的政策思想在刑法立法中有全面的体现，如惩办与宽大相结合的刑事政策、宽严相济的刑事政策。此外，党在组织上、工作方法上对立法工作进行了领导。党的领导是立法工作取得成功的根本保证，是我国刑事立法不断发展、丰富与完善所必须坚持的基本原则。

刑事法治道路的模式选择关系到刑事法治进程的速度，甚至关系到刑事法治建设的成败。党领导刑法立法工作，要求坚持正确的政治方向，坚信中国特色社会主义法治道路的优越性，并立足国情开展立法工作，摸索和健全刑法立法发展与完善的路径，推动中国刑法的现代化进程。

### （二）党领导立法的基本支点

《中共中央关于全面推进依法治国若干重大问题的决定》（2014 年）指出："完善立法体制。加强党对立法工作的领导，完善党对立法工作中重大问题决策的程序"，"要把公正、公平、公开原则贯穿立法全过程，完善立法体制机制，坚持立改废释并举，增强法律法规的及时性、系统性、针对性、有效性"。这也是今后进一步修改 97 刑法典的基本准则，即应统合立法的民主性与科学性，以民主性为基础，健全立法科学化的具体措施。具体而言如下。

扎稳立法的民主性基础。坚持以人民为中心、发扬人民民主是推动刑法立法工作健康发展的基本力量。例如，自刑法起草准备到两部刑法典的出台，再到新刑法典的补充修改，历经半个多世纪。可以说，从刑法的起草到历次修改，立法机关都非常注意倾听来自方方面面的不同声音并给予尊重，从而较为充分地贯彻了我们党一贯倡导的民主立法原则。立法的民主性是确保立法科学性的政治基础，是刑法修正遵循科学性原则的重要前提。一方面，应健全社会各方有序参与立法的途径和方式。加强和健全立法机关与社会公众沟通机制，充分发挥人大代表、政协委员、民主党派、工商联、无党派人士、人民团体、社会组织在立法协商中的作用。另一方面，拓宽公民有序参与立法途径，健全法律法规草案公开征求意见和公众意见采纳情况反馈机制，广泛凝聚社会共识。例如，在制定《刑法修正案（八）》时，全国人大网收集社会公众意见7000多条；制定《刑法修正案（九）》时两次征求意见，累计收集意见达到16万多条。这确保刑法修正准确反映真实的民意，是真正的科学立法，进一步确保刑法修正对惩治和预防犯罪的针对性与有效性。

优化立法科学化的运行机制。应当加强人大对立法工作的组织协调，健全人大主导立法工作的体制机制。健全立法起草、评估、论证、协调、审议机制，推进立法精细化。完善立法项目的征集和论证制度，特别是健全法律起草征求人大代表意见制度，增加人大代表列席人大常委会会议人数，更多发挥人大代表参与起草和修改法律的作用。探索建立有关国家机关、社会团体、专家学者等对立法中涉及的重大调整予以论证咨询的机制，完善法律草案表决程序。

## 二、科学有序地修正和完善 97 刑法典

应当完善刑法修正案的立法模式，但当前全面修订 97 刑法典仍为时尚早。

### （一）修正案作为"新常态"模式及其改进

97 刑法典颁行后，刑法修正案逐渐成为刑法立法完善的基本方式。但应当看到刑法修正案模式的一些不足，并作出相应的改进。择要而言如下。

优化立法技术，提高立法修改的可操作性。历经了十次修正后，涉及的刑法条文数量很大，直接导致 97 刑法典的条文规定错综复杂，一定程度上打乱了刑法典的原有条文格局与体例。加之刑法修正案发布后的刑法典条文未能及时更新版式，导致刑法条文的表述缺乏体系性和适用不便。同时，刑法修正案通过后，罪名确定工作相对滞后，导致司法适用一时陷于被动。为了提高刑法典的体系结构合理性和司法适用的方便性，立法机关应及时克服刑法修正案与刑法典在体例编排等立法技术层面上的脱节现象，责成"两高"尽快公布确立的新罪名，便于公民学习与司法适用。

公布立法理由，辅助法律适用。关于刑法修正案，官方一般通过"（草案）说明"的方式，介绍立法机关的修改背景。然而，"说明"并非完整的立法动因，也非具体的立法理由，不足以使公民准确和全面理解立法原意，甚至徒增司法纷争。如果每个修

正条文后附加"立法（修法）旨意（说明）"，言简意赅或特别地阐释立法的背景、原因及条文的基本含义，无疑会极大地增强立法的科学性，促进公民对法条的准确把握和正确适用。因此，今后宜考虑增设"立法（修法）旨意（说明）"，通过明确立法的真实意图来促进法条的正确适用。

**（二）全面修订刑法典的时机尚未成熟**

随着刑法分则经历几次大幅度的修改和刑法总则的修改日渐增量，97 刑法典的面貌已经今非昔比。有观点开始认为，不应过度依赖刑法修正案这一立法完善模式，刑法典的全面修改应纳入议程范围并考虑适时启动。这种看法并非空穴来风。但从 79 刑法典到 97 刑法典的全面修法规律看，当前全面修订 97 刑法典并非"天时地利人和"之举。理由如下。

国家经济社会以及刑法基本理念与制度尚未发生重大变化。例如，从肯定类推到确认罪刑法定原则、从阶级斗争为纲到经济建设为中心，都是促使 97 刑法典颁行的重大变动因素。但是，党的十九大是在全面建成小康社会决胜阶段、中国特色社会主义发展关键时期召开的，在中国共产党的领导下，我国刑法理念或制度并不会在短时期内出现重大变化，因此，缺乏全面修订刑法典的迫切性。

97 刑法典仍能发挥举足轻重的实践作用。改革开放以来，我国经历了翻天覆地的变化，客观上导致 97 刑法典在一定程度上的滞后。为此，我国确立刑法修正案模式，持续修正完善刑法，很好地维持了 97 刑法典的生命力。当前，没有任何证据显示，

97 刑法典已经陈旧到了不堪适用的地步，或严重脱离刑法理论体系，因而也就不存在全面修订的现实必要性。

立法准备工作尚未启动。全面修订刑法典是一项系统工程，涉及方方面面，需要预先做好立法准备工作。目前，理论上并未真正讨论过全面修订问题，严格来说，理论准备也并不存在。同时，立法机关也并未将全面修订刑法列为近期立法工作的议程。据此，目前将刑法修正案作为 97 刑法典的修正方式，具有相当的合理性。当然，随着社会形势的发展和刑事政策的调整，全面修订刑法典也可能是未来某个时期必要的选择，但不可能是现在或近期内。一定要结合我国经济社会发展的实际情况，在条件成熟之际方可理性启动。

## 三、刑法立法完善与理论发展的律动

进一步完善 97 刑法典，不应苛求面面俱到，而要主次有别。对于已经很成熟的部分，适时微调更为合适；对于 97 刑法典侧重不足的一些板块，或者是新型领域，鉴于其规范供给不足的问题较为突出，应当重点关注。

### （一）理论发展与立法完善的协同

理论发展既要引领立法，又要适应立法；立法也要反映有益的理论研究成果，推动理论繁荣。这才是二者应有的内部关系。

宏观上而言，当前我国刑法学理论研究，应特别重视以下几个方面。一是在研究方向上，应当以习近平新时代中国特色社会主义思想为指导，着力研究宽严相济的基本刑事政策如何在中国法治建设中真正予以贯彻落实，注重开展对改革开放40年来刑法学成果的总结性研究，大力开拓对刑法学交叉学科的研究，进一步丰富刑法学研究的时代内涵与价值。二是在研究方法上，既应倡导定性研究和定量研究的有机结合，形成定性与定量并重的研究格局，又要重视思辨研究和实证研究的合理并用，加强理论与实践的良性互动；同时，还应当繁荣和优化比较研究，合理借鉴并用于推动我国刑法学的现代化建设。也应当根据研究的需要，合理借鉴引进其他社会科学和现代自然科学的某些研究方法，拓展研究视野，丰富研究内容。三是在研究重点上，应加强中国刑法的解释性研究、体系性研究、现代化研究和国际化研究。在新时代背景下，中国刑法学要坚持与时俱进的精神，勇于创新敢于担当，积极作为。在此基础上，刑法立法工作要紧密围绕理论发展的动态、需要以及目标等积极开展，推动刑法学理论的进步与繁荣。四是在研究立场上，刑法学研究应立足我国国情与现实情况，以国家的改革开放与经济发展、人民群众的需求为导向，要积极有效地回应刑事法治建设过程中的问题与挑战，形成有中国特色的方案，坚持不懈地推动我国刑法学研究接轨世界与走向世界。

理论研究是先导，立法完善可以固化理论研究成果。同时，前瞻性、开拓性的立法成果，可以反哺和倒逼理论研究的进步。在明确了我国刑法学研究的未来布局与主要工作后，刑法立法完善要齐头并进。对于97刑法典而言，更应当侧重刑法总则的立法工作，既可以与刑法分则的修订保持一致，也可以有效地指导刑法分则的修改，促进刑法典的体系结构趋于完善和健全。

### （二）高度重视网络犯罪、人工智能犯罪等前沿立法问题

随着互联网的迅猛发展，我国网络安全问题日益严峻。这一新形势、新情况对中国刑法学研究提出了新的要求和任务。客观地讲，网络犯罪与传统犯罪在内容和形式上存在一定的差异，这就注定了运用传统刑法理论及其立法规定应付网络犯罪具有一定的滞后性，甚至会出现不适的现象。目前，网络刑法学的理论基础、价值趋向、制度建构、措施设计、法律含义等都还处在空白状态，使得来势凶猛的网络犯罪与传统刑法体系及刑法典之间的"遭遇"可能趋于白热化。为此，我国刑法学研究应当前瞻性地着力梳理网络刑法的任务、基本原则、效力范围、刑法解释、追诉时效等基本问题，以网络犯罪构成的体系重构、要件的重新安排为立足点，打造焕然一新的网络刑法知识结构，以更好地治理网络犯罪。相应地，对97刑法典及时进行"网络化"修正不仅势在必行，也是使97刑法典保持时代生命力的重要增长点，应当成为刑法立法完善的重要内容。

与此同时，基于信息网络技术形成的人工智能，已处在下一个互联网时代的风口浪尖，对人类生产生活与交往方式产生颠覆性影响。具有超人类属性的人工智能隐藏不可估量的重大制度性风险，甚至直接危及人类的自身安全与主体地位。现行刑法制度的社会基础、存在意义、任务安排、功能设定等内容，可能正在经历一场裂变，逐渐取而代之的是"人工智能社会与刑法"。基

于当下处于并长期处于人工智能发展阶段，人工智能仍然属于工具和产品的范畴，人工智能的工具化也必然是犯罪工具智能化的一个契机，这使得犯罪形式更加多样，社会危害性更大，由此带来了许多犯罪智能化的演变。例如，人工智能产品的生产者、销售者应当履行保障产品安全的法定义务，生产、销售符合保障人身安全的国家标准、行业标准的人工智能产品，否则，造成严重后果的，可能触犯生产、销售不符合安全标准的生产罪；同时，人工智能产品的所有者、使用者应当严格遵守人工智能产品的安全操作、安全管理规范，未能有效履行合理的安全管理义务，造成严重后果的，相关责任人有可能承担相应的刑事责任。同样地，对于这些人工智能时代产生的新问题，刑法立法不能缺位，而应当及时应对。

# 新中国成立 70 周年之际实施特赦意义重大 *

　　2019 年 6 月 29 日，国家主席习近平签署主席特赦令，根据十三届全国人大常委会第十一次会议表决通过的特赦决定，对部分服刑罪犯予以特赦。这是继 2015 年我国实施特赦后又一次进行特赦，受到各方广泛关注和高度评价。

　　作为一项重要的刑事政策措施，特赦通常在国家节假日、纪念日或者政治形势发生变化时实施，特赦的时间点一般均选在国家重要纪念日或节假日。例如，韩国的光复节特赦、泰国为国王的庆生特赦、德国的圣诞节特赦等皆是如此。就我国来说，1959 年第 1 次特赦正是为庆祝新中国成立 10 周年而施行的。2015 年 8 月重启特赦制度，也是为了纪念中国人民抗日战争暨世界反法西斯战争胜利 70 周年。

　　2019 年适逢新中国成立 70 周年，也是"两个一百年"奋斗

---

* 本文原载于《光明日报》2019 年 6 月 30 日第 3 版。

目标进入历史交汇期的关键之年，是实现中华民族伟大复兴历史进程中的重要节点。值此重大节庆时刻，再次对部分服刑罪犯予以特赦，无疑是一项展示党的执政理念和执政能力、营造节日祥和喜庆氛围的重大政治决定和法治举措，不仅能够发挥特赦制度所固有的救济法律不足、平衡社会关系、调节利益冲突之刑事政策功能，也更能凸显一系列重大的时代价值。

本次依法特赦体现了全面依法治国理念，有利于形成依宪执政、依宪治国的良好社会氛围。2018 年十三届全国人大一次会议高票通过宪法修正案，实现了宪法修改的重大历史任务。在新中国成立 70 周年之际再行特赦，是修宪之后直接以宪法为依据的一次重大宪法实践活动，是实施宪法规范的最直接体现，有助于进一步彰显依宪治国、依宪执政之法治理念，树立宪法的权威，强化其根本法地位，增强宪法的生命力与活力，充分发挥宪法在国家政治、经济、社会生活中的指导作用，充分体现以习近平同志为核心的党中央治国理政新理念新思想新战略，推动社会主义法治国家建设不断迈向新水平。

本次依法特赦体现了依法治国和以德治国的有机结合，有利于展示法安天下、德润人心的仁政。特赦作为宪法性规范，具有重要的规范价值和法治功能。现代意义上的特赦是法治的产物，其以宪法和法律为圭臬，遵循法定的实体要求和程序规则，沿着法治的轨道运行。同时，特赦还具有内在的道德性和外在的感化性，可以发挥一定的德治功能。特赦蕴含着对于人的理解、对于人性的关怀，对被特赦者乃至其他在押服刑人员具有一定程度的教育感化功能。在新中国成立 70 周年之际实行特赦，是在依法治国基本方略指引下对慎刑恤囚、怜老恤幼、明刑弼教等德治传统的理性传承，既充分体现我国依法治国的基本方略，彰显法治的程序价值，也充分体现以德治国的仁政思想，必将成为我国又一次法治与德治有机结合的生动实践。

本次依法特赦体现了"国家尊重和保障人权"的宪法精神，有利于树立我国良好国际形象。加强对人权保障和犯罪嫌疑人、被告人乃至罪犯的人权司法保护，是我国宪法和刑法、刑事诉讼法的基本原则。随着刑事司法改革的深化，人权司法保护观念日益深入人心。"人权入宪"这一我国人权保护的重大进步，更是给人权之刑法保护奠定了坚实的基础。现代特赦制度具有救济司法误判、缓和刑罚严苛之功能，它的施行对于保护犯罪嫌疑人、被告人乃至罪犯之合法权益具有重要意义。在新中国成立 70 周年之际适时对部分服刑罪犯予以特赦，是我国人权司法保障的一次具体体现，生动展现了我国人权司法保障水平，有利于进一步树立我国开放、民主、法治、文明的国际形象，以事实化解和驳斥一些人对我国人权状况的误解与偏见。

本次依法特赦体现了宽严相济的刑事政策，有利于促进社会和谐稳定。宽严相济是我国的基本刑事政策，对于打击和预防犯罪、维护社会稳定具有重要作用。特赦作为一种刑罚赦免法律制度，体现的是宽严相济"宽"的一面。这次在新中国成立 70 周年之际实施特赦，正是贯彻宽严相济刑事政策的实际举措，体现了我国刑罚宽宥、人道的精神，有利于充分发挥特赦的感召效应，鼓励罪犯悔过自新，强化刑罚教育改造效果，也有助于改变普通民众对严刑峻法的过度依赖，破除"刑罚万能"观念，最大限度化消极因素为积极因素，促进社会和谐稳定。

本次依法特赦有助于推动特赦的制度化、法治化运作。特赦制度在我国历史悠久、源远流长，然而，一个时期以来，我国特赦制度长期沉寂，缺乏活性。继 2015 年特赦之后，在新中国成立 70 周年之际再次实行特赦，4 年之内的两次特赦实践，使特赦制度由法律层面落到实践层面，特赦的决定和实施都在实践中得到检验，有助于促进特赦的常态化运作，加快特赦的制度化建设，推动特赦的立法化进程，促进特赦实体要件与程序规则的规范化，必将对中国特色赦免制度法治化、规范化的不断完善起到积极的推动作用。

# 刑法基本原则的司法贯彻与个别偏离 *

刑法基本原则，是具有纲领性、全局性以及贯穿性的基本思想、理念等在立法层面的反映。依照刑法基本原则指导刑事司法实践，不仅是基本原则的内在旨趣使然，也是刑法典实现有序、协调适用的基本要求。回顾我国刑法三大基本原则的司法贯彻与个别偏离，对于完善刑法基本原则、指导司法实践具有重要意义。

## 一、罪刑法定原则的司法贯彻与个别偏离

罪刑法定原则的实践贯彻。从主流看，我国司法机关从多方面贯彻罪刑法定原则，主要表现如下。

其一，认真学习研究刑法修正案，强化明确性原则意识。我国先后通过了 10 个刑法修正案，对刑法典进行修正和完善，不

---

\* 本文节选自《刑法基本原则的司法实践与完善》，载《中国检察官》2019 年第 13 期，有改动。

断优化、升级并巩固明确性原则的覆盖面和更新度。这是罪刑法定原则提升司法化能力并指导司法实践最可持续的方式。

其二，坚持并完善犯罪构成体系的司法地位和功能。犯罪构成体系以及定罪量刑活动是罪刑法定原则指导司法实践的基本要素。在我国，四要件犯罪构成体系是历史发展与现实选择的产物，是被实践证明行之有效的理论体系与学说，也符合我国刑法的规定。坚持并完善四要件犯罪构成体系，是建设中国特色刑法理论体系的必然要求，也是刑事司法中更好地解决定罪量刑问题的必然要求。

其三，严格依法办案是罪刑法定原则指导司法实践的最朴素形式。在刑事司法环节，严格依法办案是贯彻和落实罪刑法定原则的最普遍形式。按照司法体制改革的精神，严格依法办案是重要的法治建设指标，也成为罪刑法定原则充分发挥司法指导作用的政治保证与制度基础。当然，严格依法定罪量刑需要程序法的衔接与配套。

其四，建立和发展刑事案例指导制度。从已经发布的刑事指导性案例看，对司法实践活动的作用，主要体现为司法规则的创制功能、条文含义的解释功能、法律规定的释疑功能、刑事政策的宣示功能、刑罚制度的示范功能等方面。由此可见，刑事案例指导制度是对刑法典条文规定的补充与发展，是对罪刑法定原则指导功能的"积极补充"，可以更好地满足实践中对"明确性原则"及时性、具体性或类型化的诉求，提高了罪刑法定原则的司法指导效果。

罪刑法定原则的个别偏离。目前，比较突出的表现如下。

其一，兜底条款与"口袋罪"的泛化迹象。《刑法》对"口袋罪"的立法分解，是实现罪刑法定原则的重要举措。然而，分解后的具体罪名，由于刑法规定了兜底条款，在司法实践中有时仍沦为"口袋罪"，并且随着犯罪态势的复杂而暴露出泛化适用的不良倾向。例如，《刑法》第225条规定的非法经营罪是备受质疑的"口袋罪"，该条第4项的兜底规定是突出表现。又如，《刑法》第293条规定的寻衅滋事罪也有"口袋罪"之嫌，对该条第1款第4项中的起哄闹事行为的理解，实践中存在扩大化的迹象。此外，《刑法》第114条、第115条规定的以危险方法危害公共安全罪也是一个"口袋罪"，因行为要件的开放性及缺乏必要的形式限定，适用频率不断提高，呈现不断扩张的趋势。

其二，法定犯时代刑事违法性的司法认定。当代社会中法定犯罪的数量骤增，法定犯有取代自然犯主导地位的趋势。由于公众的非理性情绪，对法定犯双重违法性的认定偏差等因素的作用，使法定犯的"刑事违法性"之认定成为违反罪刑法定原则的"重灾区"。譬如，王力军无许可证收购玉米改判无罪案，强调了办案机关在行政违法与刑事违法的区分上，应当坚持罪责的实质评价。

其三，空白罪状与"违反国家规定"的认定。空白罪状是因应非刑法立法的发展性而存在的，但对罪刑法定原则也是一种"消解性"体现，有弱化"明确性"的作用，使罪状的认定处于可能突破罪刑法定原则的边缘。以"违反国家规定"的理解为例。"违反国家规定"客观上对明确性原则有双重要求，既为"开放性表述"预留了适用空间，也要求严格解释以防止违法。立法总是相对滞后的，使解释"违反国家规定"成为不得已之举，是否符合罪刑法定原则存在争议。例如，《刑法》第338条规定的污染环境罪中，"违反国家规定"的含义不明确，直接影响了该罪设置的合理性与可操作性。

其四，扩张解释与类推解释的混同。扩张解释作为激活并充实刑法规定的常态做法，其与类推解释的界限一直都是实践中的难题。处理不当的结果就是滑向类推制度的老路子。

其五，从旧兼从轻原则的适用。贯彻从旧兼从轻原则是"大规模"司法适用现象，司法解释的溯及力问题便是焦点。按照从旧兼从轻原则，即使导致量刑畸轻，也不得以不符合罪刑相适应原则为由，采取更重的规定。例如，《刑法修正案（九）》针对贪污罪受贿罪增设了终身监禁制度，与总则中的死缓变更规定之间，引发了从旧兼从轻原则的理解与适用问题。根据现行《刑法》第12条的规定，对《刑法修正案（九）》生效之前的贪污罪，受贿罪应判死缓的，不应当适用终身监禁的规定。如果依据修订前《刑法》第383条第1款第1项的规定，应当判处死刑立即执行，而修正后的《刑法》第383条第4款即判处死缓，附随终身监禁，不得减刑、假释，更符合犯罪人情况的，当然也可以使终身监禁新规具有溯及力，这也符合从旧兼从轻原则。不过实践中偏离从旧兼从轻原则的个别现象也是存在的。

## 二、适用刑法人人平等原则的司法贯彻与个别偏离

适用刑法人人平等原则的司法贯彻。从司法实践看，在适用刑法人人平等原则的指导下，司法机关一直努力根据刑法典的规定依法办案，在实质平等与区别对待之间谋求最佳的结合点。主要表现如下。

其一，特殊主体的区别对待。择要而言，一是未成年人。对未成年人的限制处罚，是基于其刑事责任能力相对不足的考虑。与成年人的差别化待遇，才是真正的平等适用。二是老年人。按照《刑法修正案（八）》的规定，对审判时已满75周岁的老年人，采取基本上不适用死刑的立场；在缓刑适用上，也予以特殊照顾。三是孕妇。按照《刑法》第49条的规定，审判的时候怀孕的妇女，不适用死刑。四是军人。按照《刑法》第449条的规定，对符合一定条件的犯罪军人，规定了"战时缓刑"制度，等等。五是国家（机关）工作人员。对国家（机关）工作人员实施的一些犯罪，往往予以从重处理。

其二，共同犯罪人及其刑事责任分担的区别对待。区分共同犯罪人的类型及其刑事责任边界，是共同犯罪定罪处罚的重要难题，也是贯彻适用刑法人人平等原则的重要内容。但是，胁从犯的立法意义有所递减，适用范围明显不足；正犯、主犯与从犯的区别在网络犯罪领域较难掌握。这些都说明在共同犯罪中，进一

步优化平等适用确有现实必要。

其三，民生的刑法保护。在党和国家的领导下，以人民为中心思想成为新的行动纲领。当代刑法作为社会治理的重要手段，肩负保障社会和谐、保障民生、保护弱势群体利益等新任务，刑法机能重点关注民生并强调保障民生、改善民生。这使法律制度处于新的挑战下，"民生刑法"现象正是这一时代发展的必然要求。在此语境下，民生刑法反映了当代刑法侧重保护民生内容的专属性与特定安排，彰显适用刑法的区别对待基本精神，在特定历史背景下更接近实质正义。

适用刑法人人平等原则的个别偏离。当前，比较突出的表现如下。

其一，单位与自然人犯相同罪的处罚均衡问题。在经济犯罪领域，当单位与自然人实施相同的犯罪，对单位犯罪按照双罚制论处的，直接负责的主管人员和其他直接责任人员被判处的刑罚，往往明显低于自然人的犯罪刑罚，这是有失公允的做法。这种明显"不对等"的做法，可能造成放纵单位犯罪直接责任人员的风险。认识偏差是症结所在。"人人平等"不能局限于自然人，而应当理解为刑法主体，应包括单位。

其二，非公有制经济的平等保护问题。非公有制经济的刑法保护不足，在经济发展与全面深化改革的背景下越发凸显。司法实践中，要明确政策与法律的边界，澄清司法机关介入的底线，更要强调"平等保护"的底线要求。

## 三、罪责刑相适应原则的司法贯彻与个别偏离

罪责刑相适应原则的司法贯彻。罪责刑相适应原则的司法贯彻，集中表现如下。

其一，报应性司法模式、恢复性司法模式以及预防性司法模式的交替发展。近现代刑法体系在实践层面的运行，可以概括为报应性司法模式，罪行是前提，追究刑事责任是基本活动，刑罚的报应是目的。这与罪责刑相适应原则是契合的，反映了最朴素的刑法正义观。随着域外恢复性司法理念的传播，我国也逐步探索刑事和解制度，《刑事诉讼法》（2018 年）正式确立了认罪认罚从宽制度，逐渐孕育了恢复性司法模式。在恢复性司法模式中，虽然定罪、归责、量刑等核心要素均有所"柔化"或"缩减"，但仍未从根本上动摇罪责刑相适应原则及其所推崇的正义、公正价值。在风险社会背景下，网络犯罪、人工智能犯罪等新因素增量，预防性刑法观呈发展趋势，刑罚的积极一般预防功能得到重视，但仍然是对罪责刑相适应原则的进一步发展。

其二，人身危险性、行为人刑法、预防性刑法这些概念范畴的有益摄取。当前，立足人身危险性而展开的有关行为人刑法的讨论则更进一步，并在立法中有所体现，譬如《刑法修正案（九）》将一些预备行为予以实行行为化。在此大背景下，关于预防性刑法的倡导与实践也被理论界不少人所认同。这些新情况的出现，不仅为罪责刑相适应原则增加了新元素，也为其司法贯彻与指导

意义的发挥提供了新的舞台。

其三，定罪与量刑的诉讼程序分离。《刑事诉讼法》（2012 年修订）明确规定了独立的量刑程序，倒逼实体法与程序法更理性地区分定罪与量刑及其功能配置关系。量刑地位的提高，不仅提升刑罚作为末端范畴的反思性、批判性能力，也迫使罪责刑关系的流程趋于"双向反馈与多项交互"。

其四，量刑规范化改革。罪责刑相适应原则在终端的落脚点是量刑结果与罪责一致。量刑活动应当遵循规范化的基本原则，努力实现相对的"同案同判、类案类判"。

罪责刑相适应原则的个别偏离。在罪责刑相适应原则的司法贯彻中，也存在个别较为突出的问题。

其一，罪刑关系实践的内在协调不足。犯罪概念与刑罚概念之间缺乏直接有力的作用通道，到底谁决定谁、谁制约谁，并不十分明确。定罪与量刑之间也仿佛缺乏衔接的机制。

其二，刑事责任的司法化不足。在罪责刑三个基本范畴中，刑事责任范畴的研究与实践是相对薄弱的环节。应肯定刑事责任范畴与罪责关系命题的理论意义与现实价值，兼顾静态研究与动态研究并强化动态研究，特别重视刑事责任动态归责体系的理论建构，及时关注恢复性刑事责任观念与预防性刑事责任观念的新近变化，充实刑事责任范畴的实体内涵，延续刑法理论的生命力。同时，从责刑关系的角度看，刑事责任对刑罚适用的指引功能虽是理论共识，但具体实现机制相对模糊。

其三，刑罚结构与刑罚体系的终端供给乏力。犯罪范畴的地位凸显，而刑事责任范畴的司法化相对不足，共同使刑罚范畴的地位与内容处于相对"示弱"状态；同时，刑罚范畴主要是被动服务于前端范畴，对刑罚裁量等本端、刑罚执行等后端缺乏足够的关注。这导致犯罪与刑事责任等前端范畴的变化，与刑罚执行等后端的新情况并不一致；而刑罚结构、刑罚体系以及刑种等末端要素的"滞后不前"，引发刑罚范畴的制度供给能力不足。

# "并行"环境刑事政策的立法贯彻与司法贯彻[*]

在当前生态文明观的影响下，我们已经深刻地认识到，社会经济发展与生态环境保护并不冲突，而是相互促进、共同发展的，对生态环境的保护实质上意味着社会经济的长远发展。因此，我们需要树立环境犯罪的"并行"刑事政策。"并行"的字面意思为同时前进、相辅相成、互相促进，具体指社会经济发展与生态环境保护要并行不悖，互相促进，和谐发展。宽严相济刑事政策的核心就是区别对待，即做到该严则严，当宽则宽，宽严适度，效果良好。环境犯罪"并行"刑事政策是对宽严相济刑事政策的贯彻与落实，体现了辩证精神。为此，需要结合我国当前生态文明的环境政策，科学把握环境犯罪的惩罚限度。

---

[*] 本文节选自《论我国环境犯罪刑事政策》，载《中国地质大学学报（社会科学版）》2019年第5期，有改动。

# 一、"并行"环境刑事政策的立法贯彻

在基本刑事政策以及环境犯罪"并行"刑事政策的指引下，我们需要通过立法贯彻落实宽严相济的精神，将"宽"与"严"相结合，兼顾社会经济发展与环境保护。在立法方面，"严"主要体现在认清当前环境刑法缺失与介入滞后的现状，扩大环境犯罪圈，实现刑法提前介入，及时消除危险因素。"宽"主要体现在减轻对刑罚的依赖与自由刑负担，采取多元化的处罚方式，着重于弥补对大自然造成的损害。

## （一）扩大环境犯罪圈

美国法哲学家博登海默指出：在一个变幻不定的世界中，如果把法律仅仅视为一种永恒的工具，那么它就不可能有效地发挥作用，我们必须在运动与静止、保守与创新、僵化与变化无常这些彼此矛盾的力量之间谋求某种和谐。作为使松散的社会结构紧紧凝聚在一起的黏合物，法律必须巧妙地将过去与现在勾连起来，同时又不能忽视未来的迫切要求。当前，工业社会经由其本身系统制造的危险而身不由己地突变为风险社会。环境污染和生态破坏是风险社会的典型体现，为了回应日益严重的生态环境破坏问题，刑法作为保护环境的手段已是无法避免的选项之一。

我国刑法虽然在很大程度上扩展了环境犯罪圈，但与其他国家的环境刑事立法相比，我国环境犯罪圈仍较窄，对于一些亟待保护的自然资源缺乏有力保护。生态系统具有整体性、多样性、层次性与开放性，对生态系统的保护要尽可能全面、系统，防止因对某一类环境的保护不力而影响到生态保护的整体效果。当前，刑法对生态资源破坏行为打击面过小，只对破坏水产资源、野生动植物资源、农地资源、矿产资源、森林资源的行为进行规制，而对破坏草原资源、湿地资源等的行为缺乏规制。

草原是大自然的重要组成部分，对于防治水土流失、土地沙化作用巨大，但草原已经遭受了较为严重的破坏，加剧了水土流失和土地沙化，危害到了生态平衡，甚至危及人们的生命与健康权益。虽然我国现行《草原法》规定了草原行政主管部门和其他有关国家机关工作人员的刑事责任，但对上述人员之外的其他人破坏草原的行为无法追究刑事责任。为此，我们建议应增设"破坏草原罪"，对两类行为予以禁止。其一，对非法开垦草原，或者在荒漠、半荒漠化和严重退化、沙化、盐碱化、石漠化、水土流失的草原，以及生态脆弱区的草原上采挖植物或者从事破坏草原植被的行为予以禁止；其二，对未经批准或者未按照规定的时间、区域和采挖方式，在草原上进行采土、采砂、采石等活动，严重危害草原生态安全的行为予以禁止。

对于破坏湿地的行为，同样需要刑法规制。湿地与森林、海洋并称全球三大生态系统。近几十年来，由于人口增加，人地矛盾日益尖锐，加上人们对湿地功能缺乏了解，使得人们保护湿地的意识淡薄，在短期利益的驱动下，违背自然规律进行不合理使用，导致湿地大面积缩小和功能退化。几十年来，全国围垦湖泊面积达 130 万公顷以上，丧失湖泊调蓄容积约 350 亿立方米，因围垦而消失的天然湖泊近1000个，造成了巨大的生态灾难。因此，有必要将非法开垦、围垦和随意侵占湿地等行为纳入犯罪圈。

### （二）刑法介入早期化

古典刑法理论以结果犯为基础，强调只有在行为人对他人权利造成实际侵害时，刑罚权才应介入。随着风险社会的来临，国家的任务被认为主要不是在侵害实际发生时进行制裁，而是在危险初露端倪时就能发现，并通过预防措施加以遏制或去除，事后的制裁反而成为预防无效时才会动用的补充手段。环境污染与生态破坏是风险的主要来源，已经切实威胁到了不特定的多数人，该类风险所导致的后果具有隐蔽性，一般很难被估测和认定，如化学污染、辐射污染、转基因等。而且，一旦风险变成了现实，后果将是无法弥补的。环境犯罪的特殊性放大了以结果为中心的归责体系的无力感，加剧了人们的焦虑与不安。为了消除民众的不安感，遏制环境污染与生态破坏势头，刑法必须提前介入，将风险发生的可能性降至最低。危险犯在环境刑法中的适用已有诸多先例，如日本《关于处罚与人体健康有关的公害犯罪的法律》第2条规定：凡伴随工厂或事业单位的企事业活动而排放有损于人体健康的废物，给公众的生活或者身体带来危险者，应处3年以下有期徒刑或300万日元以下的罚金。《德国刑法典》第326条（未经许可的垃圾处理）、第328条（未经许可的放射性物质及其他危险物品的交易）、第329条（侵害保护区）等都是对危险犯的规定。

综观我国现行环境刑法，大多是"重大损失""后果严重""数量较大"等结果标准。虽然《刑法修正案（八）》对《刑法》第338条所规定的重大环境污染事故罪作了修改，将"造成重大环境污染事故，致使公私财产遭受严重损失或者人身伤亡的严重后果"修改为"严重污染环境"，看似转变成了危险犯，但仔细考虑就会发现，这仍然是结果犯的处罚模式。原因如下。首先，本罪仍是过失犯罪，过失犯罪只有在造成一定危害后果的时候才能成立，过失危险犯理论在我国尚未有立法先例。其次，"严重污染环境"的表述与之前的"致使公私财产遭受严重损失或者人身伤亡的严重后果"无本质区别，只是表述方式不同。《关于办理环境污染刑事案件适用法律若干问题的解释》第1条详细列举了应认定为"严重污染环境"的情形，从表述中可以看出，污染环境罪的处罚模式仍为结果犯，如"致使三十人以上中毒""致使公私财产损失三十万元以上"等。有学者认为，环境犯罪重在预防，若刑事立法只注意惩罚造成实害结果的犯罪，忽略了对环境造成严重危险状态行为的处罚，不利于对环境的保护，因此将危险犯（包括故意危险犯和过失危险犯）引入刑法领域是极其必要的。笔者认为，若仅仅因为必要性而将过失危险犯盲目引入，则破坏了完整自洽的刑法理论体系，我们完全可以通过完善立法的方式解决问题。

基于环境犯罪的严峻形势，有必要将环境领域的刑法介入提前，具体危险犯或许是一种兼顾刑法明确性与惩罚性的良好选择。通过将危险状态作为构成要件要素而规定于刑法条款中，法官就具体之案情逐一审酌判断，而认定构成要件所保护之法益果真存在具体危险时，始成立犯罪之危险犯。具体而言，建议通过修法将污染环境罪转变为具体危险犯，可规定：只要违反国家相关规定，向土地、大气、水体排放、倾倒或者处置有放射性的废物、含传染病病原体的废物、有毒物质或者其他有害物质，对生态环境形成具体的危险时，即构成犯罪，若实际造成了危害后果，则加重处罚。对于如何认定"具体的危险"，可由最高司法机关通过司法解释的形式予以明确，避免刑法处罚范围的过度扩张。

### （三）处罚措施多元化

目前，我国《刑法》对环境犯罪的刑罚措施与对其他类型犯罪的刑罚措施相同，即对自然人犯罪主要适用自由刑与财产刑，对单位犯罪实行双罚制，这些刑罚措施虽然对惩治、预防环境犯罪起到了相当大的作用，但以自由刑为主的刑罚措施较为严厉，更多地体现了刑法的惩罚功能，而对于救济权利和恢复、弥补被损害的法益则明显不足。对于环境犯罪后果，只能由国家花费巨额资金去恢复生态环境，给国家带来了沉重的负担。

从环境犯罪治理的角度来看，刑罚辅助措施可以很好地弥补现有刑罚措施的不足。刑罚辅助措施是指审判机关根据案件的不同情况，对于犯罪分子直接适用或建议有关主管部门适用的刑罚以外的其他处理方法的总称。美国法学家布莱克认为，法律的社会控制一般有刑罚控制、赔偿控制、治疗控制和和解控制等形式。在其他因素不变的情况下，如果一种社会控制以不同方式同其他控制方式结合，往往会提高整体的控制成效。环境犯罪虽多为轻罪，但造成的危害后果较大，刑罚辅助措施通过多种措施的综合运用，既减轻了刑罚的严厉性，又能够恢复被破坏的生态环境，满足处罚个别化的要求。刑罚辅助措施通常包括责令恢复原状、限期治理等处理方法，如法国《环境刑法》第514.49条第2款规定，在由于从事以上第（4）项、第（6）项和第（8）项指出的违法行为被判刑的情况下，法庭可以下令将未被依法处理的废弃物损害的现场复原，并规定逾期罚款。我国也有适用非刑罚措施的尝试，2002年，湖南省临武县法院对滥伐林木的犯罪人王双英判处有期徒刑3年，缓刑4年，在缓刑期内要植树3024株，成活率要在95%以上，取得了良好的效果。

由于环境犯罪大多为贪利型犯罪，犯罪人主要是为了追求经济利益，所以应当对环境犯罪大量适用罚金刑。但是，我国当前的罚金刑数额没有固定标准，且普遍偏低，缺乏威慑力，企业往往会为了谋取更大的经济利益而付出较小的罚金代价，致使罚金刑在环境犯罪治理方面的作用相当有限。与罚金刑相比，资格刑的运用如限制生产经营活动、限期整治、吊销营业执照、责令关停、解散法人组织等，使犯罪人暂时或永久性地失去实施犯罪的能力，有利于从根本上惩治和预防环境犯罪。因此，一些国家在刑法典中为环境犯罪设置了资格刑。如根据《俄罗斯联邦刑法典》第9编第26章规定，绝大多数生态犯罪都有关于5年以下或3年以下剥夺被判刑人担任一定职务或从事某种活动权利的刑罚规定。《越南刑法典》分则第17章破坏环境罪中的所有犯罪都规定可以判处"在1年至5年内禁止担任一定职务、从事一定的行业或者工作"的刑罚。为了克服罚金刑模糊不定及没收财产刑过于严厉的弊端，发挥刑法预防作用，在我国现阶段有必要充分运用职业禁止手段，禁止企业或个人从事特定职业，从长远来看，更多种类资格刑的创制是根本途径。

## 二、"并行"环境刑事政策的司法贯彻

在司法过程中，以刑事政策为指导可以有效避免因司法人员个人价值标准和个人好恶不同而导致的同案异判现象。虽然刑事政策是稳定、确定与统一的，但仍会结合具体情形灵活适用。正如黑格尔所言：法律绝非一成不变，依据时代习俗、国家制度性质、当前利益的考虑和应予矫正的弊风会有变动和起伏。正如天空和海面因风浪而起变化一样，法律也因情况和时运而变化。"并行"的刑事政策为环境犯罪司法树立了标杆，要求在环境犯罪司法层面兼顾社会经济发展与生态环境保护，实现"宽"与"严"的有机结合。当前需要着力解决的问题是，一方面应当通过探索环境刑事公益诉讼机制，严密环境犯罪的刑事法网，另一方面应当杜绝严格责任，坚持主客观相统一的犯罪构成理论。

### （一）探索环境刑事公益诉讼机制

生态环境具有公共性，无法被个体化或私有化，属于全人类的财富。因此，生态环境利益又可称为环境公益。由于人都有向外扩展自己生存空间与攫取更多资源的天性，公共利益在无人照看的状态下，很容易成为众人侵害的对象。当下，环境公益因国家管理活动存在漏洞而处于保护真空状态，导致环境危机逐渐升

级，故需要得到更多的法律关注。传统法学理论认为，权利主体是个体，法律权利都是个体的权利，整体性的生态环境系统孕育的是整体性的环境公益，无法私有化的整体性环境公益决定了环境公益享有主体无法被个体化，也决定了环境公益无法通过传统个体权利形态获得保障。而且大部分环境犯罪案件最初是环境违法案件，只有具备重大社会危害性的环境违法案件才会被环保等部门移送给司法机关，但事实上环保部门向司法机关移送的刑事案件较少。

私人实施法律理论认为，在现代社会，政府被立法赋予越来越多的环保职责，而政府存在人力、财力的不足，相对短缺和滞后的政府管理资源不能完全满足实施法律的需求，不可避免地产生一些管理盲点。在这种情况下，公民可以自主地、积极地参与到国家管理事务中，维护自身及公众的利益。根据该理论，我们可以通过放宽对环境刑事诉讼主体的限制，允许一些公民团体或非政府组织参与到环境犯罪刑事诉讼中。美国对该理论的贯彻较为彻底，其《清洁空气法》首创"公民诉讼条款"，允许任何公民提起有关空气污染的诉讼。英国的《污染控制法》也出现了"对于公害，任何人均可起诉"的规定。法国则允许环保团体提起环境公益诉讼。

我国在这方面作出了较大努力，国务院 2005 年发布的《关于落实科学发展观加强环境保护的决定》指出：发挥社会团体的作用，鼓励检举和揭发各种环境违法行为，推动环境公益诉讼。2009 年，中华环保联合会与江阴市民朱正茂作为共同原告，向无锡中院起诉江阴港集装箱有限公司环境污染侵权，在案件审理过程中，被告及时采取了一些污染防治措施，后经法院主持，原被告双方以调解结案。该案件虽然为民事侵权案件，但作为我国环境公益诉讼第一案，在社会上产生了巨大影响，也让我们看到了非政府组织在环境刑事公益诉讼中的巨大潜力。环保部门和检察机关可以联手作为环境刑事公益诉讼的原告，环保部门技术性强、经验丰富，较为了解环境犯罪案件情况，检察机关则在法律适用方面优势巨大。环保部门调查取证后，可以由检察机关对案件定性分析，若涉嫌环境犯罪，则行使公诉职能出庭支持。

### （二）杜绝严格责任的适用

严格责任犯罪源自英美国家，指某些对于特定行为的一个或多个行动要件不要求故意、轻率，甚至疏忽的犯罪，或者被称为"绝对禁止之罪"。支持者认为，如果法律禁止实施某些行为，将其仅仅限于基于邪恶预谋而实施的行为就是不合逻辑的。至少就一个行动的实际后果而言，无论它是邪恶预谋的结果，还是疏忽的结果或纯粹的意外事件，禁止其发生的理由都是同样的。之所以要承认严格责任犯罪，主要是为了节约司法资源，防止环境犯罪等侵害公众重大利益的犯罪逃避处罚，督促自然人与法人恪尽职守，尽到注意义务，避免危害结果发生。我国有学者认为，严格责任有利于实现一般预防与特殊预防，有利于实现诉讼过程的公平合理，有利于节约司法资源，实现惩治公害犯罪的及时高效，建议在我国公害犯罪认定中引入严格责任。笔者认为，严格责任不可贸然引入我国环境犯罪认定中，司法实践中不能忽视对行为人主观罪过的查证。

英美严格责任多针对轻罪，在我国适用严格责任可能会混淆民事责任与刑事责任的界限。英美国家犯罪只有定性因素，行为只要违法，无论程度如何均可能构成犯罪，刑法涵盖面较广。美国的《模范刑法典》虽然规定了严格责任，但将严格责任犯罪限于处罚金刑的犯罪。从实质上讲，适用严格责任的犯罪只是一种违法行为，这也是英美国家民众能够接受无过错严格责任的原因之一。在我国，犯罪是严重危害社会的行为，民众对犯罪人的谴责力度很高，大部分环境违法行为由环保相关部门处理，并没有进入刑事程序。一个由来已久的强烈共识是，轻微的环境违法行为应当以行政和民事的程序进行管制。在刑法是环境保护特殊政策措施的观念下，对环境破坏行为进行刑事化应采取审慎和辨识的态度。若不考虑主观罪过，将违法且造成一定环境损害后果的行为认定为犯罪，将严重侵蚀环保部门的执法空间，模糊民事违法与犯罪的界限，浪费司法资源，有损于我国的整体环境保护机制。

适用严格责任会严重限制公民自由，阻碍社会进步，危害社会稳定。严格责任赋予了行为人较高的注意义务，但在犯罪认定时却不考虑行为人的主观罪过，或者使行为人承担苛刻的证明义务，行为人即使事先按照相关规定对污染物作了处理，但只要出现了危害结果，仍要承担刑事责任。这导致人们根本无法预测自己的行为后果，不能正常安排自己的生产活动，进而变得畏首畏尾。如今，工业社会经由其本身系统制造的危险而身不由己地突变为风险社会，工业的发展创造了众多的危险源，导致技术性风险日益扩散。但工业驱动的经济社会发展不可阻挡，若采取严格责任，将影响广大企业法人的生产积极性，有碍经济社会正常发展。同时，这种以牺牲经济社会发展为代价的环保方式也明显违背了环境犯罪的"并行"刑事政策。所以，在环境犯罪的司法实务中，为了有效贯彻"并行"刑事政策，必须杜绝严格责任。

严格责任违反主客观相统一的刑事归责原则。英国盎格鲁-撒克逊时代的法律，不考虑被告人的内心，只要证明被告人的行为造成了客观损害后果，就处以刑罚。经过艰难漫长的过程，"无犯意即无犯人"的责任主义原则才确立下来。我国刑法理论坚持主客观相统一的刑事归责原则，既反对主观归罪，也反对客观归罪，"无犯意即无犯人"的责任主义原则作为反对客观归罪的利器，也被我国刑法理论所承认。根据责任主义原则，人应当受到尊重，其本身即为目的，不能将人当作实现目的的手段。将缺乏犯意的行为认定为犯罪的目的实际上是将人作为手段，防止此类犯罪再度发生，缺乏犯意的行为并非行为人主观意志的体现，这事实上否定了人的自由意志，也起不到刑法应有的威慑作用。然而，人的意志与责任密不可分，没有意志就没有责任，当人的意志能够选择为或不为某种行为时，意志的作用便是使人的行为受到称赞或责难的唯一因素。为了有效预防环境犯罪，增强人们对环境刑法的忠诚感，在环境犯罪的认定中必须坚持主客观相统一原则，杜绝严格责任。

总之，英美国家的严格责任既是结果责任的残余，也因应了当前的风险社会，旨在减轻证明负担以保护不特定公众的利益，但其显著缺陷在于反映了绝对的生态中心主义，有客观归罪和侵犯人权之虞，不符合我国环境犯罪刑事政策的平衡精神，故不可取。

# 新中国刑法立法的变迁 *

　　1949 年 10 月 1 日，中华人民共和国宣告成立。新中国成立之初，国家根据革命和建设的需要，制定了一系列单行刑法，如 1950 年公布的《关于严禁鸦片烟毒的通令》，1951 年公布的《妨害国家货币治罪暂行条例》《惩治反革命条例》《保守国家机密暂行条例》，1952 年公布的《惩治贪污条例》，等等。这些单行刑法在同反革命和贪污、贩运毒品、伪造国家货币、泄露国家机密等犯罪作斗争中起了重要的作用。在颁布实施单行刑法的同时，我国也开始了刑法典的起草工作。

　　刑法典最初的起草准备工作，是由当时的中央人民政府法制委员会来进行的。自 1950 年至 1954 年 9 月，中央人民政府法制委员会写出两个稿本。一是 1950 年 7 月 25 日的《中华人民共和国刑法大纲草案》( 共 12 章 157 条，其中总则 33 条，分则 124 条 )，

---

* 本文节选自《新中国刑法立法的变迁与完善》，载《人民检察》2019 年第 21 期，有改动。

二是 1954 年 9 月 30 日的《中华人民共和国刑法指导原则草案（初稿）》（除序言外，共 3 章 76 条，其中第一章犯罪 7 条，第二章刑罚 19 条，第三章几类犯罪量刑的规定 50 条）。这两个稿本没有拿出来征求意见，也未进入立法程序。实际上，刑法典的正式起草工作，应是在 1954 年宪法颁行之后，由全国人大常委会办公厅法律室于 1954 年 10 月组织起草班子开始的。这个班子于 1957 年 6 月 28 日写出第 22 稿，于 1963 年 10 月 9 日写出第 33 稿，随后因政治运动的冲击而未能公布。

1978 年 10 月，国家组成刑法草案修订班子，对第 33 稿进行修订，先后写出两个稿本。其间，中共中央召开具有重大历史意义的十一届三中全会，指出要发扬人民民主，加强社会主义法制，做到有法可依、有法必依、执法必严、违法必究。十一届三中全会的精神，有力地推动了刑法典的起草工作。1979 年 2 月，全国人大常委会成立法制委员会，接手主持刑法典的起草工作，继续写了三个稿本，其中第三个稿本即第 38 稿，作为《中华人民共和国刑法（草案）》提交第五届全国人民代表大会第二次会议进行审议，最后于 1979 年 7 月 1 日会议上获得一致通过，同年 7 月 6 日正式公布，1980 年 1 月 1 日起施行。至此，我国第一部系统的刑法典正式诞生。第一部刑事诉讼法典也于同日诞生。这标志着我国刑事法制步入了一个新阶段。

1979 年刑法典的颁布实施有着重大意义。其一，它使新中国刑法规范第一次得以体系化，换句话说，它奠定了我国刑法体系的基础。其二，它使我国刑事司法办案工作有法可依。过去办案主要依靠政策，只有少量犯罪可以找到法律依据，此后就不同了，基本上能做到罪刑法定。办理每个刑事案件都有罪刑规范可依。其三，它颁行之后的刑事司法文书（包括起诉意见书、起诉书、判决书、裁定书等）都要引用法律条文，不引用法律条文的刑事司法文书一去不复返了。其四，它带动了我国刑法学教学研究从停滞状态走向复苏乃至逐步繁荣。刑法典的颁布实施，无论对注释刑法学、比较刑法学还是沿革刑法学等，都提供了丰富的思想源泉和现实的规范依据。

1979 年刑法典从整体上说是一部保护社会主义现代化建设的好法，但由于受当时历史条件和立法经验的限制，在体系结构、规范内容和立法技术上难免存在一些缺陷。1981 年至 1996 年，国家最高立法机关先后通过了 25 个单行刑法（如全国人大常委会发布的《中华人民共和国惩治军人违反职责罪暂行条例》，全国人大常委会发布的《关于惩治走私罪的补充规定》《关于惩治贪污罪贿赂罪的补充规定》《关于惩治生产、销售伪劣商品犯罪的决定》《关于惩治违反公司法的犯罪的决定》《关于惩治破坏金融秩序犯罪的决定》，等等），并在 107 个非刑事法律（如海洋环境保护法、兵役法、邮政法、森林法、铁路法等）中设置了附属刑法规范，对 1979 年刑法典实质上作出了一系列的补充和修改，丰富和发展了刑法立法，对刑事司法实践起了一定的指导和规范作用。

但是，由于在刑法典之外，存在如此众多的单行刑法和附属刑法，罪名已由 1979 年刑法典的 130 个增加到 263 个，缺乏一个体系上的归纳，显得有些凌乱，而且有的单行刑法出台以后，刑法典原有条文规定是否废除也不甚明确，比如，1979年刑法典第一百五十五条贪污罪条文在1988年《关于惩治贪污罪贿赂罪的补充规定》颁行后实际上被废除了，1979年刑法典第一百四十一条拐卖人口罪条文在1991年《关于严惩拐卖、绑架妇女、儿童的犯罪分子的决定》颁行时是否还存在就值得质疑，如此等等，加之考虑到随着社会主义市场经济体制的建立，犯罪现象上出现了新情况、新特点和新问题，所以确有必要对1979年刑法典做一次全面系统的修订。

于是，从1988年7月开始，刑法典的修订工作被正式列入全国人大常委会的立法规划。全国人大常委会法制工作委员会于1988年9月至12月间草拟出3个稿本。后来从1996年4月下旬起多次召开规模不同的刑法修改研讨会，并集中时间邀请一些专家学者与立法机关同志一起认真推敲具体的修改问题。在此基础上，全国人大常委会法制工作委员会于1996年8月31日推出《刑法总则修改稿》和《刑法分则修改草案》。经进一步修改，全国人大法律委员会和全国人大常委会法制工作委员会又于1996年10月10日编印了《中华人民共和国刑法（修订草案）》（征求意见稿），发往各地立法机关、司法机关、法律院校、科研机构等征询意见，后在北京召开大型的刑法修改座谈会，广泛征求意见。根据这些意见，形成了1996年12月20日《中华人民共和国刑法（修订草案）》，提交给八届全国人大常委会审议。刑法典全面修订工作，从此进入立法审议阶段。全国人大常委会审议了两次：一次是 1996 年 12 月 24 日至 30 日召开的八届全国人大常委会第 23 次会议，一次是 1997 年 2 月 19 日至 23 日召开的八届全国人大常委会第 24 次会议。每次审议后都对修订草案作了一些修改。

1997 年 3 月 1 日至 14 日，八届全国人大五次会议在北京召开，审议刑法修订草案是这次会议的最重要的议程之一。3 月 14 日，《中华人民共和国刑法》表决通过。同日，国家主席令第 83 号予以公布，自 1997 年 10 月 1 日起施行。至此，一部崭新的、统一的、比较完备的、具有时代气息和多方面显著进展的《中华人民共和国刑法》即 1997 年刑法典正式诞生。这也是新中国现行的刑法典。

1997 年刑法典有以下几个显著特点。

第一，1997 年刑法典科学地概括了刑法的基本精神，明文规定了刑法的三大基本原则，即罪刑法定原则、适用刑法人人平等原则、罪刑相适应原则，废止类推制度。这表明我国刑法已迈上现代化法治的轨道，筑起了人权保障的法治根基。刑法的三大基本原则是刑法的纲，贯穿于全部刑法规范之中，担负着指导和制约刑事立法和司法实践的重大使命。刑法立法工作必须遵循和符合刑法三大基本原则，当刑法典有必要修改补充时，一定要以三大基本原则为准绳，使罪刑规范更加具体、明确、清晰，既有利于保护社会，又有利于保障人权。刑事司法工作要大力贯彻刑法三大基本原则，强化法治意识、平等观念和公正无私、刚直不阿的品格，使所办的案件，既符合法律和政策，又能经得起历史和广大人民群众的检验。总之，刑法三大基本原则具有强大的威力，它们既有利于积极同犯罪作斗争，又有利于切实保障公民的权利和合法利益；既有利于推进法治化进程，又有利于维护法律的公正性和权威性。因此，它们必将推动新中国刑法立法的发展完善，促进新中国刑事司法的文明进步，从而更好地保障新时代中国特色社会主义事业的顺利进行。

第二，1997年刑法典具有承前启后、与时俱进的显著特色。1997年刑法典在起草修订时，将1979年刑法典及其实施以后17年时间内的所有单行刑法和附属刑法，经过研究、修改、整合后，编入刑法典有关部分，同时将当时新出现的需要追究刑事责任的犯罪行为，增加到刑法典分则中。在体系结构上作了适当调整，如在总则中增加"单位犯罪"一节，将"自首"一节改为"自首和立功"。在分则中，将"反革命罪"一章修改为"危害国家安全罪"，增设"危害国防利益罪""贪污贿赂罪""军人违反职责罪"三章，将"妨害婚姻、家庭罪"一章合并到"侵犯公民人身权利、民主权利罪"一章中，对"破坏社会主义市场经济秩序罪"和"妨害社会管理秩序罪"两章，因内容繁复，分设第八节和第九节。1997年刑法典通过时，共有15章、452条，其中刑法总则5章、101条，分则10章、350条，附则1条。包含的罪名有412个，其中源自1979年刑法典的罪名有116个，源自单行刑法和附属刑法的罪名有132个，修订中新增的罪名有164个。可以说1997年刑法典是以往刑法规范的集大成者，它的公布实施，基本实现了新中国刑法的统一性和完备性。

当然，说它具有"完备性"也只是相对的。事实上，随着国家建设和改革事业的发展，根据同犯罪作斗争的需要，国家立法机关与时俱进，对 1997 年刑法典陆续作了一系列的修改和补充。1999 年 12 月以来，截至目前，全国人大常委会通过 1 个"决定"和 10 个"刑法修正案"，先是对刑法典分则具体罪名，后来从《刑法修正案（八）》开始，既对分则具体罪名，也对刑法典总则某些规定作了补充和修改。据统计，1997 年刑法典的条文数已由最初的 452 条增加到现在的 490 条（增加条文 39 条，删去第 199 条），罪名数已由最初的 412 个增加到现在的 469 个（含全国人大常委会《关于惩治骗购外汇、逃汇和非法买卖外汇犯罪的决定》中规定的骗购外汇罪 1 个罪名）。从现有 490 条条文来看，属于新增设的或内容、文字上有过修改的共 151 条，占 30.8%，未变动过的有 339 条，占 69.2%，说明 1997 年刑法典是基本稳定的。

对 1997 年刑法典进行修正，其中比较重要的修正内容，有以下一些。1. 取消了 22 个死刑罪名，并提高死缓犯执行死刑的门槛：由"故意犯罪，查证属实"修改为"故意犯罪，情节恶劣"。如果故意犯罪，未执行死刑，死缓期间重新计算。2. 增设 75 周岁以上老年人从宽处罚的规定。3. 将"坦白"规定为法定从宽处罚情节。4. 明文规定对判处管制、宣告缓刑、裁定假释的犯罪分子，依法实行社区矫正。社区矫正先是由实务部门借鉴国外经验、结合我国情况进行试点，而后写入刑法有关部分。社区矫正规定在刑法上具有重大意义。其一，从刑事立法精神上有力地回应了国际社会行刑社会化的要求；其二，确立了相辅相成的两大矫正体系；其三，进一步促进了刑罚配置结构的合理化；其四，带动社区矫正的专门立法即"社区矫正法"尽快制定出台；其五，促进了行刑权的统一，即监狱矫正和社区矫正均由司法行政部门管辖执行。5.将有期徒刑在特定情况下（数罪并罚时，死缓减刑时）的最高刑期由二十年提高为二十五年。6.规定了不同自由刑（包括有期徒刑、拘役、管制）之间并罚的原则。7.增设了"禁止令"和"职业禁止"这两种非刑罚的预防性措施。8.系统地规定了恐怖主义、极端主义的罪名。9.完善贪污受贿犯罪的定罪量刑标准。如果贪污受贿数额特别巨大并使国家和人民利益遭受特别重大损失而被判处死刑缓期二年执行的，法院可以同时决定在其死刑缓期二年执行期满依法减为无期徒刑后，终身监禁，不得减刑、假释。10.完善信息网络犯罪的罪名体系。11.回应社会公众的强烈要求，将收买被拐卖妇女、儿童的行为一律入罪，将虐待被监护、看护人的行为予以入罪。12.为维护以审判为中心的司法程序，有力保障司法工作的顺利进行，对于以捏造的事实提起民事诉讼的虚假诉讼行为，泄露不应公开的案件信息情节严重的行为，披露、报道不应公开的案件信息情节严重的行为，均予以入罪。13.为保护国家考试这个培养、选拔人才的主渠道的公正、公平性，对组织考试作弊的行为，非法出售、提供试题、答案的行为，代替考试的行为，规定为犯罪。以上修正，使得1997年刑法典的体系更加完善，此罪与彼罪的界限更加明确、具体，法定刑之间更加平衡，可操作性更强。

第三，1997 年刑法典开启了刑法理论研究的新局面。新中国刑法学发展进程，大体上可划分为三个阶段，即起步与草创阶段（1949 年 10 月至 1957 年上半年），萧条与停滞阶段（1957 年下半年至 1976 年 10 月），复苏与繁荣阶段（1976 年 10 月至现在）。而这种演变的规律背后，1979 年刑法典的颁行是新中国刑法学研究得以复苏的标志，1997 年刑法典的颁行是新中国刑法学研究得以繁荣的前提。刑法典的有效贯彻实施，是刑法学研究的立论基础和发展条件，也是新中国刑法学在不断回应立法课题和司法实践课题中不断前进的源泉和动力。所以，为了更新刑法理念，提高刑法学研究水平，提升刑法学人发现问题、分析问题和解决问题的能力，必须高度重视刑法典的有效贯彻实施。这是推进和繁荣刑法学的必由之路。

第四，1997 年刑法典奠定了中国刑法学走向世界的基础。1997 年刑法典是开展比较刑法学研究的基础性样本，也是推动刑法文化对外交往的"名片"。如果没有一部成熟的刑法典，很难展开实质性的对外交流，国际社会也难以有效地通过这一最基础而且最具含金量的通道来观察和了解新中国刑事法治事业的进步。不可否认的是，1997 年刑法典已逐步受到国际刑法学界和外国一些刑法学家的关注、重视和评论。随着新中国治国理政的成功、各项建设事业的欣欣向荣和国际地位的不断提升，新中国刑法学事业必将进一步健全地走向世界，而与时俱进的新中国刑法典，仍将扮演最基础的作用。

新中国刑法已走过 70 年的征程，刑法典业已颇具规模，深入人心，逐步走向世界。现行刑法不仅对刑法基本原则、定罪、归责、量刑、行刑的原则和制度作出规定，而且对分则 469 个罪名（其中涵盖 206 个单位犯罪的罪名）的罪状和法定刑也都作出比较明确的规定。这就使得新中国办理刑事案件的司法机关，能够做到有法可依、有法必依、执法必严、违法必究。

# 中国刑事治理能力现代化的基本经验<sup>*</sup>

"不经一番寒彻骨，怎得梅花扑鼻香。"新中国刑事治理能力现代化建设正是历经艰辛探索甚至停滞倒退后才在总结、反思、借鉴的基础上寻得顺畅发展并日趋成熟的道路。七十年来，我国刑事治理契合了社会发展的需要，在惩罚犯罪、保护社会、保障人权的互动中逐步实现现代化，从其现代化建设实践和变迁轨迹中可以提炼出中国刑事治理能力现代化的几点基本经验，并作为今后刑事治理能力持续提升的着力方向。

## 一、毫不动摇地坚持马克思主义指导，坚持党的领导

七十年来，我国刑事治理能力建设之所以能跨过停滞倒退阶段步入成熟期，取得举世瞩目的重大成就，得益于我们始终毫不

---

\* 本文节选自《新中国刑事治理能力现代化之路——致敬中华人民共和国七十华诞》，载《法治研究》2019 年第 6 期，有改动。

动摇地坚持辩证唯物主义和历史唯物主义。马克思主义所内含的坚持一切从实际出发、理论联系实际、实事求是、在实践中检验和发展真理、普遍联系理论、对立统一规律及矛盾分析法等一系列基本原理，为刑事治理理念的培育、刑事政策的确立、刑事立法的发展以及刑事司法的推进供给了厚重的思想基础和强劲的理论支撑。如果说坚持马克思主义指导使我国刑事治理能力现代化建设走上了科学发展的道路，那么中国共产党的坚强领导则是我国刑事治理能力现代化建设取得一切成就的根本保障。

中国共产党近百年发展壮大的历史雄辩地证明，党是中国特色社会主义各项事业的领导核心，是党团结带领全国人民把马克思主义同中国革命和中国建设的具体实践结合起来，开创了中国特色社会主义道路，使中国迎来从站起来到富起来再到强起来的伟大飞跃。党的十八届四中全会深刻总结社会主义法治建设的成功经验和深刻教训，提出"党的领导是中国特色社会主义最本质的特征，是社会主义法治最根本的保证。把党的领导贯彻到依法治国全过程和各方面，是我国社会主义法治建设的一条基本经验。……坚持党的领导，是社会主义法治的根本要求，是党和国家的根本所在、命脉所在，是全国各族人民的利益所系、幸福所系，是全面推进依法治国的题中应有之义"。① 张文显教授认为，"'党的领导'和'全面依法治国'不是历史的偶遇，而是实践必然性、时代现实性和法理正当性的逻辑连接，我们在任何时候

---

① 《中共中央关于全面推进依法治国若干重大问题的决定》，《人民日报》2014年10月29日。

都不能否认、不能放弃、不能置疑"①。坚持和加强党的领导既是我国全面依法治国战略深入推进的最根本保障,也是我国刑事治理能力现代化的最根本保障。正是党的正确英明领导才使我国刑事治理能力现代化建设走出停滞倒退的困境,成功走向提升巩固并迈向成熟的道路。党的领导是我国刑事治理能力现代化最大的政治优势,是保持刑事治理能力现代化进程永不停歇的核心关键。

## 二、准确把握刑事治理规律,树立现代刑事治理理念

理念是实践的先导,实践是理念的载体。刑事治理能力现代化建设必须在现代刑事治理理念的引导和支撑下才能取得进步,脱离现代刑事治理理念的现代化建设必然空具形体而无实质,极易出现偏差、走向歪路,刑事治理本身也极易沦落为纯粹的镇压惩罚犯罪、维护社会秩序的"统治方式"而被滥用。

树立现代刑事治理理念必须以准确把握刑事治理规律为前提和基础,科学厘清刑事治理的性质、任务和目标,建构多元合理的治理主体、治理依据和治理方式,坚决清算错误理解刑法(罚)任务或功能的刑法万能主义、刑法工具主义以及重刑主义等传统落后刑法观念,积极引入社会力量,综合运用包括刑法在内的国家正式治理手段和民间社会自发形成的各种非正式治理手段,侧重发挥刑法在社会治理及刑事治理中的后盾作用、辅助作用,防

---

① 张文显:《坚持加强党对全面依法治国的领导》,《法制日报》2019 年 5 月 15 日。

止刑法（罚）在治理体系中"一家独大"，挤压、削弱、抵消其他治理手段的价值和功能。

现代刑事治理理念还必须确立并发扬人权保障、坚持保障人权与保护社会并重的理念。在刑事治理过程中始终注重将国家刑罚权（刑事治理权）控制在必要且适当的范围内，通过刑事实体法的规范适用和刑事程序法的程序机制切实、有效地保障人权，既防止刑事治理不当干涉人民生活、妨碍人民自由，又要防止刑事追究超越法律规定不法侵害犯罪嫌疑人、被告人权利，确保刑事治理在控制犯罪、维护秩序、保障人权、增进自由的轨道上运行推进。

## 三、摆正刑事政策（治）与刑事法律的关系，坚持依法治理

刑事治理是国家治理的重要方面，良好的刑事治理是国家团结安定、社会和谐稳定、人民安居乐业的前提和保障。刑事治理本质是运用国家刑罚权治理犯罪，是运用最为严厉的制裁方式治理社会，因其具有短时间内控制犯罪、恢复秩序的强大效应，备受国家决策层青睐，因而刑事治理与国家政治决策、刑事政策（治）始终保持着千丝万缕的联系。十年前，我们在梳理新中国国家政治决策与刑法变革关系之曲折历程后提出："国家的政治决策是国家顺应时代发展而作出的国家发展的宏观战略决策，它必然推动包括刑法在内的一系列方面的变革。政治决策是否顺应了

时代的发展，政治决策是否良好，对刑法的变革至关重要；而政治决策是否依法（包括通过刑法变革）而推动，即国家政治决策是否在宪法和法律的框架下去贯彻实施，是国家政治决策能否顺利贯彻实施的关键所在。"从新中国刑事治理能力现代化建设七十年的变迁轨迹来看，这样的论断用于描述刑事治理能力现代化过程中刑事政策（治）与刑事法律的内在关系，依然适当且准确。

在刑事治理系统中，回应犯罪形势变化最及时的往往是具体的刑事政策，刑事政策支配国家公权力机关对特定犯罪形势作出或严、或宽的回应和处置，以适应犯罪形势发展的需要。一般而言，刑事政策法律化路径有二：通过国家权力机关的立法程序上升为国家刑事法律的立法路径与借助既有刑事法律直接运用于刑事司法的司法路径。相比而言，如果刑事政策的目的或要求符合既有刑事法律的规定，在刑事法律规定的范围内贯彻刑事政策要求、实现刑事政策目的无疑是最为简捷、经济的刑事政策法律化方式，但"内含开放性、灵活性特征的刑事政策不可能毫无约束地行进在刑事司法大道上，相反，其作用内容必须稳定在罪刑法定的视野范围之内。……刑事政策毕竟归属于政策范畴，是政策就必然带有与生俱来的行动恣意。如若刑事政策在刑事司法领域内畅行无阻，结果必然是引致司法裁判的个体恣意甚至是司法擅断，刑事司法正义也就无从谈起"[①]。事实上，习近平总书记关于"凡属重大改革都要于法有据"的重要论断及指示精神，已然要

---

[①] 满涛：《现代化治理视域下的刑事政策导向——能动与有限的分野》，《西北民族大学学报（哲学社会科学版）》2019 年第 1 期。

求刑事治理现代化必须摆正刑事政策与刑事法律的关系，不容争辩地将刑事法律作为刑事政策作用界限的"藩篱"，始终坚持法治思维和法治手段进行依法治理，防止刑事政策成为"脱缰野马"在刑事司法实践中"恣意狂奔"。

## 四、深入推进科学立法、民主立法，不断完善刑事法制

鉴于刑事治理手段通常具有减损公民权益的可能和效果，作为刑事治理规范依据的刑事法制必然保持相对的安定性，然而刑事法制的安定性并不排斥在社会情势、犯罪形势发展重大变更的情形下适时修订完善刑事法制。从我国 70 年刑事治理能力现代化建设历史来看，除在非常历史时期，我国的刑事立法活动普遍较为活跃，不论刑事实体法还是刑事程序法的立法频度、幅度都相对较大。譬如，截至目前，姑且不考虑最高司法机关为指导刑事司法所单独或联合制发的数量众多的刑事司法解释、司法意见、通知、纪要、批复等规范性文件，1997 年刑法典自其颁布施行以来，已经陆续通过十个修正案（一个单行刑法），外加今年正在酝酿研拟阶段的《刑法修正案（十一）》，平均两年修订刑法，且《刑法修正案（八）》与《刑法修正案（九）》的修改条文数双双超过 50 条且修订内容涉及刑法总则的基本制度；而 1997 年正式施行的刑事诉讼法也经过了 2012 年、2018 年两次重大修正。快频大幅地修改刑事法律虽罕见于域外刑事法治发达国家，却与处在变革转型时期的我国国情相适应，为我国刑事治理供给了充足

的规范依据，有力地保障了我国刑事治理的依法展开，并极大地活跃、繁荣了我国刑事法治研究与刑事法治实践。

可以预见，随着我国社会的深度转型，我国刑事法制还将迎来持续不断的修订和完善，刑事立法工作依然繁重。例如，在涉及重大民生的食品药品安全、社会弱势群体合法权益保障、经济金融、低龄未成年人严重越轨行为治理、轻缓化刑事制裁体系建构以及刑事诉讼人权保障机制完善等刑事治理的重要领域，刑事法制仍有进一步完善的空间。在刑事法制后续完善中，我国人民民主专政的社会主义国家性质及刑事治理专业性、科学性的内在属性，要求必须继续深入推进科学立法、民主立法。就刑事治理立法议题，应当深化、凝聚问题意识，深入开展调研，深刻把握刑事治理新特征、新机制、新规律，研拟符合刑事治理新形势与新要求的法律草案，并综合运用多种形式公布法律草案，向社会各界公开征求意见，通过集中民意、汇集民智、凝聚共识，共同推动法律草案的修改和完善。立法机关则应对所征求的意见进行认真梳理、反复斟酌、择善而从，并最终经由法定程序审议通过、公布实施。

## 五、积极参与刑事治理国际经验分享，打造中国特色刑事治理模式

新中国成立初期，我国曾向苏联积极学习、借鉴刑事治理的经验，其后因特殊历史背景，在相当长的时期内，缺乏与国际社

会的正常交流和沟通，向刑事法治发达国家学习、借鉴也因此中断。随着改革开放对外联系的恢复与加强，我国积极参与刑事治理国际经验的分享与交流。当前我国刑事治理对外交流方面秉持国际性理念和开发性态度，已基本实现"引进来"和"走出去"的双向互动。一方面，通过积极出境参加国际学术会议、译介优秀刑事治理相关文献、引进行之有效的刑事治理手段措施，延请刑事治理领域的名家大师来华等多种方式，向德、日、英、美、法等刑事法治发达国家持续汲取刑事治理能力现代化的先进经验；另一方面，我国刑事治理经过引进学习、消化吸收两个阶段后，在"四个自信"理念的坚定支持下，奋力打造中国特色刑事治理模式，向世界输出刑事治理的中国方案、贡献中国智慧。

当前，不仅国内优秀的刑事法律制度、刑事法学著作逐渐走出国门，而且在某些领域的刑事治理方式也得到域外高度评价，如有媒体报道，2019 年开年不过半个多月，海外舆论对中国"铁拳反腐"的关注持续不退，"铁拳反腐"获得世界好评，即便是那些常对中国事务说风凉话的西方媒体，在反腐这个问题上也鲜见吹毛求疵，字里行间透露出褒扬之意；而对中国当下正在深入推进的扫黑除恶专项斗争，域外媒体、国际社会各界人士和专家也争相给予积极肯定的评价。事实上，当前世界各国都面对相对严峻的腐败犯罪以及有组织犯罪形势，如何有效处理这些危及政权稳定、国民根本利益的犯罪问题，显然已成为各国共同面临的难题，共享刑事治理经验、借鉴预防犯罪的有效举措必定成为各国的当然选择。

# 正当防卫与防卫过当的界限 *

　　正当防卫是最重要的正当行为，各国刑法对此都有专门的规定。但在正当防卫的本质、特征和适用条件上，各国又存在差异。中国刑法中的正当防卫制度与其他国家相比，存在如下区别。首先，正当防卫是法律赋予公民的一项权利，而非制止不法侵害的最后手段；其次，正当防卫是针对不法侵害实施的正当、合法行为，不仅不具有社会危害性，反而对社会有益。在实践中，如何正确适用正当防卫制度，特别是如何正确划分正当防卫与防卫过当以及一般犯罪之间的界限，是一个较为复杂的问题。因而，如何确保司法裁判的法律效果和社会效果的有机统一，是摆在当前司法机关面前的一项重要课题。近年来，司法机关重新认真审视与制定区分正当防卫与防卫过当的司法逻辑与认定标准，也更好地引导了公民正确行使防卫权。在区分逻辑上，既要深究法理的

---

* 本文节选自《正当防卫与防卫过当的界限》，载《华南师范大学学报（社会科学版）》2020 年第 1 期，有改动。

逻辑，也要根据立法原意阐明规范的逻辑。

# 一、区分正当防卫与防卫过当的法理逻辑

从民意诉求来看，正当防卫权的扩大适用是趋势，但在立法层面暂时无法作出全面的调整。首先应从司法层面充分遵循立法原意，作出准确的认定。从法理层面来看，基于正当防卫制度的内在本质与立法精神，建构区分正当防卫与防卫过当的基础价值，从而为司法实践中区分二者提供基本的观念依托。

## （一）防卫权优先的司法场域

在中国刑法中，正当防卫是国家确认并赋予公民的一项基本权利。公民正确行使正当防卫权，对正在进行的不法侵害人而言，具有天然的正当性与优位性。在区分正当防卫与防卫过当时，应当侧重防卫人的立场与视角，而不能强防卫人之所难。

### 1. 防卫权对不法侵害行为的优位性

通常认为，正当防卫是国家确认并赋予公民的一项基本权利。正当防卫是公民与不法侵害人违法犯罪行为作斗争的积极正当手段。正当防卫行为应当受到法律的优先保护。这种防卫权的基本定位与立基，充分彰显了防卫权的天然正当性及其对抗不法侵害的优越性。而且，防卫权的优位性也是正当防卫制度内在的规范意蕴之所在。因此，在讨论防卫过当的界限时，也应当将价值与功能的优位性纳入其中。具体而言如下。

立法原意的解读。1997年《刑法》第20条规定，明显超过

必要限度、造成重大损害的防卫行为是防卫过当。而且，还规定了特殊防卫制度。由此可见，扩大正当防卫的适用力度是立法修改的初衷，旨在鼓励公民敢于和违法犯罪作斗争。1997年刑法相比于1979年刑法，对正当防卫条款的规定与修改，"放权"的色彩较为明显。原因在于，需要对正当防卫权的私力救济予以松绑，从而鼓励公民行使防卫权，对抗违法犯罪活动。这必然倾向于鼓励公民主动行使个人权利。正当防卫权相比于不法侵害，也就具有国家层面的优位性。防卫过当是以正当防卫权为前提的，在认定"过当"上，要考虑防卫权的优位性。

人性本能的"人道主义"之确证。正当防卫最初的形态是一种私力复仇形式，源于人类防卫的本能。近现代以来，才通过立法的方式，将正当防卫作为一项法定化的合法制度。赋予公民自我防卫权，彰显了人性的本能，体现了近现代刑事法治中的"人道主义"精神。实际上，中国刑法规定的正当防卫制度及其修改规定，也体现了这一立法精神的变迁过程。在认定正当防卫与防卫过当的问题上，要清醒地认识到防卫是经国家确认通过法律授予公民的权利，从而使其在合法权益遭受不法侵害时，可以实施防卫保全自己。这种立法价值的体认，是对刑法人本主义的积极体现。对于是否属于防卫过当，从人道主义的立场来看，必然要求赋予一定的容忍度。

并非"不得已"的最后私力救济方式。正当防卫是法律赋予公民的一项权利。为了鼓励公民正确行使，使其作为与违法犯罪行为作斗争的一种积极手段，应当强调当公民面对不法侵害时，正当防卫并非制止正在进行的不法侵害的最后手段。即，公民行使防卫权，并非一种"不得已"的应急措施。这对于防卫过当的认定而言，意味着防卫限度不是简单的"结果对比"，也不是简单的"形式匹配"，而必须考虑防卫人行使权力的优位性及其"自保"的特殊性。

但是应当明确，不能滥用防卫权利。一方面，防卫行为明显超过必要限度，造成重大损害结果的，应当被追究刑事责任；另一方面，针对不法侵害所进行的及时反击，司法机关要大胆地认定为正当防卫，不能对防卫行为作出过于苛刻的要求。

### 2. 有利于防卫人的视角

中国刑法规定的正当防卫作为公民的一项基本权利而存在，并不像国外刑法中将正当防卫视为一种应对不法侵害的最后手段与措施，司法机关在认定防卫性质的时候，不能要求防卫人在当时的情形下，穷尽一切手段之后，迫不得已才实施正当防卫。即便防卫人在当时有其他办法躲避不法侵害，或者求助旁边第三人、司法机关的帮助，仍然有权实施正当防卫。易言之，公民是否以及如何行使防卫权，并非制衡不法侵害的"最后不得已救济手段"。这决定了公民行使防卫权，是从自身防卫的需求与现实情况出发进行判断的。这也意味着在判断是否属于正当防卫时，必须坚持有利于防卫人的分析立场。

在司法实践中，有利于防卫人的权利优先立场，不仅要求对正当防卫的认定不能过于严苛，也要求对防卫过当的认定不能过于严格。对此，需做好以下几点。

设身处地地优先考量防卫人的正当利益。在面对正在进行的不法侵害时，是否以及以何种方式进行防卫，涉及防卫限度的具体把握问题。但是，我们不能单方面要求防卫人处于此时此景之下仍然保持绝对理性且冷静的状态；相反，我们更应当设身处地地考虑防卫人所处的情况，然后进行判断。防卫行为通常是公民的本能应急反应，强求防卫人在惊慌害怕、惶恐不安的情形之下，实施绝对精准、拿捏有度的防卫，刚好对不法侵害行为予以制止，不但要求过高，而且明显违背常理常情，不切实际，不符合人道主义的基本精神及其要求。

适当作有利于防卫人的解释。"以正对不正"是正当防卫制度的实质属性，表现为"正义行为"对抗"不法侵害"。"邪不压正"是最朴素的社会常理与常情，防卫人的防卫行为是否合法与妥当，即在防卫限度的判断与认定存在模糊与争议之际，应当倾向性地作出有利于防卫人的解释，以此伸张正义。特别是针对防卫人面对突然的、急促的不法侵害，在精神上处于恐慌、紧张，在情绪上处于激愤的状态下，如何认定防卫限度的问题，更应当坚定不移地选择站在有利于防卫人的角度，包容防卫人在此情此景之下无法周全、谨慎地选择相应的防卫手段，从而作出符合法理和情理的判断。其指导思想在于，优先考虑防卫人的立场，对防卫限度予以"包容审慎性"的认定。

不能预设"绝对理性人"的事后判断立场。理解与掌握防卫限度的认定应当全盘考虑防卫人如果遭受突然的不法侵害，身体和精神都会陷入一种紧张、僵硬的状态，基于人的本性很有可能在惊恐害怕、慌张无措的情况下实施防卫，而绝不可能对限度的拿捏具有冷静的思考。易言之，在对防卫限度进行认定的时候，不能假设防卫人是一个理性人，"事后诸葛亮"的判断是典型的事后"应然"判断立场。这不仅是对防卫人的一种苛求，也不是司法正义的应有之义。

## （二）合法性的"底线"正当逻辑

凡事皆有度，过犹不及。既要鼓励公民积极行使防卫权，净化社会风气，也要保证行使防卫权在合法的范围内进行，防止权利滥用。因此，妥善处理鼓励正当防卫与防止滥用防卫权的关系，是司法政策的平衡难点。当前，公民不知道如何正确行使正当防卫权利的问题比较突出，特别是不知道在法律层面上正当防卫的正确打开方式为何，因此鼓励公民积极、正确地实施正当防卫是十分必要的。但决不能走向滥用防卫权的极端，即不能以此助长甚至纵容公民在行使正当防卫权利时毫无顾忌、不计后果地滥用。毕竟一般不法侵害人的生命权和重大身体健康权也应受到法律保护。

### 1. 正"遏制"恶的价值定位

正当防卫行为针对的是不法侵害行为，因而是正当与合法的自救行为。这是正与恶的对峙。正义战胜邪恶是正当防卫制度的基本价值取向。在这场事关合法与非法的较量中，充分考虑防卫限度的价值定位，是区分正当防卫与防卫过当的基本凭据。简单地讲如下。

私力救济的正当性。虽然法治社会并不提倡私力救济，但公权力提供的法律救济无法确保"随时在场",也无法及时且有效地介入每一个特定时空范围。但是,公民时刻可能面临突如其来的不法侵害行为,随时处于需要作出是否以及如何实施防卫行为的判断。对于这种不确定性,不仅正当防卫在法律和道义上有其正当性,而且在防卫措施和防卫限度等方面也具有合法性基础作为兜底,使公民放下"限度"上的顾虑,敢于行使防卫权。

正当防卫的社会公益性。公民在受到不法侵害时,行使法律赋予的正当防卫权利予以及时反击,这首先对正在实施不法侵害的行为人是直接的威慑,其次对潜在不法侵害人具有特殊的威慑作用。由此可见,正当防卫制度具有显著的"外溢"效益,具有社会公益性。在认定正当防卫的限度条件时,不宜过于严苛,要考虑其有益性的正能量。

正当防卫与反抗违法犯罪的公认合法性,是"以正对不正"。但是,这也绝不意味着公民可以假借防卫的名义,以新的暴力对抗已有的暴力,而只能是与不法行为作斗争。虽然防卫过当也可以认为是一种非法侵害行为,但是是以正当防卫的合法性、正当性为前提的,在认定防卫限度条件时,不能忽视正当防卫内在的正当性基础。

正与恶的刑法价值取向。对于防卫人当时的实际情况,要"设身处地"进行分析,权衡刑法的保护价值及其利弊的取舍,从而判断是否超出了合理的限度。从制度的初衷来看,公民积极与违法犯罪作斗争,敢于捍卫自身权益,才能真正有效减少与遏制违法犯罪现象。这是正当防卫制度的预期价值。法律的正义天平，应当向防卫人一方倾斜。对不法侵害人的利益，则必须为正当防卫人的合法利益作出一定的"让步"。

从人类社会的道德伦理来看，在正义与邪恶的较量中，法律必然是站在正义一面的。因此，必须鼓励公民行使防卫权，适度放宽防卫条件的认定，对防卫过当的判断也要保持一致，确保"正义"的一方可以站在法理的制高点。否则，法律的道德性被削弱，这无疑是正当防卫制度走向"危机"的征兆。

### 2. 合法对不法的道义性

公民实施的正当防卫，反抗的是正在进行的不法侵害行为，是以"正"对"不正"。它不是一般意义上的"以暴制暴"，而是正当、合法的行为，并且是对社会有益的行为。易言之，正当防卫是合法行为，是对不法侵害这种不法行为的"精准制衡"。在讨论防卫限度时，是否属于防卫过当，要充分考虑合法对不法的正当属性。只有立足正当防卫的正当性基础，才能准确把握是否属于防卫过当。具体而言如下。

正当防卫的合法性与引导意义。公力救济制度存在一定的局限性，不能随时随地地有效守护公民的安全。公力救济的不足，要求私力救济的存在，而正当防卫是国家所鼓励和提倡的，对于遏制犯罪活动的发生、保护公民的合法权益以及惩恶扬善等具有积极的意义。可见，正当防卫是针对不法侵害行为而实施的正当、合法行为，不仅不具有社会危害性，反而对社会有益。正当防卫的合法性特质，不仅使其可以依法对抗不法行为，也使正当防卫的行使具有天然的社会道义性、正当性。对于正当防卫与防卫过当的区分，是在具有合法性基础上进行的。对防卫过当的限度条件进行认定时，不宜过于严苛，更不能扼杀司法层面的适用主动性。

生命权的特殊性与特殊防卫的合法性。当公民面临严重危害人身安全与生命安全的不法侵害时，在行使防卫权上，相比不法侵害人的不法侵害行为，具有一定的优位性。这是特殊防卫的合法性依据与基础。从对抗不法的威慑效果来看，法律允许防卫行为对实施不法侵害行为的人造成伤害，甚至有时候伤害结果可能是重大损伤乃至死亡。这就可以有效地震慑社会公众，不要轻易实施不法侵害；同时也可以鼓励公民不惧怕违法犯罪，有能力、有条件的可以同违法犯罪作积极的斗争，向社会释放正能量。

通过合法与不法的深度化学反应可以看出，正当防卫制度不仅是正当的，也是合法的。对于防卫限度的理解，也要立足于正当防卫的合法性基础。在认定防卫过当时，不能忽视合法性的前提性，从而实现鼓励的规范引导意义。

## 二、区分正当防卫与防卫过当的规范逻辑

在立法无法在短时期内作出调整的情况下，区分正当防卫与防卫过当的原点仍然是刑法规范，从规范层面搭建区分二者的严谨逻辑体系更为务实和高效。对于正当防卫与防卫过当的区分，

防卫限度是焦点所在。对防卫限度的理解与认定，不仅事关立法原意的法教义学之科学阐明，也关系刑法解释的司法功能之取舍。从规范层面审视防卫限度的条件，是区分正当防卫与防卫过当的主要司法场域。

## （一）防卫限度的教义学审定

区分正当防卫与防卫过当的症结在于对防卫限度的理解。从教义学的角度来看，要破除当前盛行的唯结果论的做法，伸张综合判断的基本逻辑，充分根据正当防卫行为发生时的特殊情况，围绕实现个案正义，作出最终的实质权衡。

### 1. 唯结果论的纠正

1997年《刑法》第20条第2款规定了防卫的限度条件，即"明显超过必要限度造成重大损害"。从语义来看，其存在客观主义的立法倾向。如果仅强调客观结果上法益的衡量，可能导致对防卫限度的把握不合乎情理。因为防卫人实施的防卫行为总是与不法侵害人的不法侵害行为相对应的，不仅在客观上行为发生相互碰撞，而且在主观上双方也是互动的。

与此同时，在中国司法实践中，确实在一定程度上仍存在只看最后的损伤结果而不区分防卫行为曲直的"唯结果论"的现象，从而导致一些案件被错误处理。"唯结果论"的司法现象，主要是指在司法实践中只要发生死伤结果，就认为超过防卫的必要界限，属于防卫过当，构成犯罪。这种简单的逻辑在一段时间内盛行，导致司法机关在判断防卫限度时，总是直接把不法侵害行为所造成的损害结果与防卫行为所造成的损害结果进行横向简易比较，只要造成死伤等重大损害，就认定为防卫过当；反之，就是正当防卫。这无形中使司法实务往往倾向于故意犯罪或防卫过当等偏误之举。当前，清除"唯结果论"的司法误区，是澄清防卫限度之司法误区的重要着力点。

对此，最高司法机关作出了很好的适法指导。在"赵宇正当防卫"一案中，赵宇的防卫行为没有明显超过必要限度。一是在赵宇的防卫行为上，在制止不法侵害人李华正在实施的不法侵害行为之际，防卫人始终是赤手空拳与不法侵害人进行扭打。赵宇实施的具体行为，主要是阻止或拉拽不法侵害人，并致不法侵害人倒地，在情急之下还踩了一脚。虽然造成不法侵害人重伤二级，但是从防卫的手段、打击不法侵害人的身体部位、在不法侵害人言语威胁下踩一脚等具体情节来看，防卫人赵宇的行为没有"明显超过必要限度"。二是在防卫行为的目的上，防卫人制止不法侵害人殴打他人时，双方的扭打行为是完整且连续的发展过程，赵宇一直以制止不法侵害为目的。在不法侵害人倒地后，仍然用言语威胁，第三人仍然面临再次遭受殴打的现实危险。有鉴于此，防卫人踩李华一脚，是在"必要的限度"内的防卫措施。基于此，最高人民检察院督导本案的审查，随后福建省人民检察院指令福州市人民检察院予以审查。经审查后，检察机关认为，原相对不起诉决定存在适用法律错误，指令晋安区人民检察院撤销原不起诉决定。后经审查，赵宇实施的是正当防卫，对赵宇作出无罪的不起诉决定。

## 2. 综合判断的主客观统一立场

对于正当防卫的限度，理论界存在不同观点。无论是基本相适应说，还是必需说以及其他看法，它们不是完全对立而是相互契合的。正当防卫的必要限度，既指防卫行为是制止不法侵害所必需的，也要求防卫行为的性质、手段、强度及造成的损害，应与不法侵害行为的性质、手段、强度及可能造成的损害基本相适应。判断限度，不能脱离每个案件的具体情况。要根据具体案件中双方行为的性质、手段、强度、人员多少与强弱、现场所处的客观环境与形势，进行全面的综合分析。

所谓综合判断的立场，实质是以主客观相统一为前提和基础，同时考虑防卫行为与防卫结果。对于某一具体的正当防卫行为，应当根据防卫时的全部客观情况与主观情况，综合判断实施防卫的行为是否必要且适当。从防卫限度的判断来看，正当防卫与防卫过当的界限涉及整个流程的所有变量情况，不宜作简单的整体判断，只通过加减法完成。相反，要对具有持续性、独立性的完整流程，即从不法侵害行为的起始到防卫行为的实施中所涉行为要素、主观心态进行实质的综合判断。易言之，应当结合案件的具体情况，逐一分析防卫人每一个具有持续过程又能独立存在的行为，是为保护合法利益所必需的还是多余的部分。

例如，在"于欢防卫过当"一案中，于欢在其母子人身自由遭受限制乃至剥夺，人格权遭受言行侮辱侵犯，身体健康权遭受轻微暴力侵犯，加害人的人数众多但未使用工具，警察已到场后又离开但尚在附近的情况下，为制止不法侵害、摆脱困境，使用致命工具捅刺被害人，造成 1 死、2 重伤、1 轻伤的严重后果。之所以是正当防卫但同时又防卫过当，是因为结合了防卫人面临的冲突烈度和环境情势，对防卫行为的手段、方式和强度是否为制止不法侵害所必需的进行了评判；同时，也对防卫行为所损害的法益与保护的法益种类、大小进行了权衡、比较。通过对防卫行为与防卫结果进行全面、客观的评价，二审法院认为，于欢的行为属于防卫过当。这种主客观相统一下的综合判断立场，对司法实践在认定正当防卫限度方面具有重要的借鉴价值，是对"唯结果论"等做法的拨乱反正之举。

### 3. 个案正义的修正机制

"辱母杀人案"与"昆山反杀案"之所以引发各界的高度关注，并将正当防卫与防卫限度的区分争论推向高潮，不仅是因为这类案件在实践中本就难以区分，更因为中国正当防卫案件的司法裁判存在严重的个案正义困境与疑虑。

在防卫限度的认定标准上，要防止出现两个极端，既要避免对防卫行为作过苛、过严的要求，也要防止"一刀切"与"简单化"的做法。它们都未能正确把握正与恶、合法与不法之间的实质界限，也未能充分考虑防卫权及防卫人利益之优位性。进一步地解释如下。一是不能滥用防卫权利，禁止"过"与"不及"的做法。司法机关对合法与不法之间界限明确以及反击型的防卫情形，应当大胆适用，防止对防卫行为作出过苛或过严的要求，以至于人为地拔高正当防卫的标准。但是，也不能矫枉过正，防止"一刀切"等简单做法。二是要注重区别对待的司法政策需求。在一般防卫案件中，要注意防卫措施的强度应当具有必要性。但是，对于因一般争执暴力程度逐渐升级进而演变为不法侵害的，应当查清案情的前因后果，分清双方的是非曲直，然后再做定夺。对于因一般矛盾引发的不法侵害，如果双方的身份涉及亲属、邻里、朋友关系，要谨慎认定防卫性质。但是，对于主动挑衅、伺机报复的行为，要敢于认定防卫，依法保护防卫人的防卫权利。

在防卫限度的认定上，应当进行全面整体的考量，防止陷入"对等武装论"与"唯结果论"等形形色色的认识误区。应当全面分析不法侵害行为的强度、缓急与性质，结合侵害与防卫的力量对比、防卫时的现场情势等事实和情节，不能局部、孤立、静止地看待问题，要做好综合判断，防止简单对比防卫行为与防卫瞬间的不法侵害。而且，要遵循具体案件具体分析。既要整体考察不法侵害行为的情况，查明前因后果，也要考虑防卫人对持续侵害累积危险的直观感受。

**（二）防卫限度的刑法解释规则**

防卫限度条件，是指正当防卫不能明显超过必要限度，且不能对不法侵害人造成重大损害。这是区别防卫合法与非法、正当与过当的标志。目前，理论上主要存在必需说、基本相适应说、相当说等不同看法。在实践中，"明显超过必要限度"并"造成重大损害"是规范释义与司法适用的焦点所在。如何理解并认定这两个核心规范要素的内涵，是解决司法判断难题的关键。

**1. 行为与结果的双重判断**

究竟是防卫行为还是防卫过当，可以根据防卫行为是否"明显超过必要限度"与防卫结果是否为"重大损害结果"依次进行判断。由此，在判断防卫限度时，应当对防卫过当的主观成立要件和客观成立要件进行体系性解释。不能只评价防卫的结果或防卫的行为，也要评价防卫行为与防卫结果之间的关系。甚至在个案中，应当明确"明显超过必要限度"和"造成重大损害"之间的具体关系。毕竟，防卫行为与防卫结果的不同关系，对整体判断防卫限度存在一定的影响。

易言之，认定正当防卫的限度条件，其规范解释的两个关键要素是行为限度与重大结果。对此，应当基于综合判断的立场，从防卫行为与结果层面进行实质的判断。一是判断防卫限度不能脱离防卫行为的具体情况。防卫人对不法侵害的行为性质、行为强度、可能造成的危害后果的认识、防卫人的防卫目的等都是需要考察的因素。在实施防卫行为时，不能实施超过制止不法侵害所必需且被禁止的多余行为。在合理与适度的范围内，基于有利于防卫人的解释立场等，应从防卫权的优位性出发，对防卫行为的必要性进行相对宽松的认定。二是防卫的后果是以防卫行为为前提的，防卫行为是针对不法侵害的整体性制衡。只要没有明显超出有效制止不法侵害继续进行的限度，并造成不应或没有必要出现的重大损害，就不属于"造成重大损害"的情形。在此基础上，在讨论正当防卫限度时，对防卫行为与防卫结果是否都明显"不当"，需要同时考虑行为与结果及其内部关系。要克服"圣人标准论""事后诸葛论""对等武装论"和"唯结果论"等惯性思维，根据社会一般人的通常理解与可能反应，站在防卫人防卫当时的立场，遵循"行为—结果"的逻辑进路，对防卫行为是否过当进行具体判断与实质判断。防卫措施明显超过必要限度、防卫结果造成重大损害这两个标准必须同时具备，才能认定为防卫过当。只存在其一情形的，不能认定为防卫过当。

### 2. 明显超过必要限度

《关于依法办理家庭暴力犯罪案件的意见》（2015年）对家暴情形中的正当防卫与防卫过当的界限，作出了较为明确的规定。简单地说，既要以足以制止并使防卫人免受家庭暴力不法侵害的需要作为标准，也要根据施暴人正在实施家庭暴力的严重程度、手段的残忍程度，同时结合防卫人所处的环境、面临的危险程度、采取的制止暴力的手段、造成施暴人重大损害的程度以及既往家庭暴力的严重程度等，综合判断是否"明显超过必要限度"。这无疑具有重要启示意义。

中国刑法理论和司法实务一般认为，在"明显超过必要限度"的判断上，通常情况下，既要求防卫行为可以对不法侵害起到制止作用，还要求防卫行为与不法侵害行为在手段性质、激烈强度、造成损害等方面不至于过于悬殊。在具体的案件中，如果防卫行为为制止不法侵害所必需的，且手段性质、激烈程度与不法侵害基本相当，甚至小于，就没有"明显超过必要限度"，无论最后是否造成重大损害结果。如果防卫行为超出了制止不法侵害所必需的，本来采取较小强度的防卫行为就足以制止其面临的不法侵害，却采取了强度特别大的防卫行为，就属于"明显超过必要限度"。据此，认定明显超过必要限度，主要是根据防卫方式、强度、手段不适当等情形，包括防卫行为人攻击部位的不适当、防卫工具的不适当、防卫方人数或体能优于侵害方的情形下实施防卫行为等情形。

所谓"明显"，不是一般的超过，而是显著的超过。在一般人看来，往往是一目了然，或基本没有争议的。这是对防卫人有利的限度规定。基于此，在具体案件中，通过分析不法侵害人和防卫人双方的人数、力量对比、持有凶器等情况以及当时的危险状况等所有案件情况，进行全盘考虑判断，再综合决定防卫人的防卫行为是否具有必要性、是否"明显超过必要限度"是非常正确的。对于见义勇为行为，对"明显"的判断，更应有利于防卫人。

### 3. 造成重大损害

"造成重大损害"是防卫过当在结果上的成立条件。这一规定明确了"重大"而非"一般"的损害。而"重大"的损害结果，显然不是制止不法侵害所必需且相适宜的程度。而且，是在防卫行为过当的前提下，所呈现出的一种结果过当。按照规定，只有在两者同时具备的情况下，才能最终认定为防卫过当行为。

应当综合考虑不法侵害的行为性质、行为强度和可能造成的危害后果等因素，认定是否"造成重大损害"。特别是要防止结果论的做法，对于出现死伤结果的防卫行为，一律认为是防卫过当。例如，于欢的防卫行为具有防卫的性质，采取的反制行为明显超出了必要限度，又造成了伤亡后果，应当认定为防卫过当。理由为：本案属于违法逼债激发的防卫案件，不具备特殊防卫的前提条件。为了制止不法侵害、摆脱困境，防卫人于欢使用致命性工具刺向不法侵害人，造成 1 死、2 重伤、1 轻伤的后果，防卫行为与不法侵害之间明显不相适应，行为的结果明显是"重大损害"。通过该案与一般法理，可以总结：防卫行为所造成的损害与不法侵害可能造成的侵害相比明显失衡，就往往是"造成重大损害"。一般不包括造成被害人轻伤或财产方面的损失，而仅限于造成人身重伤或死亡。

### （三）特殊防卫与防卫过当的认定

特殊防卫的适用前提是防卫人面临严重危及人身安全的暴力犯罪。在司法实践中，准确把握这一前提条件，是正确适用特殊防卫条款的关键。这种暴力犯罪的侵害程度，必须严重危及人身生命安全。如果不法侵害行为并未达到严重危及人身生命安全的程度，就只能进行一般防卫，而不能适用特殊防卫。这是 1997 年《刑法》第 20 条第 3 款对适用特殊防卫作出的刚性规定，不能突破。对于特殊防卫的前提，应根据不法侵害人实际使用的暴力是否达到严重危及人身安全的威胁程度进行判断。不法侵害行为的强度足以致人重伤或死亡的，应当认为是严重的暴力犯罪，符合特殊防卫的前提，可以实施特殊防卫。这种特殊防卫显然不再评价防卫限度，因为符合特殊防卫前提后，已经不能苛求防卫人考虑防卫行为是否必要、防卫结果是否严重。通说也认为，对于正在进行的严重危及人身安全的暴力犯罪，实行正当防卫行为的，是特殊防卫，不存在防卫过当的问题。但是，不乏观点认为，1997 年《刑法》第 20 条第 3 款不是特殊正当防卫。这既缺乏理论根据，也容易导致司法实践将正当防卫认定为防卫过当。故为我们所不取。

在认定特殊防卫的问题上，还涉及防卫人的"精神高度紧张，心理极度恐惧"情形。对此，究竟是属于特殊防卫，还是存在防卫限度的问题，存在一定的争议。例如，在轰动一时的"涞源反杀案"[①]中，检察机关经过审理后认为，王新元夫妇的行为属正当防卫。其核心理由是：在当时的情况下，王新元、赵印芝因受到惊吓，精神高度紧张，心理极度恐惧。在无法判断王磊倒地后是否会继续实施侵害行为的情况下，要求防卫人即刻停止防卫行为，显然是不具有合理性和现实性的。综合当时的不法侵害与防卫人的具体情况，防卫人王新元的行为，符合1997年《刑法》第20条第3款的规定，属于正当防卫，不负刑事责任。这明确属于第3款规定的情形，不存在防卫限度的问题，是"无限"防卫，因而也被称为"特殊"防卫。对特殊防卫的适用，更应重视审慎的包容性立场，在充分顾及防卫权的优位、有利于防卫人的价值的立场下，也要谨防脱离合法性的底线。

对如何区分正当防卫与防卫过当的司法难题，既要从刑法理论出发，深挖正当防卫制度的立法原意、价值定位与公众认同立场，也要从规范要素出发，通过教义学的释明与刑法解释学的张力，释放立法规定的应有能量。同时，特别值得强调的是，在司法方法论上，尚需对理论学说、司法经验予以深度提炼，并以指导性案例等方式予以呈现，填补司法解释或立法修改未能出台前

---

① 李涛、戴幼卿、张夕：《对"涞源反杀案"当事女生父母不起诉》，《北京青年报》2019年3月4日。

的制度性空缺。借此，可以统一正当防卫制度的法律适用标准。

从长远来看，制定和完善相关司法解释，对统一正当防卫制度的法律适用标准，更具直接与系统性意义。对此，可以采取由最高人民法院发布指导意见和指导案例相结合的方式。具体地，指导意见主要对正当防卫的认定问题作出一些原则性、基础性的规定，更多的还是要发挥具有典型性和针对性的案例的指导作用。用典型案例引导类似案件的处理，一方面可以有效地限制司法的自由裁量权，另一方面可以做到类案同判，统一司法适用。实际上，在最高人民检察院发布的第 12 批指导性案例中，正当防卫或防卫过当案件的数量为 4 个，包括"于海明正当防卫案"等。这对出台正当防卫适用法律的指导意见具有积淀意义。当然，扩大正当防卫制度的适用空间，进一步优化正当防卫与防卫过当的边界，更需要完善立法。

# 我的刑法学研究历程<sup>*</sup>

## 一、殷勤致力于学术探索

学术研究最直接的工作就是著书立说，这是我六十多年一以贯之在努力的事。审视从 1954 年到 1979 年二十五年的岁月，虽然我的主要精力都投入刑法立法中，但还是为中国刑法学研究留下了一些有价值的东西。

1957 年 2 月，中国人民大学法律系刑法教研室集体撰写了《中华人民共和国刑法讲义》，其中"犯罪构成"一章由我执笔。又如，在《中华人民共和国刑法（草案）》第三十三稿完成后，我回到中国人民大学，教研室认为我对刑法立法工作颇有心得，要求我写一篇关于如何学习刑法的材料，为相关专业的教职人员提供教学资料。我用不到一个月时间完成了近 8 万字的《中华人

* 本文原载于《河南警察学院学报》2020 年第 1 期。

民共和国刑法（草案）学习纪要》，把刑法立法中的难点和重点问题梳理了一遍。1981年，《中华人民共和国刑法》等一系列法律正式颁布实施，许多人又拿出这本小册子，发现其中不少有意义的观点，这本小册子一时风靡学界。最高人民检察院研究室编印的《检察业务学习资料》第13辑中，特别刊载了全文，推荐检察系统人员学习。同时，法律出版社的负责人通过友人联系到我，请我从一名参与立法学者的角度，撰写一本关于中国刑法诞生方面的书，这正与我的想法相契合，于是迅速进入了写作状态。当时，学校分配的教学任务很繁重，我只能将夜间的空当用来写作。不到半年的时间，完成了近20万字的书稿，定名为《中华人民共和国刑法的孕育和诞生》。在这本书中，我发挥亲身经历立法的优势，对我国刑法条文的主要内容进行了具体的阐述，对制定过程中的各种分歧意见，进行了客观评价。1981年7月，该书正式出版并在全国发行。法律出版社经过初步考察，设定印数为12000册。但是面世后，不到一个月就销售一空。太多人渴望读到这本书，而市场上买不到此书，有的人就动手抄写，于是就出现了"手抄本"。

这本书的再版是时隔31年以后的事了。当时，因市场供不应求，法律出版社就计划再次印刷，我考虑到从1981年起，国家立法机关就不断制定单行刑法，而这本书并没有包含这些内容，表示等以后有机会修订时再印为妥。直至《中华人民共和国刑法修正案（八）》颁行，我才最终下定决心对这本书进行修订，更名为《中华人民共和国刑法的孕育诞生和发展完善》，转由北京大学出版社于 2012 年 5 月出版。该书出版后，全国人大常委会又于 2015 年 8 月通过了《中华人民共和国刑法修正案（九）》，由于刑法修正的内容较多，且 2014 年 4 月还一次性通过 4 个刑法立法解释，北京大学出版社的蒋浩先生又找到我说："本来书已售完，与其简单地不修改加印，还不如利用此机会，对书的内容充实完善后再版。"后来我就把《中华人民共和国刑法修正案（九）》和《中华人民共和国刑法修正案（十）》对刑法的修正内容，以及其间出台的 4 个立法解释增补到书中。

1979 年《中华人民共和国刑法》颁布实施后，全国还没有真正意义上的刑法教科书，这是我国高等教育界十分尴尬的事情。1982 年，由司法部牵头，邀请了全国 12 位刑法学界的专家和学者在北戴河召开刑法学教材统编研讨会，组成了刑法学教材编写组，大家一致推荐我担任这本教材的主编。1982 年底，经过刑法教材编写组的共同努力，"文化大革命"后第一部最权威的刑法教科书顺利完稿，定名《刑法学》。这本教材发行后仍然供不应求，出版社再版了 8 次，印数达 200 万册，创同类教材数量之最。1988 年，该书获得国家级优秀教材一等奖和司法部优秀教材一等奖的双重殊荣。受益于这本教材的人，难以计数。

与此同时，我国的刑法学研究生教学正处于启动阶段，教育部又把刑法学研究生教材的主编工作交给了我。刑法学研究生的教材定名为《刑法专论》，编写者几乎都是当时国内刑法学界的资深学者。《刑法专论》交付出版后，教育部学位管理与研究生教育司对此书深表肯定，推荐此书作为全国刑法学研究生的指定教学用书。这本书因此成为我国第一本刑法学研究生的教学用书，在研究生群体中掀起了一阵热潮，不少成名学者也把这本书纳入书单。

为适应日益发展的刑法学教学和研究的需要，在原国家教委的组织下，我又于1987年受命主持了供高等院校文科专业使用的新教材的编写，经过一年多的努力，《中国刑法学》一书终于问世。与其他刑法学教材相比，这本书最大的特点在于新，富有开拓精神，为我国刑法学教材的编写树立了一个更加成功的典范。此书后来在1992年获得第二届全国高等学校优秀教材特等奖。

特别值得一提的是，1994年，我主持出版了《刑法学原理》（三卷本）。这套书集合了我国刑法总则理论领域的重要成果，荣获国内图书出版最高奖项"第二届国家图书奖"。起初，该书以"中国人民大学丛书"的名义出版，后来因为这本书的影响力，国家新闻出版总署做了调整，将其列入"中国丛书"出版。

如果用最简单的语言概括我的刑法理论主要观点的话，那就是：坚持并倡导罪刑法定、罪责刑相适应、适用刑法人人平等、刑罚人道主义等基本原则；坚持刑法的职能是保护社会和保障人权并重；坚持实质和形式相统一的犯罪概念；坚持主客观要件有机统一的犯罪构成理论；坚持定罪量刑必须做到事实清楚、证据确实充分、程序合法、裁量适当；坚持治理犯罪必须运用综合手段，刑法是必要的，但又是有限的、谦抑的，刑法的干预要适度；坚持刑罚的目的是通过惩罚和矫正，实现特殊预防和一般预防；坚持从中国国情出发，严格控制和慎重适用死刑，逐步减少死刑，直至最后废除死刑。以上八个"坚持"，可以说代表我的主要学术观点，也是我著书立说着重阐发宣扬的。

说到犯罪构成理论，不少学者认为我国现行的四要件犯罪构成理论过时了，应当采用德日的阶层化体系。在这个问题上，我的态度很明确：我国刑法学犯罪构成理论体系，不仅是学习借鉴苏联刑法学犯罪构成理论的成果，也是中国刑法学界共同建设、发展和完善的本土性成果，在过去近四十年的时间里对中国刑法学术研究和刑事司法实践都产生了积极而深远的影响，这一点无论如何都是应当予以肯定的，这也是对过去四十年中国刑法学发展的基本肯定。我特别想强调，这个犯罪构成理论作为刑事司法人员的作业指南，对于维护和推动刑事法治一直都是发挥了正面价值，学术界有的同志对于四要件体系的担忧或者指责，事实上只是理论上的自我设想，并没有在司法实践中成为现实。

中国的刑事司法领域的人权保障事业在过去四十年里取得了越来越显著的成就，这在很大程度上与我们一直以来行之有效的犯罪构成理论具有相关性。德日的犯罪论体系作为一种学术观点具有很多优点，也值得我们学习借鉴，但同时认为必须对四要件犯罪构成理论乃至现行中国刑法学体系推倒重来的观点则是不可取的。我先后在《中国法学》（2009 年第 2 期）发表《论四要件犯罪构成理论的合理性暨对中国刑法学体系的坚持》，在《刑法论丛》（2009 年第 3 卷）发表《对主张以三阶层犯罪成立体系取代我国通行犯罪构成理论者的回应》，在《法学》（2010 年第 2 期）发表《关于中国刑法学犯罪构成理论的思考》等论文，将我的这个立场和观点说得很清楚了。

很多人都知道，我一向关注死刑问题研究。在改革开放之初，我就一直把死刑制度作为自己研究的重要课题。我始终认为，死刑制度不仅是一个刑法问题，更是一个社会问题。我国死刑问题涉及多方面因素，诸如立法动向、司法实践、历史传统、文化习俗、政策方针、理论观念等内容，死刑问题的根源和实质关乎全社会。中国疆域辽阔、风土人情各异，民情复杂，死刑改革可谓"牵一发而动全身"。在中国，"杀人偿命"的传统观念早已根深蒂固，所以我国死刑改革的步履应当稳健一些。然而，从更长远、更广阔的角度看，早在十七八世纪，近代刑法学鼻祖切萨雷·贝卡里亚就在《论犯罪与刑罚》一书中系统地论证了死刑的残酷、不人道以及不必要，限制以至最终废除死刑的观念日益深入人心，逐渐成为国际社会的共识。我多次参与中国刑法的制定、修订工作，有责任、有义务推动刑法的适用和研究向更科学、人道和良性的方向发展。作为学者，更应关注社会现实，尽其所能地推动社会的进步。要努力把死刑改革的正确理念推向公众，引导公众的死刑观念，尽可能地为社会的法治进步作出自己的贡献。

1997年《刑法》规定的死刑罪名最终确定在68个，占罪名总数的16.5%。随后，我在许多刊物上发表了"解读"文章，多次指出"死刑罪种过多"等问题，提出应当设法逐步削减直至最终彻底废除死刑的改革方向。我尤其不赞成对单纯经济犯罪判处死刑。从各国刑法来看，经济犯罪基本都没有设置死刑。开放的中国，必将适应更加开放的法制，我呼吁有关方面尽早对此进行改革，以树立生命的最高价值观。2011 年 2 月，十一届全国人大常委会第十九次会议通过了《中华人民共和国刑法修正案（八）》，取消了 13 种经济性、非暴力犯罪的死刑，原则上免除了已满 75 周岁老年人的死刑。这是我国自颁布 1979 年《刑法》以来首次作出大幅度减少死刑的规定。我参与了修正案的起草修订工作，在修正案通过审议时我感到很欣慰，对国家决策机关在死刑问题上的理性表示充分肯定。2015 年 8 月 29 日，十二届全国人大常委会第十六次会议表决通过了《中华人民共和国刑法修正案（九）》，进一步削减了死刑罪名。我认为，下一阶段，我国死刑制度改革的努力重点应当是采取切实可行的措施逐步减少死刑的适用，并分阶段削减死刑罪名。今后，我将继续为死刑改革工作而努力。

## 二、全程参与刑法立法

1954 年 10 月，那年我 26 岁，接到通知，要求我暂时搁置中国人民大学的工作，去全国人大参加刑法立法工作。刑法起草小组的办公地点设在全国人大常委会办公厅的法律室，位于北京市西黄城根北街。参与起草刑法的小组中，负责人是彭真，由于他另外担任重要的职务，主要承担刑法起草的把关和审核工作。具体工作是由法律室主任武新宇和副主任李琪负责，武新宇负责向大家分派任务，李琪负责向上级（主要是彭真）汇报工作。武新宇后来担任中国法学会第一任会长。刑法起草工作分三个小组，霍幼方负责第一组，刘仁轩负责第二组，张松负责第三组。刘仁轩来自全国人大常委会办公厅，霍幼方和张松分别来自中共中央中南局和东北局。其余的人员，都是像我这样从其他单位借调而来。

党中央一直强调，立法的依据必须建立在中国实际情况的基础上。因此，立法工作的第一步，就是收集资料和调查，让立法者深入了解中国社会的现状。最高人民法院从全国范围内收集了新中国成立以来 1 万多件刑事审判材料，分析总结形成了《罪名刑种和量刑幅度的总结》，其中对所有法院适用的罪名、刑种和量刑幅度加以统计，总结了 90 多个罪名、5 个主刑和 3 个附加刑的刑罚种类，提供给立法小组作为基础资料参考。立法小组又从天津市人民法院调取了 1953 年至 1954 年两年间全部刑事案件总结材料，进行分析比较。此外，立法小组还要求每个小组成员到相关部门和工业企业，对工业企业运行中出现的责任事故进行调查。当然，除了国内的资料外，国外的刑法立法现状也在立法人员参考之列。如 1926 年的《苏俄刑法典》就成为我国刑法立法最重要的参照对象。其他社会主义国家，如保加利亚、阿尔巴尼亚等国的刑法典，立法小组也都一一研读。像美国、德国、法国、日本等资本主义国家的刑法典，我们本着批判吸收的原则加以借鉴。

1955 年，我和参与立法的成员如期完成了《中华人民共和国刑法（草案）》第一稿的初步拟成任务。紧接着通过无数次的会议讨论，一轮又一轮地修改。每次会议都充满了思辨和诘问，会议之后都会出现新问题和新意见，修改之后又面临新的问题和挑战。在进入修改阶段的早期，几乎每个月都会换一个近乎面目全非的稿子。细微的修改次数，已无人能记得清了。在一次次的修改后，修改幅度慢慢变小了。较大篇幅修改就有 22 次。1957 年 6 月，法律室完成了《中华人民共和国刑法（草案）》第二十二稿。这个稿子完成后，立即送到中共中央法律委员会、中央书记处审查。据说，毛泽东同志当时也看过这一稿，表示还算满意。在相关领导层面走了一圈后，稿子又进行个别修改，最后提交全国人大法案委员会审议，并在第一届全国人民代表大会第四次会议上发给全体代表征求意见。会议对《中华人民共和国刑法（草案）》是充分肯定的，最后作出决议：授权全国人大常委会，根据代表和其他方面回馈的意见，对《中华人民共和国刑法（草案）》第二十二稿作最后修改，然后作为刑法草案公布试行。立法小组成员听说这个消息后，都很受鼓舞。我也激动极了，一直盼着一部真正的刑法出台，当时听到这个消息，感觉近三年的努力在这一刻实现了。

正当《中华人民共和国刑法（草案）》第二十二稿的征集意见工作全面展开时，1957 年 7 月，"反右派"斗争全面开展，几乎所有的立法工作都中止了，原定的刑法草案公布的决定就被搁置了，从此再无人提起。直到 1961 年，中央从各地反映的情况，觉察到"大跃进"带来的负面作用和法律缺位有一定的关系，许多问题亟须法律规范，所以又提出启动立法事宜。在这一思想的指导下，同年 10 月，我和原来立法小组的一些人，再度回到全国人大常委会参与刑法立法工作。1962年3月22日，毛泽东同志作出指示："不仅刑法需要，民法也需要，现在是无法无天。没有法律不行，刑法、民法一定要搞。不仅要制定法律，还要编案例。"同年5月，刑法草案修订工作全面启动，我再次放下中国人民大学的工作，正式回到全国人大常委会办公厅法律室上班。那个年代的立法工作，是要紧跟党中央的政治步伐的，对草案中每一个改动都很谨慎。中央政法小组还几次召开专门的审查会议，对立法小组提出具体意见。1963年初，立法小组认为必须再一次收集资料、总结经验。我们采取一种最实在的"笨办法"，派人搜罗新中国成立以来所有中央国家机关和各大行政区公布的法律、法令、指示和批复，从头到尾认真阅读筛选，只要涉及刑法相关内容的字句，就全都摘录下来，汇编成书，发给每个成员，供大家参考。经过一年多的反复修改，1963年10月9日，立法小组完成了《中华人民共和国刑法（草案）》第三十三稿。第三十三稿送达中央政治局，经过严密审查后予以认可，令人惋惜的是，后来一直没有下文。

直到"文化大革命"结束后的1978年10月，中央批准由政法小组召开法制建设座谈会，对原有的《中华人民共和国刑法（草案）》第三十三稿进行修订。心理上早有准备的我，作为长期参与刑法起草的成员，顺理成章地接到参加修订刑法工作的通知。经过前期大量的准备，1978年10月底，陶希晋召集修订组全体人员到北京军区招待所集中开会。会议提出，将在《中华人民共和国刑法（草案）》第三十三稿的基础上进行修改，制定《中华人民共和国刑法》。大家各自按照分派的任务，对社会形势的变化和随之出现的情况进行分析研究，重新仔细阅读古今中外的刑法资料。经过反复讨论和研究，在不到两个月的时间内，刑法草案修订组完成了《中华人民共和国刑法（草案）》讨论稿。稿子送到中央和北京市有关部门进行调查征询，收回一大摞的意见，据此形成了《中华人民共和国刑法草案（修订一稿）》。陶希晋认为必须进一步征求意见，修订组的成员又分编成三人一组，形成10个小组，赶在春节前后，分赴14个省市，遍邀基层司法干部进行座谈讨论。带着从基层收集而来的意见，再次进行有针对性的修改。我和李光灿、刘春和三人组成一个小组，去了安徽芜湖和江西九江，完成此项工作。

在党的十一届三中全会思想的指导下，修订组成员对新修订的《中华人民共和国刑法草案（修订一稿）》逐条讨论和修改，形成了《中华人民共和国刑法草案（修订二稿）》。陶希晋把《中华人民共和国刑法草案（修订二稿）》呈送中央政法领导小组，请求审议。1979年2月，彭真担任全国人大常委会法制委员会主任，重新接手了立法的相关工作。中央政法领导小组副组长黄火青拿到《中华人民共和国刑法草案（修订二稿）》，首先呈报给彭真，再由他来决定是否向上提交。经过一个月的忐忑等待，1979年3月9日，全国人大常委会法制委员会召开了第一次立法会议。彭真主持会议，武新宇也重新回到法制委员会参加了这次会议。陶希晋作为法制委员会副主任和《中华人民共和国刑法草案（修订二稿）》的负责人，被彭真邀到会议室的前排就座。当时参会人员有的拿着《中华人民共和国刑法草案（修订二稿）》，有的捧着第三十三稿反复斟酌。对于到底讨论哪一个稿子，大家各执一词，最后彭真认为第三十三稿经过中央政治局审查，已经有了基础，而《中华人民共和国刑法草案（修订二稿）》还没经过正式开会讨论，因此只能对第三十三稿进行审议。但是《中华人民共和国刑法草案（修订二稿）》中有很多第三十三稿未涵盖的内容，尤其是关于"文化大革命"以来出现的新情况以及近十多年来的司法工作的新经验，这些都必须作为第三十三稿的重要参考。不可否认，这次会议没有肯定《中华人民共和国刑法草案（修订二稿）》，但其对《中华人民共和国刑法》的出台，有着无法抹杀的贡献。从资料回溯去看，《中华人民共和国刑法草案（修订二稿）》与原第三十三稿相比，新增条文 61 条，新增章节主要有"侵犯公民民主权利罪""诬告陷害罪"和"贪污罪"等三章。这些都被吸收到 1979 年刑法之中。与《中华人民共和国刑法（草案）》第三十三稿相比，这次修改带来的变化，大部分内容是可喜的。

这一轮的修订工作中，大的修改有 5 次，也就是产生了 5 个稿子。其中第四稿在中央政治局相关会议上得到了原则性通过，并据其中部分细节提出的修改要求，形成了第五稿。中央政治局拿到第五稿进行审阅后，同意提交全国人大常委会法制委员会全体会议和第五届全国人大常委会第八次会议进行审议。两个会议对第五稿审议后，根据审议中提出的相关意见作进一步修改，随即提交第五届全国人大二次会议审议，审议中又作了个别修改。久经辗转的《中华人民共和国刑法（草案）》，终于有资格提交到

1979 年 7 月 1 日召开的第五届全国人民代表大会第二次会议上进行表决。1979 年 7 月 6 日，全国人民代表大会常务委员会委员长令第五号公布,《中华人民共和国刑法》自 1980 年 1 月 1 日起施行。这个泱泱大国自此拥有了自己的刑法典，刑事诉讼活动终于有法可依了。

《中华人民共和国刑法》出台后，由于社会形势变化，全国人大常委会不断出台相关的单行刑法，对刑法的内容作重要的补充、修改和完善。在 1981 年至 1995 年，全国人大常委会先后通过了 25 部单行刑法。在这些单行刑法的创制过程中，我大都参加了。从 1988 年到 1997 年刑法的出台，在历时 9 年对刑法修改研拟过程中，我作为参与刑法修改研拟工作的主要专家之一，除撰写文章探讨刑法修改完善的问题以外，还多次参加了刑法修改研究会、座谈会及立法起草、咨询等事宜，尽我所能地提出了一系列涉及刑法修改完善的问题和建议，许多建议受到国家立法机关的高度重视。此外，我还参加了部分刑法司法解释的起草、修订和研讨咨询工作。

## 三、推动中国刑法学国际交流

很多人把国际刑法研究和外国刑法研究在中国的兴起和发展归功于我，例如最高人民法院副院长姜伟大法官称赞我是中国刑事法学开展国际交流的开拓者，这是过誉的。其实恰如其分地讲，我只是较早倡导研究国际刑法，在推动我国刑法走向国际方面，想得早一些，并做了一点实际工作而已。在 20 世纪 80 年代，国内学者对国际刑法还比较陌生，我在中国人民大学法律系开设了国际刑法专题课程给研究生讲授，是我国改革开放后较早开设国际刑法课程的。

我认为，加入国际刑法学协会，有益于中国刑法学融入国际刑法学的潮流，也有益于世界了解中国刑法学的发展，这里面涉及中国刑法学的国际话语权的问题。国际刑法学协会肇始于 1889 年，由德国刑法学家李斯特、比利时刑法学家普兰和荷兰刑法学家哈默共同创建，属于非官方的学术性组织。1984 年，国际刑法学协会在开罗举行第十三届国际刑法学大会。我和众多中国刑法学界的同人对这次大会向往已久，在学术界的大力推动下，中国有关部门同意派代表参加。这是中国首次正式接触国际刑法学协会。1986 年，我在中国法学会第二次会员代表大会上当选为副会长。1987 年初，随着改革开放的深入，中国各个领域都开始与国际接轨。中国的刑法学界此时强烈渴望加入国际刑法学协会，中国有关部门授权中国法学会与国际刑法学协会接触联系。由于我通过多年的努力和积累，在国际刑法学研究方面业已初具成就，中国法学会就把这个任务委派给我。

1987 年 5 月，我以中国法学会副会长的身份，参加由国际刑法学协会召开的国际死刑问题学术研讨会，在会上作了题为"中华人民共和国的死刑问题"的演讲，获得了良好的效果，让国际刑法学界对中国的法律和刑法刮目相看。国际刑法学协会时任秘书长巴西奥尼（Bassiouni，M．C．）教授对我的观点表示惊讶和赞赏，我趁机与他接洽，并表达了此次参会的意图：我受中国法学会的委托，向国际刑法学协会提出中国部分刑法学者愿意加入国际刑法学协会，并希望在中国成立分会。这个申请得到了国际刑法学协会主席耶塞克教授等人的首肯。通过此次参会，国际刑法学协会与中国法学会之间的对话交流的大门终于打开了，中国刑法学界与国际刑法学界的联系渠道畅通了，我也顺利完成了中国法学会交给我的任务。

回国后，国际刑法学协会中国分会的各项筹备工作紧锣密鼓地展开了，并最终取得了圆满成功。1988 年 5 月，我和几位具有显著学术影响力的刑法学者，成为国际刑法学协会的首批个人会员。而后，通过不断与国际刑法学协会负责人沟通协调，最终获准以组织的名义加入。随后不久，国际刑法学协会中国分会正式成立，由于余叔通教授对国际法和刑法颇有研究，当选为首届中国分会主席，我当选为副主席。不久，余叔通教授去世，由我继任主席。

国际刑法学协会最重大的事，就是五年一次的国际刑法学协会代表大会。所有的会员国都派人参加，个人会员也大部分到会。中国加入国际刑法学协会后，为了尽快提升国际学术影响力，积极参与国际刑法学协会的各种活动。在历届大会上，都可以看到数名乃至数十名中国刑法学者的身影，中国分会还力争参加重要的预备会议。随着中国刑法学学术水平的快速提升，中国分会也成为国际刑法学协会的重要成员。

1999 年 9 月，在匈牙利首都布达佩斯召开的第十六届国际刑法学协会代表大会上，国际刑法学协会根据我的学术成就和国际刑法学协会中国分会会长的身份，选举我担任国际刑法学协会理事、副主席，我成为国际刑法学协会唯一的来自亚洲国家的副主席。我和中国分会因此而有更多机会参与国际刑法学术活动。会议期间，在中国法学会和国际刑法学协会中国分会的请求下，国际刑法学协会理事会同意国际刑法学协会第十七届代表大会在中国北京举办。这是对中国法学界和刑法学界的高度信任，也是莫大的喜事。

2004年9月13日，由国际刑法学协会和中国法学会共同主办、国际刑法学协会中国分会承办的第十七届国际刑法学协会代表大会在北京隆重召开。最高人民法院、最高人民检察院以及公安部的负责人都参与了会议。这是国际刑法学协会成立一百多年来第一次在亚洲国家举行的国际刑法学大会，也是我国刑法学术界首次承办的最大规模的国际性会议。来自世界各地约65个国家和地区的近千名代表出席了此次盛会。

在会议的最后阶段，举行了国际刑法学协会领导机构的选举，此前曾担任协会副秘书长的西班牙籍法学专家德拉奎斯塔（JoséLuisDe-La-Cuesta）当选为新一届国际刑法学协会主席，我也再次当选为国际刑法学协会副主席。国际刑法学协会副主席奥登霍夫先生在会后盛赞本次大会的成功，称其为"国际刑法学协会历史上最为重要的一次会议"。面对日益全球化的社会结构，跨国犯罪已经成为全世界各国、各地区的威胁，他对这次会上取得的成就，尤其是关于跨国刑事犯罪问题上形成的决议给予充分肯定。大会的中国组委会主席、中国法学会时任会长韩杼滨称这是"刑事司法领域国际交流与合作的新的里程碑"。让我感到欣慰的是，这次会议之后，中国刑法学界以崭新的姿态站到国际刑法学学术平台上，有更多的中国刑法学者开始活跃在国际刑法学界，在国际刑法学界发出更多的中国声音。

2015 年 4 月 12 日，联合国第十三届预防犯罪与刑事司法大会在卡塔尔首都多哈的国际会议中心召开。国际社会防卫学会授予我切萨雷·贝卡里亚奖。国际社会防卫学会在联合国经济和社会理事会享有咨商地位，切萨雷·贝卡里亚奖是刑法学界一项极具分量的国际性大奖，旨在表彰全世界在刑事法律领域为推动实现法治精神与人道关怀作出巨大贡献的贤达之士，素有刑法学的"诺贝尔奖"之称。我是首位获此殊荣的亚洲人。国际社会防卫学会举行的颁奖大会，把崇高的切萨雷·贝卡里亚奖颁发给一位中国刑法学者，这是历史性的突破，因为中国刑法学者从未获得过这样有分量的国际性大奖。

最初得知这个奖项首次颁给亚洲人并且是自己的时候，我和别人一样觉得难以置信，因为对于这样的奖项，中国并没有申报，而是提名制评选。这个奖项对我而言，更多的是鼓舞和鞭策。当然，也从另一个方面证明，经过中国刑法学界的共同努力，中国刑法学的国际化已被广泛认可。这当然是对我本人的鼓励，但更重要的是对改革开放以来中国刑法学研究与刑法学者所取得显著成绩的充分肯定，是对中国刑法学者多年来在刑法国际化方面不懈努力的充分肯定。考虑再三，在颁奖典礼上我用英语作了获奖答谢辞，因为这是国际惯例，同时也是对会议主办方的尊重。我认为我获得的荣誉是中国刑法学界共同努力的成果，应当与中国刑法学界全体同人共享。

两年后，我又获得日本早稻田大学授予的名誉博士学位。日本早稻田大学创建于 1882 年，其历史悠久，蜚声国际，是当今日本乃至全球的名校，长期致力于开展中日友好文化交流。早稻田大学的名誉博士学位入选标准非常严格，主要授予在国际上负有盛名、有杰出成就的政治家、社会活动家和学术大师。由于历史条件的限制，我在求学阶段未能攻读博士学位，但我是 1984 年经国务院学位委员会批准的我国刑法学专业第一位博士生导师。30 多年来我在中国人民大学和北京师范大学招收培养了 67 位刑法学博士生，其中业已获得博士学位的 63 位，尚有 4 位在读。我当了三十多年的博士生导师，培养了赵秉志、陈兴良、姜伟、周振想、黄京平、邱兴隆、王秀梅等一大批知名刑法学者，而自己却没有博士学位，确实有些遗憾。这次日本早稻田大学授予我名誉法学博士学位，可以说弥补了我的遗憾，同时也是对我六十多年来学术工作的一种肯定，《法制日报》为此专门报道了《八十八岁高铭暄教授成为最年长的"法学博士"》。

我与早稻田大学很早就结下了不解之缘，这也是我较早参与中日两国刑法学交流的缘故。中日两国的刑法学交流，是从 1993 年 9 月认识西原春夫先生后开始的。西原春夫先生是早稻田大学校长，是日本著名的刑法学家、教育家和社会活动家。他是中国人民的朋友，对中国怀有深厚的感情。1993 年，他邀请我参加在东京召开的以"正当化与免责"为主题的刑法研讨会。就是这次会议让我与西原春夫先生认识,他热情接待与会的嘉宾,给我留下了深刻的印象。自此我和西原春夫先生开始保持联系,并建立了深厚的友谊。在我的推荐下,1994年西原春夫先生被中国人民大学聘为名誉教授。1998年3月,我又应邀去东京参加早稻田大学举办的祝贺西原春夫教授70华诞的庆典。

特别值得提及的是,我和西原春夫教授共同主持做了两件比较有意义的事情。一是在21世纪初期召开了4次中日刑法学学术研讨会。西原春夫先生和我分别作为两方代表团的团长主持了这4次研讨会。在会议上中日双方达到了彼此了解、相互交流的效果。总体来说4次研讨会是成功的,西原春夫先生和我都表示十分满意。另外一件事情,是1994年7月我与西原春夫先生约定,共同主持编辑出版两套法学系列丛书,一套是《中国法学全集》10卷本,后来出版了9本;另一套是《日本刑法学研究丛书》,出版了4本。总体来说,组织出版这两套丛书的理想和愿望是好的,是为了加强中日两国法学学术交流,实际上也达到了一定的效果,一共出版了13本书,满足了两国读者的需求。我和西原春夫先生现在都已年逾九旬了,一路走来,我俩共同主持做了些有利于中日两国刑事法学术研讨交流的工作,这是缘分,也是我的荣幸,我们的友谊是永恒的。在我有生之年,我还愿意继续为中日刑事法学的交流尽一份微薄之力。

# 新中国刑法立法的伟大成就 *

    刑法是国家法律体系中极其重要的组成部分，是治国理政、保护人民、惩治和预防犯罪不可缺少、不可替代的法律武器。

    中华人民共和国成立伊始，就非常重视刑法的作用。一方面，为了涤荡旧社会遗留下来的污泥浊水，保障社会改革运动的顺利进行，国家先后制定了一系列单行刑法，如《妨害国家货币治罪暂行条例》《中华人民共和国惩治反革命条例》《中华人民共和国惩治贪污条例》等。另一方面，全国人大常委会办公厅法律室于 1954 年 10 月组织起草《中华人民共和国刑法》，即刑法典。起草工作历经艰辛和曲折，终于在 1979 年 7 月 1 日获得第五届全国人民代表大会第二次会议审议通过，成为我国第一部刑法典。1979 年刑法典的历史功绩在于：其一，它使新中国刑法规范第一次得以体系化；其二，它使我国刑事司法办案工作做到有法可依；

---

＊ 本文原载于《法治现代化研究》2020 年第 1 期。

新中国刑法立法的伟大成就

255

其三，它颁行之后的刑事司法文书一概都要引用该法律条文；其四，它为我国刑法学教学和研究提供了丰富的思想源泉和现实的规范依据。

1979 年刑法典是一部好法，但由于规定得比较粗疏，覆盖面不足，施行不久就感到不敷应用。全国人大常委会在 1981 年至 1996 年间通过了 25 个单行刑法，并在 107 个非刑事法律中设置了附属刑法规范，对 1979 年刑法典在实质上作了一系列的补充和修改，及时地对刑事司法实践起到了引领和规范作用。但是，由于在刑法典之外存在如此众多的单行刑法和附属刑法，缺乏一个体系上的归纳，显得有些凌乱，给司法机关在适用上带来了一些不便。加之随着社会主义市场经济体制的建立，对外开放日益扩大，犯罪现象出现了许多新情况、新特点和新问题。所以，党中央和全国人大常委会认为确有必要对 1979 年刑法典作一次全面的、系统的修订。修订工作开始于 1988 年 7 月，完成于 1997 年 3 月 14 日，第八届全国人民代表大会第五次会议通过了新修订的《中华人民共和国刑法》，即 1997 年刑法典，历时近九年。

1997 年刑法典的伟大贡献主要体现在三方面。其一，它明文规定了刑法的三大基本原则，即罪刑法定原则、适用刑法人人平等原则、罪责刑相适应原则，表明我国刑法已迈上现代化法治的轨道，筑起了人权保障的根基。其二，它具有承前启后、与时俱进、不断革新的鲜明特色。它不仅将条文由 1979 年刑法典的 192 条增加到如今的 490 条（包括刑法修正案实质增加的条文和骗购外汇罪条文），将罪名由 1979 年刑法典的 130 个增加到如今的

469个（含刑法典之外的1个骗购外汇罪）；而且有不少亮点和创新之举，如逐步减少适用死刑的罪名，提高死缓犯执行死刑的门槛，对不同自由刑之间的数罪并罚问题提出解决的原则，提高在特定情况下有期徒刑的最高年限，对被判处管制的、宣告缓刑的、裁定假释的，依法实行社区矫正，设立禁止令、职业禁止等非刑罚的预防性措施，以及对恐怖主义犯罪、极端主义犯罪、信息网络犯罪、知识产权犯罪、环境资源犯罪等作出系统的规定，等等。其三，它开启了刑法理论研究的新局面，同时也奠定了中国刑法学走向世界的坚实基础。

总之，在中国共产党的坚强领导下，特别是在习近平新时代中国特色社会主义思想指导下，新中国刑法已走过了七十年的历程，刑法典业已颇具规模，深入人心。现行刑法不仅对刑法基本原则以及定罪、归责、量刑、行刑的原则和制度作出规定，而且对分则469个罪名的罪状和法定刑也都作出了比较明确的规定。它是公安、监察、检察、审判机关办理刑事案件须臾不可离开的依据和准绳，也是广大干部和公民学习、实践刑事法治的好文本、好读物。因此，新中国刑法立法的成就是伟大的。

新中国刑法立法的伟大成就

# 新时代刑事治理现代化研究 *

刑事治理现代化乃国家治理现代化的核心组成部分，是衡量新时代国家治理水平以及经济社会现代化程度的重要参考。新时代推进刑事治理现代化具有现实必然性，是新时代经济社会发展的客观要求，是适应社会主要矛盾变迁的内在需要，是我国刑事治理实践变迁的经验凝结，也是应对日渐严峻的犯罪形势的必然选择。

## 一、刑事治理现代化的科学内涵

刑事治理现代化包括刑事治理体系的现代化以及刑事治理能力的现代化两个维度。其中，刑事治理体系现代化，主要指国家在科学的犯罪观指导下，根据犯罪原因的深入挖掘和致罪机制的

---

* 本文节选自《新时代刑事治理现代化研究》，载《上海政法学院学报（法治论丛）》2020 年第 4 期，有改动。

理性剖析，合理组织包括刑法、刑法前置法、伦理道德、教育以及医疗等犯罪抗制手段，针对不同犯罪类型的具体形式和各自特征，形成一整套紧密相连、相互协调、行之有效的犯罪防治体制机制及法律法规安排。刑事治理能力现代化是指在国家主导下，通过培育多元犯罪防治主体与媒介，调动公众参与犯罪防治的积极性，创新犯罪防治的模式与方法，最大限度地激活社会参与犯罪防治的活力，增进全社会犯罪防治的实际效能，以最终保障人民安居乐业、社会安定有序、国家长治久安。具体而言，在现代治理主义视域中，理解刑事治理现代化的内涵应当包括以下几方面的内容。

一是刑事治理现代化要求治理理念的开放性。刑事治理理念是刑事治理体系的灵魂所在，内在地支配着刑事治理能力的强弱。出于对维护社会基本秩序以及保障公民进行正常社会交往的客观需要，国家必须组织强有力、最有效的手段对抗并控制严重危害社会、严重偏离社会正义价值的犯罪行为。然而，国家抗制犯罪的实践始终以作为最严厉制裁的刑罚为依托或后盾，这就从根本上决定了刑事机制不可能摆脱权威性、压制性和严厉性等特征，从而使强调国家刑罚权"刚性"运行的刑事机制与重视多元参与、交互协作的现代治理之间呈现出相当的距离，刑事机制也往往沦为普通民众口中所谓的"专政手段""统治工具"。

不过，正如李斯特所言，"最好的社会政策就是最好的刑事政策"，希望通过国家权力将犯罪压制在特定范围的"压制性刑事治理理念"，从根本上背弃了刑事治理的内在规律，无法实现犯罪治理或刑事治理的效果。"传统的将犯罪完全视为严重危害社会的行为，试图通过刑罚处罚来消灭社会中犯罪现象的思想是存在一定问题的。"①与压制性刑事治理理念相对，治理性刑事理念立足相对主义犯罪观，在认识到犯罪严重扰乱社会秩序、危害社会利益的同时，将犯罪视作社会生活中的正常现象，例外地肯定犯罪的不可避免性及对社会发展的积极功能。法国著名社会学家迪尔凯姆认为：从犯罪行为的产生来看，犯罪是正常的，在某种意义上，犯罪是个人的独创精神的体现，犯罪为必要的社会改革开辟广阔的道路，"当犯罪率下降到明显低于一般水平时，那不但不是一件值得庆贺的事，而且可以肯定，与这种表面的进步同时出现并密切相关的是某种社会紊乱"②。

考虑到犯罪之于社会兼具破坏和创造的二重属性，在利用刑事机制治理犯罪时更应该注重"善治"，形塑开放性和包容性的刑事治理理念。其一，坚决摒弃"除恶务尽"、动辄不惜一切代价消灭犯罪的传统犯罪控制观，推动刑事治理维持社会安全秩序与促进公民自由交往的内在统一，避免纯粹出于对社会秩序和安全的追求而通过大量的犯罪化和加重刑罚的惩处力度"以刑去刑"；其二，厘清刑事机制与其他法律机制乃至社会机制在犯罪防治中的地位和功用，谨守刑事机制最后手段性或者补充性的本质属性，只要存在同样有效却较少侵犯性的犯罪防治手段，或者侵

---

① 李正新：《犯罪化与非犯罪化研究》，武汉大学出版社 2016 年版，第 100 页。
② ［法］迪尔凯姆：《社会学方法的准则》，狄玉明译，商务印书馆 2017 年版，第 88 页。

犯强度相同却更有效的其他防治手段，刑事机制即不被允许介入社会生活；其三，刑事治理始终坚持保护社会和保障人权的动态平衡，将人权保障视为刑事机制的首要社会机能，防止超越刑法规定惩罚犯罪人的"法外用刑"，以此既为刑事制定法限制国家刑罚权之功能的实现提供观念支撑，也有助于刑法的预测可能性的实现，为我国刑事法治的发展扫清观念障碍。

二是刑事治理现代化强调治理主体的多元性。或许因为犯罪是对社会秩序最严重的破坏，以维持秩序为任务的国家总是愿意垄断国家刑罚权，独自负担起控制犯罪、消除刑事冲突的任务，从而自觉或不自觉地忽视其他社会机制的犯罪治理机能，使犯罪防治始终在国家权力的支配下展开。诚如岳平教授所言："对我国犯罪预防而言，传统的学术范式对犯罪预防形成的桎梏，使犯罪防控策略上的话语权基本掌握在司法实践部门，鲜见来自犯罪预防的科学性理论的指导。审视我国的犯罪防控实践，运动式治理成为犯罪预防的基本模式。该模式本质上属于刑事治理，主要依靠的是行政权力的威力。"[1]

然而，古今中外的大量刑事治理实践已经充分证实，将解决刑事冲突的一切权力完全收归国家，完全排斥社会力量对刑事冲突的解决，依靠单一的刑罚对犯罪进行严厉打击，注定要遭受犯罪防治乃至刑事治理的失败。毕竟将刑事治理完全委之于国家，将遮蔽对犯罪原因及致罪机制的必要发掘，难以为治理犯罪寻得

---

[1] 岳平：《犯罪防控战略与策略之辨明》，载严励、岳平主编《犯罪学论坛（第3卷）》，中国法制出版社 2017 年版。

对症之方，同时也将导致国家过分挤压治理构造中社会的存在空间，制约其他社会机制防治犯罪功能的正常发挥，最终落入刑法万能主义、重刑主义的窠臼，妨碍公民进行有序的社会交往。"随着社会模式的陡然巨变，单靠国家一己之力尚不能有效地预防犯罪，这就需要将以国家为本位控制犯罪的模式转向'国家—社会'双本位的控制犯罪的模式。"① 受新兴复合型治理主义的启示，刑事治理必须坚持多元治理，建构国家主导、社会参与的犯罪治理体系，合理组织对犯罪的各类反应机制，整合社会各类犯罪治理力量，积极引导社会组织或个人在其权利义务范围内有目的地参与刑事政策制定、犯罪预防、刑事立法、刑事司法、行刑以及刑事政策评估等，形成全社会参与犯罪防治的最大合力。

三是刑事治理现代化强调治理方式的协作性。在传统的治理语境中，犯罪及犯罪人长期被作为国家刑罚权行使的对象或客体，刑事治理强调国家刑罚权对犯罪（人）的单向度惩治和霸道式压制，而不重视犯罪人、被害人及社会公众对刑事治理的回应和参与。"传统的'纠问式'诉讼模式因其权力的单向性已经让民众感受不到参与司法的尊严、尊重，对司法的冷漠、隔膜、不信任已经越来越贬损司法的权威。"② 应当承认，由于国家实际掌握合法的暴力机器、拥有惩治犯罪的专业能力，能够居于相对公正的立场对犯罪人定罪并处以适当刑罚，国家在刑事治理的整个过程中仍具有且必须具有相对突出的优势，始终保持并增强国家反犯

① 储槐植：《刑事一体化与关系刑法论》，北京大学出版社 1997 年版，第 89～90 页。
② 田成有：《法官的改革》，中国法制出版社 2014 年版，第 392 页。

罪的职能仍属必要。然而，为充分释放刑事治理的实际效能，刑事治理必然强调治理方式的参与性、平等性及商谈性，缓和刑事治理构造中的命令性、对抗性和单向强制性，从而最大限度地增加社会和谐因素、减少不和谐因素。

事实上，较之于传统对抗式、压制式刑事治理方式，协作式刑事机制注重治理过程中的对话、合作与互惠，从追求控制犯罪的功利性目的更多地考虑向重视控制犯罪过程的参与性与协商性转变，让不同利益诉求的刑事治理参与主体拥有更多的话语权，减少彼此之间不必要的内部对抗与消耗，在合意的基础上通过平等的对话、协商，寻求刑事治理各参与主体都乐于接受的结果。在此参与、协作的过程中，犯罪人通过认罪悔罪而获得刑事处遇上的从宽利益，社会因此培养出一批富有理性、敢于担责的现代公民，国家则因犯罪人的配合和社会各方的协助不仅可以有效地节约刑事治理所需的资源，更重要的是从根本上实现控制犯罪、维护秩序的目的，可谓三全其美、各方受益。

四是刑事治理现代化强调治理规则的科学性。"以往的社会管理往往凭个人经验或书本知识进行，经实践检验，有的目的根本就不能或难以实现，有的即使勉强实现但带来一大堆'后遗症'，科学性难以保证。"① 科学性，顾名思义就是符合事物的本质要求和内在规律性。刑事治理规则的科学性是刑事治理效能发挥的基础和保障，缺乏科学性的刑事治理规则非但不能保证刑事治

---

① 江必新：《法治社会的制度逻辑与理性构建》，中国法制出版社 2014 年版，第 31 页。

理的实际效果，相反会极大地侵蚀刑事治理的根基，招致社会公众对刑事治理体系及其实践运行的质疑、批判或诟病。

刑事治理规则科学性集中表现为犯罪反应机制选择的科学性，即犯罪治理的科学性。通常而言，犯罪治理是指人类有组织地对刑事犯罪和社会越轨行为进行打击、控制和预防的应对措施、策略与实践。科学的犯罪治理要求紧密结合当前犯罪的具体形势，通过挖掘诱致犯罪发生的各种因素，探明各种因素内部相互作用的机制和规律，并以此为基础，根据各类犯罪反应机制的内在特殊性合理组织对犯罪的反应，以期有针对性地消除各类致罪因素或阻断犯罪生成机制的作用路径，进而实现犯罪治理的良好效果。对于刑事治理规则的具体选择一定要时刻谨记，刑法在犯罪治理中的作用是有限的，毕竟从刑法保护法益的角度来说，"惩罚犯罪"面对的是已然的犯罪，法益已经遭受侵害，事后过度或不力的惩罚反而有可能激发新的矛盾和犯罪，所以这种介入往往并非"善治"，犯罪治理更应该关心治理的精细性、科学性和综合性。

随着犯罪学的发展，犯罪产生的原因逐渐被揭示，犯罪原因论由个人走向社会，犯罪不再被单纯认定为行为人自由意志的结果。科学研究也一再证明，盲目施行严刑峻法并不能达到预防犯罪的目的，刑法只能作为治理犯罪的一种手段，并且是最后的手段。判断某项危害社会行为是否纳入刑法规制时，应当优先选择其他犯罪治理效果更明显或者治理成本更低廉的反应机制，对决定纳入刑法规制的危害行为应当根据犯罪行为性质的差异性尽可能地为其配备相对应的、剥夺性相对较轻的刑罚种类。当然，即便特定行为被纳入刑法规制，对该行为的治理也不能单纯地依靠刑法，而必须同时在可能的范围内综合运用其他治理机制予以协同治理。

## 二、新时代推进刑事治理现代化的具体路径

2009 年诺贝尔经济学奖获得者、"新制度经济学"的命名者奥利弗·威廉姆森教授曾提出："治理是一种用来估计组织之备择模式效率的实践。其目的在于通过治理机制实现良序。……治理正是秩序得以完成的手段。具体而言，潜在冲突时刻存在要破坏或者扰乱实现相依收益的机会，在这样的关系中，通过治理这一手段，秩序得以完成。"[①] 党的十九届四中全会部署新时代推进国家治理体系和治理能力现代化时强调："着力固根基、扬优势、补短板、强弱项，构建系统完备、科学规范、运行有效的制度体系，加强系统治理、依法治理、综合治理、源头治理，把我国的制度优势更好地转化为国家治理效能。"据此，新时代推进刑事治理现代化需要根据治理犯罪的新形势和新要求，加强"四个治理"，不断创新刑事治理体系，提升刑事治理能力，增进刑事治理效能，实现"良序"的治理目标。

### （一）加强系统治理，调动社会多元主体参与刑事治理

"提高国家治理能力并不是单纯强调国家加强凭借其暴力垄

---

[①] ［美］奥利弗·E. 威廉姆森：《治理机制》，石烁译，机械工业出版社 2016 年版，第 11 页。

断地位所拥有的控制能力，而是要通过改革国家内部的治理结构，提高国家对市场和公民社会的监管能力，并且通过放权和分权等来调整国家与市场、社会的关系，使它们形成合作互补关系。"① 刑事治理现代化是一项浩大的系统工程，其所直接针对的对象是散布于社会各领域的各类型犯罪，而国家（政府）虽然在刑事治理中发挥着主导作用，但受各类治理资源的限制，其作用注定是有限的，需要坚持群众路线，拓宽社会公众参与刑事治理的渠道和机制，积极调动社会多元主体参与刑事治理，建构转群结合、层次多样、形式多元的群防群治网络。

当前，社会多元主体参与刑事治理的形式具有多样性，例如，扫黑除恶专项斗争中大量运用的征集案件线索机制，北京地区涌现的检举违法犯罪、参与破获多起明星吸毒等大案的"朝阳群众"，都是刑事司法领域鼓励和发动人民群众参与刑事治理的重要表现。"治理、善治理论、社会资本理论、参与型政治文化理论以及党的群众路线理论等均为公众参与犯罪治理过程提供了强有力的理论上的支持。"②

事实上，刑事治理领域的综合治理还更多地体现为刑事治理规范性文件对民主立法原则的坚持与贯彻。例如，《刑法修正案（九）》的研拟和制定就比较好地吸收了社会公众的参与。《刑法修正案（九）》的起草工作从 2012 年开始酝酿，经过调整研究

---

① 杨雪冬：《国家治理的逻辑》，社会科学文献出版社 2019 年版，第 28 页。
② 汪明亮：《公众参与犯罪治理之市场化途径》，复旦大学出版社 2018 年版，第 206 页。

拟制方案、写出送审的草案稿之后，正式进入立法程序。2014 年
10 月 27 日，十二届全国人大常委会第十一次会议对《刑法修正
案（九）（草案）》进行了第一次审议，并于 11 月在"全国人大网"
上将一次审议稿共 47 条全文公布，以向社会公众征求意见。据了
解反馈意见总共 5 万多条。其后就根据各方面来的意见进行梳理
研究，择善而从，改出二次审议稿进行审议，并再次在"全国人
大网"上全文公布，向社会公众征求意见。这次反馈意见有 11 万
多条，说明公众参与立法的热情很高。立法工作机关对这些意见
再次进行梳理研究，反复斟酌，从而修改出三次审议稿（共 52 条）。

刑事司法解释等规范性法律文件的起草或出台也会组织专家
学者进行多轮次的专业论证，注重吸收专家学者的专业意见。应
当承认，刑事治理规范性文件的制定坚持民主立法的原则，秉承
"开门立法"的思路，积极吸收社会公众或专家学者的广泛参与，
倾听民声、汇集民智、凝聚民心，将极大地提升相关规范性文件
的质量、增强规范性文件的科学性和可操作性。

### （二）加强依法治理，防止刑事治理偏离法治轨道运行

一般认为，依法治国与国家治理是相互作用、相辅相成的关
系。推进国家治理体系和治理能力现代化，核心是要推进国家治
理法治化，而依法治国是推进国家治理现代化的重要内容和主要
途径，对实现国家治理现代化具有引领、规范、促进和保障等重
要作用。就主要内容而言，刑事治理既属于依法治国的内容，又
可归入国家治理的范畴，是横跨依法治国和国家治理的领域，新
时代推进刑事治理现代化是全面依法治国和国家治理现代化的共

同要求。考虑到刑事治理机制实质上是国家刑罚权的实际运行，不可避免地带有强烈的干涉性和强制性，极易不当侵损公民权利，因此必须始终保持刑事治理机制运行于法治轨道，既要保证作为刑事治理依据的规范性法律文件经得起法治原则的检验，又要保证刑事治理依据在实践中的实际运行经得起法治原则的检验，警惕并防止任何有可能偏离法治轨道的刑事治理。

考虑到刑事治理依据的实践运行属于规则施行范畴，牵涉面广，需要多方协力，以下仅就刑事治理依据的制定所可能存在与法治原则抵触的两点进行展开。

慎重适用司法犯罪化的方式将社会中的危害行为纳入刑法规制范围。所谓司法犯罪化，是指刑法在具体适用时，将当前刑法未作犯罪规制的行为，借助司法解释或司法习惯将其作为犯罪进而规制。例如，2019 年 10 月 21 日，最高人民法院和最高人民检察院联合发布《关于办理非法放贷刑事案件若干问题的意见》，2020 年 2 月 6 日，最高人民法院、最高人民检察院、公安部、司法部联合发布《关于依法惩治妨害新型冠状病毒感染肺炎疫情防控违法犯罪的意见》，分别将原本不属于非法经营罪规制范围的"职业非法放贷""囤积居奇，哄抬物价，牟取暴利的行为"通过司法犯罪化的方式纳入非法经营罪的惩罚范围。应当说，司法犯罪化可以在一定程度上缓和刑法立法稳定性与社会变迁之间的紧张与矛盾，能够在保持刑法稳定性的同时又适应社会情势的变迁，同时也有助于充分运用刑法惩治严重扰乱社会秩序、侵害法益的行为，从而有力地维护社会安定、安全和安宁，但司法犯罪化往往借助兜底性条款或者兜底性罪名将某种行为实质上纳入犯罪圈，这虽然在文意解释上不存在质疑，却有可能与该兜底性条款或者兜底性罪名所保护的法益种类存在隔阂，因而必须郑重其事。

地方司法机关应当坚决避免在刑事治理过程中制定或出台"司法解释性文件"。根据我国立法法的规定，人民法院在审判工作中具体应用法律的问题，由最高人民法院作出解释；人民检察院在检察工作中具体应用法律的问题，由最高人民检察院作出解释；地方人民法院、人民检察院一律不得制定司法解释。2012 年 1 月 18 日，最高人民法院、最高人民检察院专门发布《关于地方人民法院、人民检察院不得制定司法解释性质文件的通知》强调："自本通知下发之日起，地方人民法院、人民检察院一律不得制定在本辖区普遍适用的、涉及具体应用法律问题的'指导意见'、'规定'等司法解释性质文件，制定的其他规范性文件不得在法律文书中援引"，要求"地方人民法院、人民检察院对于制定的带有司法解释性质的文件，应当自行清理。凡是与法律、法规及司法解释的规定相抵触以及不适应经济社会发展要求的司法解释性质文件，应当予以废止"。然而，从现实刑事治理实践来看，这一规定屡屡遭受挑战，基本未得到遵守，地方司法机关制定司法解释性文件不仅长期而且大量存在。正如周光权教授所言："对地方人民法院、人民检察院制定'司法解释型规范文件'的做法，要坚决予以反对，至少要持一种抵制的态度。……地方司法机关不能越界制定实质为司法解释的任何文件。对于参与制定以及执行这种文件的行为性质，如果说得重一点儿就是在挑战法治的底线。"①

### （三）加强综合治理，建构多元立体犯罪反应机制体系

推进刑事治理现代化之综合治理路径，是指在党和政府的统一领导下，动员和组织全社会各方面的力量，建构多元立体犯罪反应机制体系，运用各种刑事治理手段，以预防、控制和减少犯罪的方案和措施。在刑事治理现代化路径的"四个治理"中，系统治理主要是指刑事治理参与主体的多元性，而综合治理则是指刑事治理的具体方法与措施等维度的多元性，即针对犯罪的不同层次、不同情况，综合运用政治的、经济的、思想的、文化的、教育的、行政的、法律的、道德的、实体的、程序的等正式或非正式的犯罪反应机制进行刑事治理，强调根据不同类型犯罪生成的因素及致罪机制的差异，有选择地组织相应的犯罪反应机制，致力于消除犯罪因素或者阻断致罪机制作用流程，以追求犯罪治理最佳的实际效果为旨归。

新中国刑事治理实践长期坚持通过立体化社会治安防控体系应对日渐严峻的违法犯罪形势，以提升国家刑事治理能力和治理水平。2001年中央正式提出建设社会治安防控体系后，各地以公安机关为主导，加强治安防控体系建设。2009年，公安部提出要全面加强社区防控网、街面防控网、视频监控网、单位内部防控网、区域警务协作网和"虚拟社会"防控网等"六张网"建设，

---

① 周光权：《刑法学习定律》，北京大学出版社2019年版，第242～243页。

积极构建点线面结合，人防、物防、技防结合，打防管控结合，网上网下结合的社会治安防控网络，努力实现对动态社会的全天候、全方位、无缝隙、立体化覆盖。

为有效应对影响社会安全稳定的突出问题，创新立体化社会治安防控体系，依法严密防范和惩治各类违法犯罪活动，全面推进平安中国建设，中共中央办公厅和国务院办公厅于2015年4月下发《关于加强社会治安防控体系建设的意见》（以下简称《意见》）要求，加强社会面治安防控网建设、加强重点行业治安防控网建设、加强乡镇（街道）和村（社区）治安防控网建设、加强机关、企事业单位内部安全防控网建设、加强信息网络防控网建设、加强信息资源互通共享和深度应用、加快公共安全视频监控系统建设。《意见》还明确强调，"强化信息资源深度整合应用，充分运用现代信息技术，增强主动预防和打击犯罪的能力。将社会治安防控信息化纳入智慧城市建设总体规划，充分运用新一代互联网、物联网、大数据、云计算和智能传感、遥感、卫星定位、地理信息系统等技术，创新社会治安防控手段，提升公共安全管理数字化、网络化、智能化水平，打造一批有机融合的示范工程"。笔者认为，立体化社会治安防控体系是多元立体化犯罪反应机制体系的"缩影"和重要组成部分，立体化社会治安防控体系建设的重要举措同样可以适用于多元立体化犯罪反应机制体系，以丰富我国刑事领域综合治理的措施，并提升我国刑事治理现代化水平。

## （四）加强源头治理，避免社会矛盾风险现实化为犯罪

犯罪是特定社会矛盾和风险客观现实化或者外在化的表现，是从日常社会矛盾逐渐演变成威胁刑法所保护法益的抽象危险，再由抽象危险发展成程度更深、危害更大的具体危险，并最终客观现实化为侵害法益的实害结果。任何犯罪的发生都有一定的根源，是特定根源在外部因素的综合作用下共同作用的结果，刑事治理对犯罪的防治必须坚持标本兼治、重在治本，要么将治理的锋芒直接指向犯罪发生的根源，从根本上弱化甚至消除滋生犯罪的根源与隐患，要么通过设置危险性以及抽象危险犯的方式将刑事机制治理犯罪的防线适当前移，阻断日常社会矛盾向危险犯最终向实害犯恶化或演变的流程，从而使犯罪对社会的危害始终被控制在相对轻微的范围内。

当前，我国全面深化改革逐渐步入深水期、攻坚期，这既是经济社会获得发展的重要战略机遇期，也是社会中各种矛盾、各类压力积聚，滋生各类违法犯罪的风险期。新时代推进刑事治理现代化必须直面社会中存在的各类矛盾和压力，通过建立健全社会矛盾或压力的疏通和排解机制，尽可能将社会矛盾或压力排解于萌芽状态。据此，刑事治理现代化建设不能将视野局限于既成犯罪的惩治或者预防上，而必须将刑事治理的着力点相应地置于犯罪产生的根源上。例如，当前正如火如荼开展的扫黑除恶专项斗争就要求通过有力打击震慑黑恶势力犯罪，形成压倒性优势，又要构建长效机制，有效铲除黑恶势力滋生土壤，强化对黑恶势力犯罪的源头治理。

就刑事治理现代化之源头治理而言，新时代"枫桥经验"无疑具有特别重要的参考借鉴价值。新时代"枫桥经验"强调畅通和规范群众诉求表达、利益协调、权益保障通道，健全信访制度，完善人民调解、行政调解、司法调解"三大调解"联动工作体系，健全社会心理服务体系和危机干预机制，完善社会矛盾纠纷多元预防调处化解综合机制，努力将矛盾化解在基层。事实上，早在2013年底，习近平总书记就指示要求学习"枫桥经验"。2014年1月，中央政法工作会议要求学习和推广"枫桥经验"。"枫桥经验"作为一个地方性经验，在很多方面很好地体现了当代中国社会治理创新的基本精神内涵，是新时期进行社会治理体制创新的一个样本，为刑事治理现代化建设提供了弥足珍贵的着力路径。

# 为学者严　为师者亲 *

　　大学教师，既是学者也是师者，从严治学、教书育人是本职。站在三尺讲台，是为了让学生学有所获、成长成才。教师应当扎根教学第一线，把上讲台当作最喜欢的事，履职尽责，努力为中华民族伟大复兴增添一份力量。

　　教师做的是传播知识、传播思想、传播真理的工作，是塑造灵魂、塑造生命、塑造人的工作。习近平总书记指出："教师不能只做传授书本知识的教书匠，而要成为塑造学生品格、品行、品味的'大先生'。"中国特色社会主义进入新时代，对大学教师在各方面都提出了更高要求。培养高素质人才，需要教师努力提高自身各方面素养。比如，具有先进的教育理念和教学方法，具备更高的学术水平和更强的学术创新能力，更好地传道授业，提升学生能力。还要有能力从书本中走出来，积极汲取社会实践中的

---

* 本文原载于《人民日报》2020 年 8 月 18 日第 9 版。

养分，并将其引入课堂教学，培养学生的实践能力。

在课堂教学之外，大学教师面临的另一个重要问题是如何指导自己的学生。我提出了"三严、四能、五结合"的方法。"三严"就是对学生严格要求、严格管理、严格训练，要求学生根据自己的情况制订学习提高计划，通过经常见面谈话、批阅学生作业等加强对学生学习情况的监督管理，耐心解答学生问题。"四能"就是着重培养学生的读书能力、翻译能力、研究能力、写作能力。通过文献综述、参加科研、撰写学位论文等学术实践，这四项能力都应有所提高。"五结合"是指让学生做到学习与科研相结合、理论与实践相结合、全面掌握和重点深入相结合、研究中国和借鉴外国相结合、个人钻研和集体讨论相结合。大学生特别是研究生的学习是高层次学术训练，要在科研中有目的、有针对性地获取各种知识、完善思维框架，不能无的放矢，追求不着边际、与实践脱节的所谓"学问"。

良好融洽的师生关系是教学的重要保障，加强师生交流是提升师生关系的重要途径。交流越主动频繁，师生关系就越融洽。现在有的教师，在课堂以外的时间和学生接触比较少，这样就很难形成良好融洽的师生关系。对于教师而言，需要努力提高自身道德修养和学术水平，给学生做好榜样，学生就会感到教师可亲可近，长此以往必定会形成良好融洽的师生关系。师不必贤于弟子，弟子不必不如师。教师不能过于拘束学生的天性，简单否定学生的观点，而应鼓励学生形成自己的想法，不一味附和老师。学生向老师学习，老师也要向学生学习，教学相长，是为正道。

为学者严　为师者亲

/

　　当好大学教师，还要摆正教学和科研的关系。教学与科研是两种不同性质的脑力劳动，都需要投入大量时间和精力，两者密不可分、互为依托。如果没有科研作后盾，教学就不可能深入，也不可能使学生获得更精深的知识和更开阔的视野。但如果单纯强调科研，不注重教学水平提高，不研究教学艺术，不了解教学对象，不掌握教学技巧，不探索改进教育方法，也很难激发学生的学习热情和创造精神，再前沿的知识和理论也难以被学生接受。这就需要我们用前沿的科研成果充实教学，使科研成为教学的有机组成部分，努力提升教学效果；同时善于把教学中形成的新思想、发现的新课题带到科研中去，有针对性地开展研究，使教学和科研相互促进、共同提高。

# 网络时代 "入罪" 解释样本的分析 *

　　自 1997 年《刑法》规定计算机犯罪以来,《刑法修正案（七）》与《刑法修正案（九）》先后作出了两次较大幅度的改动。当下,我国网络犯罪的演变态势日益严峻,日渐成为当前主要的犯罪类型,适法问题的困扰随之递增。为此,最高人民法院、最高人民检察院先后发布指导案例或典型案例,进一步丰富"适法"的指导路径,为刑法解释提供"依据"。

　　两高通过发布司法解释及指导案例、典型案例,初步框定了我国网络时代刑法解释的基本生态与面貌。相比于《计算机刑事案件解释》与《网络犯罪刑事案件解释》的一般性、概括性、抽象化等特质,指导案例与典型案例更具有鲜明的个别性、具体性以及类型化特质,可以直观地显示网络时代刑法解释之运行样态、司法逻辑以及实然规律,便于更中立、客观地反映实践中的问题。

---

＊ 本文节选自《网络时代刑法解释的理论置评与体系进阶》，载《法治研究》2021年第 1 期，有改动。

相比于纯粹从学理上探讨网络时代刑法解释的挑战及其应对，典型个案研究不至于陷入"自说自话"的虚无化、抽象化等问题中，也更契合网络时代刑法解释的实际运行逻辑与规律。

## 一、保守的目的解释与实质入罪的现实需求

指导案例 27 号是首个涉及网络犯罪的指导性案例，其所呈现的刑法解释立场值得关注，对实践中处理网络盗窃、网络诈骗犯罪具有重要的参照作用。

关于基本案情、判决情况，主要如下。（1）盗窃事实。2010年 6 月，被告人郑必玲、臧进泉预谋合伙作案。臧进泉以尚未看到被害人金某网购付款成功的记录为由，发送交易金额标注为 1元但实际植入了支付 305000 元的计算机程序的虚假链接，谎称并诱导点击该 1 元支付链接后可以查看到付款成功的记录，导致被害人网银账户中的 305000 元通过臧进泉预设的程序，经多次倒转到了臧进泉名下控制的账户。臧进泉使用 116863 元购买大量游戏点卡，在淘宝网店上出售套现。（2）诈骗事实。2010 年 5—6 月，被告人臧进泉、郑必玲等人制作了虚假的淘宝网链接。被告人通过网络聊天工具，将该虚假淘宝网链接发送给买家，买家误以为真，点击该链接进行购物、付款，认为所付货款会汇入支付宝公司的公用账户，但该货款实际通过预设程序转入网游网站在支付宝公司的私人账户与被告人事先在网游网站注册的充值账户。事后，被告人在网游网站购买游戏点卡、腾讯 Q 币等在淘宝

网出售套现。被告人预谋后多次作案，涉案金额 22000 元。一审法院认为，被告人臧进泉等人分别构成盗窃罪和诈骗罪。二审法院维持原判。

在传统刑法理论中，盗窃罪与诈骗罪的区分一直是实践中的难题。在网络犯罪时代，该问题仍有所延续。在新型网络"手段（工具）型"犯罪中，利用信息网络实施财产犯罪是常见多发的情形。信息网络技术的"不可视性"以及虚拟性等因素，使利用信息网络实施财产犯罪的"过程"更隐秘或无从察觉，因而更具欺骗性，也无形中加剧了网络盗窃与诈骗之间的区分难度。指导案例 27 号主要涉及网络盗窃与网络诈骗的行为分界与识别标准之确定，在识别两种新型网络危害行为的界限上，保守的目的解释与实质入罪的现实需求之主线贯穿其中。

在指导案例 27 号中，最高司法机关明确提炼出一条定罪的基本规则，也确立了区分网络盗窃犯罪与网络诈骗犯罪的司法要旨，是以"危害行为"为区分的基本立足点。在信息网络环境下，秘密窃取与基于认识错误的自愿处分，分别是网络盗窃与网络诈骗的核心特质，"主要手段和被害人有无处分财物意识"是区分的关键要素。具体而言如下。（1）同时采取秘密窃取手段与欺骗手段，非法占有财物的，应从根据采取的主要手段和被害人有无处分财物意识予以区分。行为人获取财物时，起决定性作用的手段是秘密窃取，诈骗行为只是为盗窃创造条件或作掩护，被害人也没有"自愿"交付财物的，应当认定为盗窃；行为人获取财物时起决定性作用的手段是诈骗，被害人基于错误认识而"自愿"

交付财物，盗窃行为只是辅助手段的，应当认定为诈骗。（2）行为人利用信息网络，使用预设计算机程序并植入的方法，诱骗他人点击虚假链接而实际上通过预先植入的计算机程序窃取他人财物的，获取财物时起决定性作用的手段是秘密窃取，诱骗被害人点击"1元"的虚假链接系实施盗窃的辅助手段，只是为盗窃创造条件或作掩护，被害人没有"自愿"交付巨额财物，获取银行存款实际上是通过隐藏的事先植入的计算机程序来窃取的，应以盗窃罪论处。（3）行为人虚构可供交易的商品或者服务，通过开设虚假的网络店铺和利用伪造的购物链接，欺骗他人为支付货款而点击付款链接、获取财物的，应以诈骗罪论处。

从指导案例27号提炼而出的一般性规则，对处理相似案件具有"参照"意义。（1）指导案例27号的裁判规范依据是《刑法》第264条与第287条，是以网络"手段型"犯罪形态为前提的。这类犯罪的本质仍然是传统的财产犯罪，只是实施犯罪的方式呈现为"网络化"。这也使指导案例27号对网络盗窃与网络诈骗的"解构"，在结论上与传统理论出入不大，甚至就是"简单的语境切换"，而无"实质突破"。（2）指导案例27号的指导意义是为利用信息网络实施传统财产犯罪的行为定性提供明确的路径，即可以构成传统财产犯罪。这客观上回应了实践中的两大问题。一是依附或附着于信息网络中的网络财产性利益，是应受刑法保护的财产法益；间接确定了刑法中的财产性质。二是利用信息网络实施财产犯罪的本质仍是传统意义上的财产犯罪，而非纯正的"网络财产犯罪"。现有刑法规范与定罪思路仍有效，客观方面仍是司法认定的重点要素。在新型网络财产犯罪问题上，指导案例 27 号总体上奉行"稳健"的扩张解释立场，其目的侧重于提供有效的"入罪化"之扩张效果，主要是对犯罪场域和犯罪手段进行"网络化扩张"解释，以此直接解决了"危害行为"的性质界定问题。

## 二、扩张性的目的解释与犯罪化的司法导向

检例第 38 号是关于新型网络诈骗的典型案件。通过该指导性案例，有助于更深入地观察针对网络时代新型财产犯罪的刑法解释之实况与问题。

关于基本案情、判决情况，主要如下。2015 年，董亮等四名被告系某网约车平台注册登记的司机，分别用未实名登记的手机号注册网约车乘客端，在乘客端账户内预充打车费 10~20 元。后虚构用车订单，用司机端账户接单，发起较短距离用车需求，后又故意变更目的地延长乘车距离，致使大幅提高应付车费。网约车公司往往预先垫付车费，并给予司机承接订单的补贴。四被告分别非法获取网约车公司垫付车费及补贴从 6627.43 元到40664.94 元不等。2016 年 4 月，一审法院判定构成诈骗罪。

检例第 38 号是典型的"网络平台刷单套现"犯罪案件。在互联网经济迅猛发展的背景下，大量网络运营平台相继出现，网络刷单作为基本的网络生产经营方式随之成为常态。互联网公司为抢占市场，以提供订单补贴的形式吸引客户参与。由于网络平

台的虚拟性，网络运营不再是"现物交易"等传统交易及支付形式。采取违法手段，通过恶意大批量刷单，制造虚假交易，获取网络平运营商的补贴等，并予以非法套现，是当前常见的违法犯罪现象。在检例第 38 号中，关于网络危害行为的认定上，扩大性的目的解释导向与犯罪化的新常态是焦点。具体而言如下。

犯罪利用网络平台及其运营模式的缺陷，实施侵害网络平台运营秩序以及资金安全等的行为，破坏了网络平台运营商的合法权益。它具有网络"手段型"犯罪的特征，也有"网络对象型"犯罪的特征，其目的是非法获取网络平台运营商的经营利益（如现金补贴、电子优惠券、电子兑换积分等）。新型网络经营利益基本上依附于网络平台，对网络平台背后管理者的依附性明显下降。作为网络"手段型"犯罪更合理，可以更好地解释"套现"是实行行为，而非法获取资金是最终目的。这是应当按照诈骗犯罪论处的重要原因。

基于网络约车的运营模式，行为人以非法占有为目的，通过网约车平台与网约车公司进行交流，发出虚构的用车需求，使网约车公司误认为是符合公司补贴规则的订单，并基于错误认识，给予行为人垫付车费及订单补贴的，是新型诈骗行为，符合诈骗罪的本质特征。因此，其适法指导意义的核心内容可以概括为："以非法占有为目的，采用自我交易方式，虚构提供服务事实，骗取互联网公司垫付费用及订单补贴，数额较大的行为，应认定为诈骗罪。"该解释逻辑延续了诈骗罪的本质特征及其适用条件的基本要求，也增加了网络因素。一是虚构事实与隐瞒真相、被害人陷入错误认识并自愿处分，仍然是网络诈骗犯罪的基本行为逻辑结构，诈骗的本质在网络犯罪时代总体上未变。二是网络运营平台作为网络运营商的新型生产经营方式，与网络运营商的管理、权属等内容融为一体。利用网络平台运营规则的漏洞等条件，"欺骗"运营平台的计算机信息系统的，实质上是欺骗网络运营商，而不是"绕过系统平台的审查以便对网络运营商的秘密窃取"。从逻辑上看，尽管是因网络运营平台无法有效逐一识别交易的真实性，不可能全部辨识虚假交易等刷单行为，网络运营平台系统形式上是被骗，但实质是欺骗网络运营商平台自身。

骗取计算机信息系统如若等同于欺骗网络运营平台，无疑对传统认识有所冲击。一是网络平台运营者通过刷单实施交易，真正的网络平台所有者、管理者以及使用者往往无法判别是否属于虚假的交易，所有者、管理者往往需要事后进行人工审查与判断，客观上也一般难以出现"被欺骗"的客观事实。二是主张信息网络中的计算机信息系统或网络系统是可以被欺骗的，并等同于管理者被欺骗。它无疑是指并非只有"人"才可以被欺骗。这与传统理论显然相反。对于"有折扣"或非典型网络"诈骗行为"之处罚必要性，上述要旨的说理也并不充分。只是在入罪的现实诉求下，上述司法"入罪"的模糊化逻辑具有高度的现实认同性与不可替代的司法便宜性，以至于其"合理性"不被真正深究。

检例第 38 号遵循了目的解释的精神。概言之，发生在信息网络空间且客观上实施了刑法上的欺骗行为，尽管目标直接指向的是网络平台运行系统，但仍应当肯定其符合"欺骗行为"的本质属性，从而实现"入罪"的司法需求。

## 三、网络数据的内涵演变与合理的当然解释

《刑法修正案（七）》增设《刑法》第 285 条第 2 款，即非法获取计算机信息系统数据罪。该罪名在实践中的适用率较高，与传统财产犯罪等的"竞合适用"时常成为实践中的难点问题。对此，检例第 36 号可以提供一个观察的样本。

检例第 36 号的基本案情如下。被告人事前合谋，龚旭因工作拥有登录某大型网络公司内部管理开发系统的账号、密码、Token 令牌（计算机身份认证令牌），具有查看工作范围内相关数据信息的权限。2016 年 6 月至 9 月，龚旭违反规定，向卫梦龙提供该公司内部管理开发系统账号、密码、Token 令牌。卫梦龙利用龚旭提供的信息，违反规定多次异地登录该公司内部管理开发系统，查询、下载该系统所储存的电子数据。后卫梦龙又交由薛东东通过互联网出售牟利，违法所得共计 37000 元。2017 年 6 月，海淀区人民法院判决认定，被告人卫梦龙、龚旭、薛东东非法获取计算机信息系统数据罪，情节特别严重。

检例第 36 号是典型的非法获取具有经济价值（财产利益、商业价值等）的计算机信息系统数据并非法获利的犯罪行为。计算机信息系统数据与网络 2.0 时代即信息网络时代、网络 3.0 时代即大数据时代所指的"网络数据"不完全相同，由计算机信息系统数据到网络数据的演变，反映了"数据"作为刑法保护的新

对象是动态的发展过程。严格上讲，非法处置并获利才是最终目的，非法获取计算机信息系统数据是方法，应当是牵连犯问题。这类犯罪总体上仍属于网络"手段型"犯罪，但方法行为仍可以归属为网络"对象型"犯罪，与检例第 35 号颇为相似。检例第 36 号涉及网络数据更新与犯罪对象质变的合轨问题。对于犯罪对象的赋值问题，网络数据类型的演变与合理的当然解释是相互掣肘的两个方面。

检例第 36 号明确了非法获取计算机信息系统数据罪中的"侵入"，是指违背被害人意愿、非法进入计算机信息系统的行为，既表现为采用技术手段破坏系统防护进入计算机信息系统，也表现为未取得被害人授权擅自进入计算机信息系统，以及超出被害人授权范围进入计算机信息系统。因此，其核心的解释意义如下。（1）被告人超出授权范围使用账号、密码登录计算机信息系统，是侵入计算机信息系统的行为，违反了《计算机信息系统安全保护条例》第 7 条、《计算机信息网络国际联网安全保护管理办法》第 6 条第 1 项等"国家规定"。（2）侵入计算机信息系统后下载其储存的数据，可以认定为非法获取计算机信息系统数据。（3）"非法"的含义包括非法侵入这一前置行为，与第 285 条第 2 款的"侵入行为"不同。"获取"不同于删除、修改等行为，与第 286 条的规定有所不同。非法获取具有"占有"并转移的行为属性，往往包括"事后处分"行为。

但是，检例第 36 号存在的主要问题在于：单纯实施"非法获取数据"，原则上并不足以对其入罪。因为非法获取计算机信息系统数据罪不是行为犯或危险犯，而是结果犯或情节犯，需要达到"情节严重"。同时，根据《计算机案件解释》的规定，违法所得 5000 元，则达到了追诉标准。这不仅在司法解释层面扭曲了"非法获取计算机信息系统数据"作为刑法中实行行为的独立性，也客观上使该行为的危害性依附于"非法处置数据"这一事后行为。进而，客观上模糊了非法获取与非法处置之间的关系，也导致非法获取计算机信息系统数据罪与盗窃罪（非法占有具有经济价值的计算机信息系统数据）等之间的界限模糊不清。

# 现代刑法应答安全保障的基本理念 <sup>*</sup>

当代刑法比任何时期都更需要充分和全面保障安全，这奠定了安全刑法观的社会基础与观念肇始。预防性的刑事政策与活性化的刑法立法呈现出显著的增量态势。这些因素不仅叠加于当代刑法面向安全维度的切换中，也勾勒出现代刑法积极有效应答安全课题的基本轮廓。遵循上述理念，可以支撑总体安全的刑法保障之基底。

## 一、安全刑法观的知识生成场域

安全政策是一种社会表达，以支撑安全政策强势浸入刑法体系的社会基础与价值动能。安全刑法作为一种功能发展趋势，是安全政策在刑法中的规范体现，也俨然成为当前刑法凸显安全价

---

＊ 本文节选自《总体国家安全观下的中国刑法之路》，载《东南大学学报（哲学社会科学版）》2021 年第 2 期，有改动。

值地位与安全保障功能后的"知识图像"。在总体国家安全观下，应设定科学的安全刑法观，推动安全刑法的有序演进与发展。

安全刑法的自由基础与"反哺"逻辑。在安全刑法中，刑法功能的扩张问题日益暴露。在过去几十年中，刑法已经变成保障安全的"工具"。但是，近现代刑法对自由的尊崇达到前所未有的高度。如何在安全刑法的框架下继续有效保护自由价值的难题由此而来。安全刑法仍应当以保障自由为前提。自由的行使不应当与国家安全、公共安全之间出现明显的冲突或决裂，甚至破坏与威胁总体国家安全。总体国家安全观下的安全刑法与自由刑法之间的关系应当如下。（1）法治国家下的目的与手段的合一。在法治国家中，安全刑法显示对安全价值的适度侧重。强化安全的保障不是为了削弱自由和人权，而是为了更好地保障人权和自由。二者之间存在目的与手段的关系，也是刑法工具主义属性的具体体现。（2）法治国家下的形式与实质的合一。总体国家安全观旨在更积极主动地应对风险社会以及非传统安全。安全刑法是总体国家安全观植入当代刑法后的内容及其表征，以呼应有效保障安全的迫切性与重大性。总体国家安全观导入当代刑法后，并不会改变现代刑法的基本属性、功能定位、价值多元化的立场。更加严峻的安全形势反而会迫使刑法对法律价值排序及其内部结构做出新的调适与部署，以更好地全面权衡安全、自由、秩序、公正等多元价值的全新博弈问题。

安全刑法的克制。安全刑法与自由刑法在诸多方面存在紧张的一面，尤其是二者价值发生冲突时的取舍成为交锋的争议点。

安全刑法更推崇安全价值及其保障的相对优位性，自由刑法秉承近现代刑法固守的自由至上。从刑法工具主义属性看，刑法是社会治理与实现社会保障功能的法治手段。在人类社会的价值场域中，自由往往更具有优位性，并以正义作为重要的存在根基。安全刑法对自由价值的地位可能造成一定的冲击，对自由权限的削减亦成为公众的担忧。为了消除自由刑法与安全刑法之间的"摩擦"乃至"敌意"，应当对安全刑法进行必要的"克制"。在"克制"安全刑法的功能异化上，应当着重从以下几个方面出发。一是坚守罪刑法定原则和保障人权的底线，不能无限扩大刑法立法权与司法权。二是出于防控社会风险的考虑，国家可以制定具有前期化或早期化的法律，严密法律规制体系，强化国民的遵法认同感与规范"合规"的意识。三是自由刑法与安全刑法各自的实践体系之间应当秉持比例原则，维系自由与安全之间的权衡。在冲突无法消解的情况下，应当由宪法这一根本法进行审查与最终决定取舍。

　　风险刑法理论的定位。风险刑法理论尽管仍处于起步状态，但对传统刑法理论的广泛影响正在叠加。全盘否定风险刑法理论的立场并不可行，因为这无异于忽略安全政策与安全形势对传统刑法已经产生量变乃至质变的现实，也不利于通过刑法的保障功能增强社会安全感的司法预期，对社会稳定和国家安全有害而无利。风险刑法理论对贯彻和落实总体国家安全观是具有积极的承载意义，既巩固刑法侧重安全价值的新动向，也迫使刑法及时作出调整。同时，安全刑法的政策属性较强，安全刑法观的规范化与教义学化是迫切需要完善的地方，以澄清刑事政策与刑法之间的法治边界。这也需要与风险刑法理论的定位相互联动，即应确认风险刑法是发展的，在功能上可以与现行刑法体系齐头并进。风险刑法既是趋势，也是新的"风险"。自我克制"风险"是安全刑法实现自持的发展出路。

## 二、预防性刑法理念的渐入

安全政策是社会治理政策的体现，承载公众对安全的法治期盼。总体国家安全观作为我国安全政策的基础指引，是国家治理能力与治理体系现代化与全面推进依法治国的积极力量。在刑法衔接上，有必要倡导适度的预防性刑法理念。在功能上，与传统刑法主要专注"事后反应"机制不同，预防性刑法适度转向"事前反应"的积极预防机制，以塑造具有前瞻性、早期化的预防性能力，从而将部分潜在或迫近的刑事风险遏制在异变之前，但也应遵循审慎、必要的渐入路径。

刑事政策刑法化限度的合法、正当。总体国家安全观可以视为我国当前的基本安全政策，对安全保障的法律体系建构具有直接的指导作用。而且，刑法与刑事政策之间的往返交互关系，也为安全政策"进入"刑法体系提供制度通道。一般认为，刑法的刑事政策化包括立法和司法两个维度。在相互转化时，既应当尽可能地消解刑法的稳定性与刑事政策的变动性之间的矛盾，实现刑法的延续性，也应当协调刑法的规范性与刑事政策的价值性，还应当妥善处理刑法的公正性与刑事政策的功利性，使刑事政策对功利性目的的追求受到刑法的限制。上述观点对刑法与刑事政策之间的关系进行全面阐述，涉及价值权衡、目的与手段的一致、功利性与公正性的协同等方面。当代刑法在与安全政策的规范性衔接上，应正视刑法工具属性的客观性与刑法功能主义的发展性。在安全与自由、人权保护与安全保障之间，激活比例原则的润滑与修正作用，从而控制极端工具化的异变，防止安全刑法被套上"极端工具"的牢笼，遏制"预防性"功能的恣意化。

预防性刑法治理功能的理性定位。传统理论认为，刑法是"事后法"（保障法），是在其他部门法不便或不能调整的情况下才予以介入的第二次规制。在风险社会，刑法仍然只能担当"最后法"（Ultima ratio）的角色。欲以刑法为"急先锋"来抗制风险，非但不能保卫社会，实现社会保护的功能，反而会牺牲社会及其成员的权益、丧失人权保障的功能。诚然，应当时刻警惕刑法乃至刑事政策本身的风险。特别是在预防性理念的引导下，刑法功能是扩张的，强调早期化、前置化的干预，与刑法"保障法"之定位相抵牾。然而，从认识论上，不能根据刑法是最严厉的部门法而得出刑法只是"事后法"的结论。在风险社会，刑法所处的背景、需求出现新情况。刑法介入社会生活应该更加积极。采纳积极主义刑法观，既与现代社会发展的情势变化相关联，也部分地得到立法实践的印证，与刑法谦抑原则也不冲突。应当确认刑法的（一般）独立性地位，它与其他部门法之间是平等关系。应重新认识刑法谦抑精神，倡导刑罚有效性的必要制裁功能观，松绑刑法保障法，释放刑罚有效性的预防潜质。同时，刑法应当始终秉持保护自由与保障人权的底线正义。安全刑法也不能僭越该底线。

新时代刑事一体化治理观的贯通与嵌入。安全刑法是安全政策的法律形式，是在犯罪学、刑事政策以及刑法学相互贯通后，对日益严峻的安全问题与安全犯罪的规范应答产物。应当体认社会变迁引发犯罪形态结构变化的治理规律，联动犯罪学与规范刑法学，以刑事政策的理性化为依据，推动刑法参与社会治理的科学性。例如，面对新冠疫情引发的重大突发公共卫生事件，传统安全政策以及法律无所适从。基于疫情期间的安全政策之根本性、重大性与安全保障对总体国家安全的基础意义，刑法应同时关注犯罪成因与法教义学，探索宽严相济刑事政策的精准化实现途径。总体国家安全政策顺势而入，为刑法在应急或突发状况下的理性与积极应对提供价值共识、社会认同以及个体遵从感等社会治理条件，也为出台司法解释等孕育合法性基础，还为严厉打击疫情期间各类违法犯罪行为提供正当性依据。必要的限制行动自由旨在真正达至人权保障。这是刑事治理思维的具体体现，也是犯罪学、刑事政策与刑法学互通的示范路径。

## 三、立法活性化与适度的犯罪化

刑法秉持适度的立法活性是依法落实总体国家安全观之必然选择，以维持刑法规范的新旧更替并确保刑法机能的完整性与有力性，但应当审慎进行犯罪化。

域外立法活性化是趋势。在域外，面对诸多安全议题与实际需求，刑法立法的活性化日渐成为常态。一是德国，由于"刑法具有作为最后手段之功能"的观念日渐淡薄等原因，德国刑法典不得不作出频繁的修改。自 1969 年德国刑法大改革至今，德国的刑事立法活动非常频繁，不但对总则犯罪论部分的规定进行彻底的修订，也对犯罪的法律后果、刑法分则乃至附属刑法中的诸多罪名进行持续的改革。特别是近几年，《德国刑法典》先后经历 6 次修正，涉及犯罪与刑罚等诸方面的内容，以满足不断变化的需求。二是日本，2004 年以来，日本就已经进入立法活性化时期。到目前为止，刑法典已经被修改多次，单行刑法与附属刑法的制定和修改频率也明显增高，甚至将刑法典中的危险驾驶等犯罪纳入单行刑法。在犯罪化上，既涉及增设新类型犯罪，如买卖人身的犯罪、破坏计算机信息系统的犯罪、共谋罪等；也大幅度修改性犯罪。在刑罚上，创设了部分缓刑制度。可见，虽然对立法活性化持有不同看法或抱以担忧，但域外刑法立法的活性化是社会高速变迁后的经验性产物。刑法保持积极的反应姿态，并以活性的立法修正来应对不断出现的新需求，不仅延续刑法功能的时代有效性，也极大地克减刑法规范供给不足的当下难题，是当代刑法实现自主进化的重要生长模式。

我国晚近以来的刑法立法发展与完善。从《刑法修正案（七）》起，我国刑事立法越发活跃，集中在恐怖犯罪、网络犯罪、环境犯罪等领域，以积极应对日益突发的各类风险。在立法的活性化趋势下，刑法的功能扩充、主动干预等姿态越发明显。这种安全刑法观念的实践很好地回应了国民的"体感治安"与民众的安心感。我国晚近四十年的刑法立法经历也表明，刑法是社会治理不可缺少的法律手段，对于惩治犯罪和保障人权具有重要作用。立法保持适度的活性化是社会发展与社会治理的必然要求。虽然在刑法扩张下难免出现个别立法的应急性、情绪性等问题，但总体上不存在过度或错误的犯罪化以及纯粹的象征性立法。实践证明，持续有效的刑法修正，不仅弥补了规范供给不足的问题，也为司法应对提供了更加全面的对策路径，可以更灵活地保障各类新型安全法益。我国刑法应当坚持必要且适度的活性立法观，合理回应重大社会关切。《刑法修正案（十一）（草案）》正是我国刑法立法保持适度活性化的最新体现。同时，既要坚持适度的犯罪化与必要的非犯罪化，也要坚持刑事制裁的相对轻缓化与制裁措施的多元化。

安全政策与象征性立法的辨正。在立法呈现活性化趋势之际，立法的象征化问题也随之而来。立法的象征化或象征化立法，无非是指立法扩张的无效或不正当，只发挥规范宣示作用，甚至导致刑法立法扩张功能的异化，最终侵犯人权。在安全政策与刑法立法的互动中，象征性立法容易成为"众矢之的"。立法的定位与属性决定其外在的象征主义与生俱来。但是，明显过度的象征性立法，使立法成为政策表达的工具，可能引发过多地服务于安全目的而损害刑法的法益保护功能、因谦抑不足而损害刑法的人权保障功能、因执行不足而损害刑法的实用功能等疑问，即过度化容易降低立法的正当性与犯罪治理的效果。

现象立法很可能绕过通过既有理论解决社会问题，直接将社会现象抽象为犯罪构成要件，以现象的整体危害程度和预防必要性为根据设置法定刑，导致罪刑设置与处罚的实质根据之间只有临时的关联性。极端的现象立法超越刑法本身，将社会政策的需要直接变成规范，作为刑法干预的依据，这是必须反对的。现象立法的"越轨"隐忧源自刑法对社会需求与安全政策的不当"转码"，在强化安全刑法时，可能威胁自由刑法的根基。但任何法律都是社会的产物，以社会为存在基础和前提。脱离社会政策的刑法，不仅缺乏回应社会的属性，也失去刑事政策的外部配合。立法活性化与立法的象征化，都不应背负过重的"法治污名"。在合理的限度内，法治本应担负规范宣示与一般预防的作用，刑法立法亦是如此。在安全政策的立法化上，应当基于工具主义属性，积极宣导规范遵从的意识，明确规范遵守的依据与尺度，强化积极的一般预防效果，提高刑法干预的精准性与有效性。

# 迈向国家总体安全治理的刑法发展方向 <sup>*</sup>

总体国家安全观经由刑法的深度参与才能更好地实现，刑法积极回应总体安全观有助于保持适宜性与生命力。应当从重点难点问题出发，推送整合性的治理清单，全面推进刑法通过积极应答总体国家安全观的治理任务来实现发展与完善。

## 一、总体国家安全的刑法应答理路

总体国家安全观宏观地勾勒了当下安全课题及其主要类型。建立健全安全政策的刑法应对机制，尚需根据安全形势的演变区分主次，有序应答。

总体国家安全观的有序贯彻。总体国家安全观的提出，宣示我国法律意义上的"国家安全"由"传统（政治）安全"迈向

---

* 本文节选自《总体国家安全观下的中国刑法之路》，载《东南大学学报（哲学社会科学版）》2021 年第 2 期，有改动。

"总体国家安全观"。在总体国家安全观指引下，相关法律体系的建构、阐释与有机衔接等问题亟待解决。总体国家安全观是总括概念，是对我国当下面临的新型安全问题的归结与提升。总体国家安全观明确列举的"11种安全"是高度凝练与类型化的产物，基本上囊括了我国安全政策、安全问题。同时，总体国家安全观是与时俱进的，其内容与形式随着安全形势而更迭与进化。在总体国家安全观作为刑法建立健全安全保障体系的指导方针之前提下，仍应当秉持刑法的基本理念与价值，积极调试内部结构或功能序列，创新制度设计，通过必要的立法修正、司法反应等方式，在法治语境下进行应答，而非毫无条件、毫无保留地简单重复或教条式地确认，防止安全政策在未经法治过滤后直接作为刑法实施的依据。

1997年刑法对传统安全价值的保护分别体现在总则与分则的规定中。近些年，刑法修正案加大网络信息安全、公共安全、生物安全等方面的立法力度，基本上涉及总体国家安全观确认的11种主要类型，确保不滞后于最新的安全政策与安全形势动向。随着总体国家安全观的具体内容与形式等持续演变，在与时俱进地维护总体国家安全观问题上，刑法有必要区分主次与缓急，综合运用立法等途径予以有效贯彻。

重点热点安全问题的保障。应加快填补漏洞、强化短板、夯实优势，整体上提升总体国家安全观的保障效能。当前的重点热点问题如下。

信息网络安全。《网络安全法》（2016）的颁行，使刑法保障网络安全、维护网络空间主权的任务进入新阶段。《刑法修正案（九）》新设三个纯正网络犯罪罪名，加强维护信息网络安全。信息网络安全已经成为刑法保障的主要对象，直接关涉网络空间安全、国家网络主权。而且，网络安全法益正整体嵌入和覆盖传统刑法法益，网络空间社会日益真实客观化，安全刑法观推动网络刑法学知识形态的蜕变，网络刑法立法迎来活性化时代。应当加快整合实体法与程序法资源，推动刑法与刑事诉讼的网络知识转型，聚焦刑法理论升级换代与刑事诉讼模式重塑，逐一落实刑法解释与立法修正的协同等具体任务清单。

数据安全。在信息网络时代，数据安全问题日益凸显。《数据安全管理办法（征求意见稿）》在数据收集、处理使用、安全监督管理等方面作了具体规定。2020 年，《数据安全法（草案）》已提请全国人大常委会审议。面对新型数据安全犯罪，传统刑法存在立法思维脱节、数据保护依据过于单一、范围过于狭窄等问题。特别是数据的法益定位与权属相对不明确，导致数据犯罪的司法应对效果不好。关于数据的刑法保护范围及其保护方式，尚需在财产化保护与网络化专门保护之间做出取舍，网络化专门保护应当作为首要选择。同时，应当根据数据安全立法的最新进展，及时补充刑法保障的力度。

人工智能安全。人工智能技术及其应用的迅猛发展，不仅深刻改变人类的生产生活方式，也引发一系列制度冲击，并裹挟诸多安全隐患。现行刑法制度的社会基础、存在意义、任务安排、功能设定等均可能正在经历一场裂变，"人工智能社会与刑法"

可能逐渐取而代之。这不仅是刑法转型的重大危机，也是刑法保障功能的重大挑战，并以人工智能安全为落脚点。应当高度重视并积极防控人工智能的安全问题，人的主体性地位首当其冲。例如，智能驾驶测试加速到来，冲击传统驾驶理念、法律安排、规范体系。特别是在刑法领域，智能驾驶测试加剧传统交通安全犯罪规定的供给难度与理论危机。对于人工智能安全，当代刑法基本上缺乏事前准备和知识"前见"。应当设计有针对性的立法修正、司法适用以及理论提升的综合性改良机制。

狭义的国家安全及公共安全与公共秩序。近年来，国际安全态势日趋严峻，导致危害国家安全犯罪的情形日益复杂化。在国家安全问题上，"预防优于打击"的逻辑日益深入人心。这促使刑法因应国家安全的转变轨迹，强化刑法作为社会治理工具所应恪守安全保障的原则和底线。在新时代，我国国家安全领域立法明显加快，国家安全法律制度体系正在形成。恐怖主义已成为影响世界和平与发展的"毒瘤"，是全人类的共同敌人，为此，《反恐怖主义法》（2018 年修订）将反恐纳入国家安全战略。2014 年全面修订《国家安全法》时，先单独出台《反间谍法》；2015 年，新《国家安全法》作为国家安全法律领域的基本法正式颁行。侮辱国歌的行为不仅危害社会公共秩序，还危及国家主权和政治安全、文化安全。为此，2017 年通过《国歌法》；《刑法修正案（十）》修改第 299 条并增加第 2 款，罪名为侮辱国歌罪。这些及时的立法，反映了刑法积极保障狭义的国家安全及公共安全与公共秩序。在新时代，公共安全、公共秩序与国家安全更紧密相连，我国现行危害国家安全犯罪的规范供给日渐不足。基于国家安全法益的重大性与保障的迫切性，应当及时修正刑法中关于危害公共安全罪一章，全面提高刑法规范供给的有效性，以更好地维护好国家安全。

政治安全、国家主权、国家统一。《反分裂国家法》为有效遏制"台独""港独"分裂势力提供法治保障。党的十九大以来，祖国统一已是民族复兴的重要内容。《全国人民代表大会关于建立健全香港特别行政区维护国家安全的法律制度和执行机制的决定》（2020 年 5 月）严厉打击了"反中乱港"势力，有力遏制了分裂国家的活动，维护了国家统一。《中华人民共和国香港特别行政区维护国家安全法》（2020 年 6 月）作为一部兼具实体法、程序法和组织法内容的综合性法律正式通过。但是，新冠疫情后的国际政治安全形势日益复杂多变，在总体国家安全观的指导下，刑法应当更积极保障国家政治安全等核心利益。

## 二、总体国家安全的应急保障机制

新冠疫情的发生严重危及总体国家安全，刑法积极保障疫情防控安全是总体国家安全观的最新实践，既丰富了总体国家安全观的贯彻路径，也强化了刑法的应急能力。对于重大公共卫生事件等引发的新型国家安全挑战，刑法应建构常态反应体系。

新冠疫情下重大公共卫生安全与应急治理。新冠疫情全面影响正常的生产生活秩序，疫情期间的犯罪严重妨害公共卫生安全与社会经济秩序，刺痛社会公众的敏感神经。为此，国家先后出台了政策文件与法律规定，既明确刑事法治的基本政策，也对疫情期间的犯罪治理提供具体规则。主要如下。（1）《中央全面依法治国委员会关于依法防控新型冠状病毒感染肺炎疫情、切实保障人民群众生命健康安全的意见》要求，疫情防控越是到最吃劲的时候，越要坚持依法防控。（2）最高人民检察院《关于认真贯彻落实中央疫情防控部署坚决做好检察机关疫情防控工作的通知》要求，严厉打击疫情防控期间的相关违法犯罪活动。最高人民检察院《关于在防控新型冠状病毒肺炎期间刑事案件办理有关问题的指导意见》要求，依法从严从重打击危害疫情防控相关犯罪。最高人民法院党组会议强调充分发挥审判职能作用。两高两部《关于依法惩治妨害新型冠状病毒感染肺炎疫情防控违法犯罪的意见》（法发〔2020〕7号）要求，依法严惩妨害疫情防控的各类违法犯罪，保障社会安定有序与疫情防控秩序。

综观上述政策文件与法律规定的主要内容，其对于疫情防控期间的国家安全以及公共（卫生）安全的应急性保障，基本上在实体上可以总结为"从重从严"，在程序上可以归纳为"从快从简"。严格依法从严从宽、从快从简打击各类犯罪，本质是为了始终把人民群众生命安全和身体健康放在第一位，充分保障疫情防控秩序与公共安全。这凸显对重大公共卫生安全的优先保障，以及对个体自由的依法限制，具有历史与现实的合理性。

宽严相济与总体疫情安全。新冠疫情使整个社会的流动处于"封闭"甚至"停顿"状态。其中，报告旅行史与接触史、居家隔离、集中隔离等防控措施，必然增加对自由的限制，以求对公众安全的高度负责，但也引发不少质疑乃至反对。根据两高两部《关于依法惩治妨害新型冠状病毒感染肺炎疫情防控违法犯罪的意见》的相关规定，重大疫情所直接关涉的公共卫生安全，已经远超出"社会管理秩序"的层面，事关政治安全、国家安全、公共安全、经济安全等全方位的国家总体安全。由于重大疫情防控关系国家总体安全状况，既需要政府积极统筹，也需要社会积极参与，更需要公民依法遵从。应当秉持宽严相济的刑事政策，既要抓好"严打"不放松，也要始终坚持法治和理性，保持必要的审慎和克制。

对于疫情防控期间的犯罪，从行为及其后果的客观危害、行为人的主观恶性和人身危险性等看，都具有从重处罚的充分现实根据。其合理性与必要性在于：在疫情防控的非常时期，对涉疫情犯罪依法从严从重处罚，虽是宽严相济刑事政策"从严"一面的体现，但最终还是为了保障人民群众的生命安全、自由与国家总体安全。在强调"从严从重""从快从简"的前提下，亦不能忽视对自由与人权的保障，包括个人信息的保障、轻微行为的非犯罪化、个体极度恐慌情绪的合理观照等。面对重大公共卫生疫情，刑法应当立足总体国家安全观的客观需求，满足应急状态下的从严从重、从快从简需求，以提供精准的常态保障机制。我国新冠疫情防控取得的重大胜利成果，既充分肯定积极防控政策的必要性与合理性，也显示遵循依法防控的现代治理观巩固了国家总体安全观的贯彻。

## 三、刑法衔接与保障民法典的全面实施

民法典是国家与社会运行的基本法，涉及国家安全政策的各个方面。总体国家安全观已经导入民法典的制定与实施中，民法典的规定也全面体认总体国家安全观的理念与要求，民法典是贯彻总体国家安全观的最新立法典范，民法典及其全面实施是落实总体国家安全观的最新实践场域。刑法应当重新审视其与民法典的内在关系，积极与民法典实现全面衔接，消除刑民的不一致现象，并及时通过理论、立法等维度回应民法典的最新规定。在新时代，确保刑民关系持续的良性运行，应注意以下几点。

重新审视刑民关系。民法与刑法作为基本的部门法，二者的定位与功能等存在差异。民法典的重要特征是任意性规范的比例非常高，强制性规范的比例相对较少。刑法规定的是社会危害性严重的犯罪，是最严厉的部门法。在处理新时代的刑民关系上，应当秉持宪法统摄各部门法、各部门平等有序运行的基本原则。既反对一律将民刑交叉问题都作为民商事法律关系，要求刑法只能"事后"介入，任由市场主体处置，也反对刑法过度介入民商事法律关系，防止刑法不当介入与干预民事法律关系。例如，民法典第 680 条规定："禁止高利放贷，借款的利率不得违反国家有关规定。"但对于情节严重的行为，刑法应当介入。没有管控的民间借贷如同脱缰的野马，将严重危害市场秩序、经济安全，是对总体国家安全观的"背离"。

　　法人主体与单位犯罪的创造性转换。民法典重新规定法人制度，并分为营利法人、非营利法人、特别法人（机关法人、农村集体经济组织法人、城镇农村的合作经济组织法人、基层群众性自治组织法人）与非法人组织。我国刑法规定的单位犯罪制度在主体类型与构成要素的表述上，"话语体系"滞后问题已然严峻。由"单位犯罪"到"法人犯罪"的转变正成为立法与实践的新方向。

　　新型民事权利的保障。民法典规定诸多新的民事权利。例如，民法典第 111 条规定，自然人的个人信息受法律保护。民法典第 127 条规定，法律对数据、网络虚拟财产的保护有规定的，依照其规定。但是，1997 年刑法典却没有完全相对应的罪名设置，导致民刑衔接不畅，刑法保障出现制度空缺。对于这些民法典规定的新权利，刑法急需在今后的立法上予以必要的衔接。